D1719166

Berufliche Mobilitätsentscheidungen von Erwerbspersonen im sozial- und arbeitsmarktpolitischen Spannungsfeld

Sozialökonomische Schriften

Herausgegeben von
Bert Rürup und Werner Sesselmeier

Band 55

Zu Qualitätssicherung und Peer Review
der vorliegenden Publikation

Die Qualität der in dieser Reihe
erscheinenden Arbeiten wird vor der
Publikation durch einen Herausgeber
der Reihe geprüft.

Notes on the quality assurance and peer
review of this publication

Prior to publication, the quality of the
work published in this series is
reviewed by one of the editors
of the series.

Jan Philipp Hans

Berufliche Mobilitätsentscheidungen von Erwerbspersonen im sozial- und arbeitsmarktpolitischen Spannungsfeld

Eine suchtheoretische Modellierung

PETER LANG

Bibliografische Information der Deutschen Nationalbibliothek
Die Deutsche Nationalbibliothek verzeichnet diese Publikation
in der Deutschen Nationalbibliografie; detaillierte bibliografische
Daten sind im Internet über http://dnb.d-nb.de abrufbar.

Zugl.: Koblenz, Landau, Univ., Abt. Landau, Diss., 2019

Die Dissertation wurde vom Fachbereich 6 der Universität Koblenz-Landau zur Erlangung
des akademischen Grades eines Doktors der Staatswissenschaften angenommen.
Die Disputation war am 17.06.2019.

Die Publikation wurde durch das Wirtschaftsforschungsinstitut WifOR gefördert.

Gedruckt auf alterungsbeständigem, säurefreiem Papier.
Druck und Bindung: CPI books GmbH, Leck

Kob 7
ISSN 0172-1747
ISBN 978-3-631-80273-1 (Print)
E-ISBN 978-3-631-80512-1 (E-PDF)
E-ISBN 978-3-631-80513-8 (EPUB)
E-ISBN 978-3-631-80514-5 (MOBI)
DOI 10.3726/b16272

© Peter Lang GmbH
Internationaler Verlag der Wissenschaften
Berlin 2020
Alle Rechte vorbehalten.

Peter Lang – Berlin · Bern · Bruxelles · New York ·
Oxford · Warszawa · Wien

Diese Publikation wurde begutachtet.

www.peterlang.com

Danksagung

Diese Arbeit ist über einen längeren Zeitraum verfasst worden, so dass die Liste der Menschen, die mich währenddessen begleitet und unterstützt haben, entsprechend umfangreich ist.

Bei meinen beiden Betreuern, Prof. Dr. Werner Sesselmeier und Prof. Alexander Herzog-Stein, Ph.D., möchte ich mich ganz besonders herzlich bedanken. Mit beiden konnte ich jederzeit über meine Anliegen diskutieren. Auch haben sie mich fortlaufend ermutigt und motiviert und mir sehr wertvolle Kommentare und Anmerkungen gegeben.

Besonderer Dank gilt auch Prof. Dr. Dennis A. Ostwald und Dr. Sandra Hofmann für die ständige Diskussions- und Hilfsbereitschaft. Dies schließt auch das mühevolle Korrekturlesen von Zwischenergebnissen ein.

Ich danke auch den Mitgliedern des Doktorandenseminars bei WifOR und an der Universität Koblenz-Landau. Die umfangreichen fachlichen Hinweise und Anregungen haben mir außerordentlich geholfen.

Bei meinen Eltern und meinen beiden Schwestern möchte ich mich für die bedingungslose, uneingeschränkte, vielseitige und liebevolle Unterstützung besonders herzlich bedanken, ohne die diese Arbeit so nicht möglich gewesen wäre.

Zusammenfassung

Ihren Ursprung hat die Dissertation in der Frage, ob und inwieweit die Umsetzung der Agenda 2010 die berufliche Mobilität von Beschäftigten beeinflusst hat. Dieses Thema ist in der bestehenden Literatur bisher nur unvollständig aufgegriffen worden. Dagegen sind die Reformeffekte auf die Arbeitsmarktmobilität von Arbeitslosen intensiv untersucht worden.

Analysiert werden diejenigen Maßnahmen aus der Agenda 2010, die die finanziellen Ansprüche bei Arbeitslosigkeit beschränkt haben. Hierzu gehört nicht nur die Begrenzung der passiven Leistungen aus der Arbeitslosenversicherung, d.h. dem SGB III, sondern auch die Abschaffung der Arbeitslosenhilfe und die Möglichkeit umfangreicher Sanktionsmechanismen gegenüber Arbeitsuchenden aus dem SGB II.

Für Beschäftigte haben diese Gesetzesänderungen zur Konsequenz gehabt, dass die Fallhöhe aus einem Übergang in Arbeitslosigkeit angestiegen ist. Wird die Probezeit nach einem Stellenwechsel, die mit einer niedrigeren arbeitgeberseitigen Kündigungsschwelle verbunden ist, in die Untersuchung einbezogen, so haben sich die Risiken bei einem Wechsel des Arbeitsplatzes durch die Agenda 2010 erhöht. Ökonomisch rational wäre es deshalb, dass Beschäftigte in Folge der Reformumsetzung berufliche Mobilitätsprozesse reduzieren oder vollends vermeiden.

Im Rahmen der Dissertation wird dieser Zusammenhang zwischen der beruflichen Mobilität von Beschäftigten und der Umsetzung der Agenda 2010 mit der Suchtheorie mathematisch nachgewiesen. Hierzu werden die Risiken aus einem Jobwechsel, die auf die Probezeit zurückzuführen sind, in das Suchmodell integriert. Das in der Dissertation entwickelte Suchmodell stellt eine signifikante Erweiterung der bestehenden Forschung dar, weil die Suchtheorie die Risiken aus Arbeitsplatzwechseln, die auf der Probezeit beruhen, bisher vollkommen vernachlässigt. Mit quantitativen Kausalmodellen wie dem fixed-effects bzw. dem random-effects Logit Modell und dem Granger-Kausalitätstest wird die empirische Gültigkeit des entwickelten Suchmodells bestätigt.

Eine zweite Fragestellung der Dissertation besteht darin, welche sozial- und arbeitsmarktpolitischen Reformen geeignet sind, um berufliche Mobilitätsbewegungen zu initiieren. Ein derartiger Eingriff des Staates kann als eine Kompensation für die negativen Auswirkungen der Agenda 2010 auf die Arbeitsmarktmobilität von Beschäftigten interpretiert werden.

Mit der Theorie der Verantwortungsethik von Max Weber, den sozialliberalen Gerechtigkeitstheorien von John Rawls und Amartya Sen und dem in der Dissertation erweiterten Suchmodell wird abgeleitet, dass sich Staatseingriffe auf die Befähigung von Beschäftigten, eigene berufliche Mobilitätsentscheidungen bewältigen zu können, zu beschränken haben. Empirisch wird die Gültigkeit der theoretischen Erkenntnisse mit quantitativen Kausalmodellen wie dem fixed-effects bzw. dem random-effects Modell, der konditionalen Logit Regression und dem propensity-score-matching Ansatz nachgewiesen.

Abstract

This thesis had its origin in the question of whether, and to what extent, the implementation of Agenda 2010 has influenced the professional mobility of employees. This is a topic which has not yet been addressed in the literature. In contrast, the impact of the reform on the professional mobility of the unemployed has been investigated intensively.

The measures analyzed are those in Agenda 2010 which limited financial entitlements for the unemployed. These consist not only of the limiting of the passive benefits of unemployment insurance (SGB III), but also the abolition of unemployment assistance as well as the possibility of extensive sanctioning mechanisms which apply to jobseekers from the SGB II.

For employees, these changes in the law have had the result of increasing the drop which occurs during a transition into unemployment. The probation period following a change of employment is associated with a lower barrier to dismissal on the part of the employer. If this is included in the analysis, the risks associated with a change of employment have been increased because of Agenda 2010. It would therefore be economically rational for employees to reduce or completely avoid processes of professional mobility because of the implementation of these reforms.

In the context of this thesis, this connection between the professional mobility of employees and the implementation of Agenda 2010 is mathematically demonstrated using search theory. To this end, those risks of a change in employment which are a consequence of the probation period are integrated into the search model. The search model developed in this thesis constitutes a significant enhancement of existing research, because search theory has entirely neglected those risks of a change in employment which result from probation periods. The empirical validity of the search model developed is confirmed by means of quantitative causal models, such as the fixed effects and/or the random effects logit model, and the Granger causality test.

A second question addressed in this thesis is that of which social and employment market reforms would be suited to initiating professional mobility. Such an intervention by the state can be interpreted as compensation for the negative effects of Agenda 2010 on the professional mobility of employees.

By means of Max Weber's ethic, the social liberal justice models of John Rawls and Amartya Sen and the search model which is extended in this thesis, it is inferred that state interventions which affect the ability of employees to deal with their own decisions regarding professional mobility should be limited. The validity of the theoretical implications is demonstrated with quantitative causal models such as the fixed effects and/or the random effects models, conditional logit regression and the propensity score matching approach.

Inhaltsverzeichnis

Abkürzungsverzeichnis

Abs.	Absatz
ATT	Average Treatment Effect on the Treated
BGBl	Bundesgesetzblatt
bspw.	beispielsweise
d.h.	das heißt
ebd.	ebenda
EU	Europäische Union
EPG	Erikson, Goldthorpe und Portocarero
ESt	Einkommensteuer
ff.	fortfolgende
insb.	insbesondere
i.V.m.	in Verbindung mit
NEPS	Nationale Bildungspanel
Nr.	Nummer
S.	Satz
SGB	Sozialgesetzbuch
SOEP	Sozio-ökonomisches Panel
SOKA-Bau	Urlaubs- und Lohnausgleichskasse der Bauwirtschaft und die Zusatzversorgungskasse des Baugewerbes AG
SolZG	Solidaritätszuschlag
WZ	Wirtschaftszweig

Teil I: Problemstellung

1 Die Agenda 2010

1.1 Zur Ausgangslage vor, während und nach der Jahrtausendwende

Mit den immer stärker werdenden Herausforderungen des demografischen Wandels, aber auch der Zuspitzung des Wettbewerbsdrucks durch die Globalisierung sowie der fortschreitenden Digitalisierung und Automatisierung, haben sich die politischen, wirtschaftlichen und finanziellen Rahmenbedingungen in der Bundesrepublik Deutschland seit spätestens Mitte der 1990er Jahre dramatisch geändert (Meyer 2006, 305). Auch die Reformmaßnahmen, die von Bundeskanzler Helmut Kohl eingeleitet worden sind, haben nicht verhindert, dass der Reformdruck während der Jahrtausendwende spürbar zugenommen hat (Dietz, Frevel und Toens 2015, 49–51).

Zur Veranschaulichung des Reformbedarfs Ende der 1990er bzw. zu Beginn der 2000er Jahre werden vier Bereiche betrachtet. Hierzu zählen die Arbeitsmarktsituation, die Finanzlage öffentlicher Haushalte, die staatlichen Sozialtransfers sowie die wirtschaftliche Leistungsfähigkeit der deutschen Volkswirtschaft (Brenke und Zimmermann 2008, 118–119).

Um einen Eindruck zur Lage auf dem Arbeitsmarkt um die Jahrtausendwende zu bekommen, wird in der nachfolgenden Abbildung der Verlauf von Arbeitslosenbestand, gemessen im Jahresdurchschnitt, und -quote, ausgedrückt in Relation zu den zivilen Erwerbspersonen, zwischen den Jahren 1994 und 2003 dargestellt:

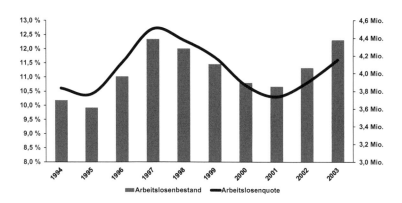

Abbildung 1: Der Arbeitslosenbestand und die -quote zwischen den Jahren 1994 und 2003.
Quelle: Bundesagentur für Arbeit, Statistik (2017).

Von 1994 bis 1997 ist die Arbeitslosenquote von etwa 10,6 Prozent auf nahezu 12,7 Prozent angestiegen. So sind im Jahr 1997 ca. 4,4 Mio. Personen als arbeitslos gemeldet gewesen, was knapp 0,7 Mio. bzw. 18,6 Prozent über dem Bestand an Arbeitslosen aus dem Jahr 1994 gelegen hat. Auch wenn die Arbeitslosenquote bis zum Jahr 2001 auf knapp 10,3 Prozent, was ca. 3,9 Mio. Arbeitslose entsprochen hat, reduziert worden ist, ist sie dennoch auf einem hohen Niveau verblieben. Bis zum Jahr 2003 hat die Arbeitslosenquote wieder auf ca. 11,6 Prozent zugenommen. Dies ist einem Bestand von etwa 4,4 Mio. Arbeitsuchenden gleichgekommen (Bundesagentur für Arbeit, Statistik 2017).

Für die Illustration der Finanzlage des Staates während der Jahrtausendwende ist in der nachfolgenden Abbildung der Verlauf des Finanzierungssaldos und der Nettokreditaufnahme der öffentlichen Haushalte, d.h. der Bund, die Länder, die Kommunen und die Sozialversicherungsträger, zwischen den Jahren 1994 und 2003 abgebildet:

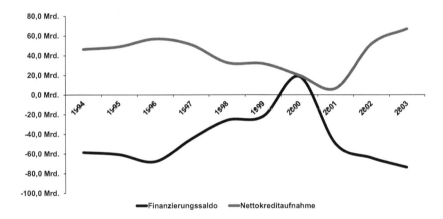

Abbildung 2: Der Finanzierungssaldo und die Nettokreditaufnahme öffentlicher Haushalte zwischen den Jahren 1994 und 2003.
Quelle: Destatis (2011), Destatis (2017), Sachverständigenrat zur Begutachtung der gesamtwirtschaftlichen Entwicklung (2017).

Zunächst ist das Defizit der öffentlichen Haushalte von ca. 58,7 Mrd. Euro im Jahr 1994 auf knapp 22,0 Mrd. Euro im Jahr 1999 reduziert worden. Im Jahr 2000 haben die öffentlichen Haushalte sogar einen Überschuss von ca. 18,6 Mrd. Euro erzielt. Danach hat sich die Finanzsituation allerdings bis zum Jahr 2003 wieder dramatisch zugespitzt, so dass schließlich ein Defizit von ca. 74,0 Mrd. Euro zu verbuchen gewesen ist.

Auch hat die Bundesrepublik Deutschland laufend zusätzliche Schulden aufgenommen. Selbst im Jahr 2000 hat sich der Schuldenstand der öffentlichen
Haushalte um knapp 19,8 Mrd. Euro erhöht, obwohl sie zu diesem Zeitpunkt
finanzielle Überschüsse erzielt haben (Statistisches Bundesamt 2011, Sachverständigenrat zur Begutachtung der gesamtwirtschaftlichen Entwicklung 2017,
Statistisches Bundesamt 2017).

Im Zusammenhang mit der Finanzlage öffentlicher Haushalte steht nicht
zuletzt der Umfang von Sozialleistungen. Hierzu zählen alle Leistungen des Staates bzw. öffentlicher Körperschaften im Bereich des sozialen Sicherungssystems.
Die Sozialleistungsquote beschreibt das Verhältnis aus der Summe der staatlichen Sozialleistungen und des Bruttoinlandsprodukts eines Jahres.

Nachfolgende Abbildung stellt den Verlauf der Sozialleistungsquote zwischen
den Jahren 1994 und 2003 dar:

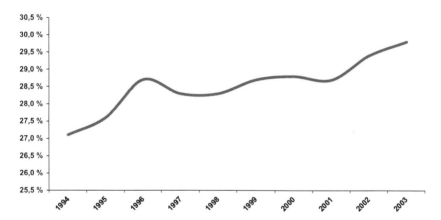

Abbildung 3: Die Sozialleistungsquote zwischen den Jahren 1994 und 2003.
Quelle: Bundesministerium für Arbeit und Soziales (2017, 198).

Hat die Sozialleistungsquote im Jahr 1994 noch etwa 27,1 Prozent betragen,
so sind es im Jahr 2003 um die 29,8 Prozent gewesen. Auch wenn es in den
Jahren 1997 und 1998 bzw. 1999 und 2000 eine Entspannung gegeben hat, muss
dennoch konstatiert werden, dass die Ausgaben des Staates für Sozialleistungen in dem betrachteten Zeitraum stärker angestiegen sind als die Wirtschaftsleistung, gemessen am Bruttoinlandsprodukt. So sind im Jahr 2003 etwa 2,7
Prozentpunkte des Bruttoinlandsprodukts zusätzlich für Sozialleistungen aus-
gegeben worden als neun Jahre zuvor, d.h. im Jahr 1994 (Bundesministerium für
Arbeit und Soziales 2017, 197–198).

Abschließend ein Blick auf das Wirtschaftswachstum der Bundesrepublik Deutschland im relevanten Betrachtungszeitraum. Ist die deutsche Volkswirtschaft im Jahr 2001 noch mit knapp 1,2 Prozent gewachsen, hat sie im darauffolgenden Jahr nahezu stagniert. Im Jahr 2003 ist die Wirtschaftsleistung der Bundesrepublik Deutschland sogar um 0,2 Prozent zurückgegangen.

Im Gegensatz hierzu haben die Volkswirtschaften der EU-Länder, in diesem Zeitraum mit 15 Mitgliedsländern, um durchschnittlich ca. 1,9 Prozent im Jahr 2001, ca. 1,1 Prozent im Jahr 2002 und ca. 1,2 Prozent im Jahr 2003 zugelegt (Institut für Wachstumsstudien 2017). Die im Vergleich zu den europäischen Nachbarländern schwachen Wachstumsraten der deutschen Volkswirtschaft haben nicht zuletzt das Bild der Bundesrepublik Deutschland zur Jahrtausendwende nachhaltig geprägt, u.a. mit der Bezeichnung als kranker Mann Europas (Grandinger 2003).

1.2 Die politische Kommunikation zum Reformbedarf

Um der anhaltend hohen Arbeitslosigkeit, der sich verschlimmernden finanziellen Lage öffentlicher Haushalte, dem Druck der steigenden Bedeutung von Sozialtransfers, gemessen am Bruttoinlandsprodukt, und dem schwachen Wachstum der Wirtschaftsleistung zu begegnen, ist die Agenda 2010 konzipiert worden. Ausgangslage der Gesetzesinitiativen ist die Regierungserklärung vom 14. März 2003 des damaligen Bundeskanzlers Gerhard Schröder, in der zunächst die Notwendigkeit von Reformmaßnahmen folgendermaßen zusammengefasst worden ist (Deutscher Bundestag 2003, 2479–2481):

> „In dieser Situation muss die Politik handeln, um Vertrauen wiederherzustellen. [...] Alle Kräfte der Gesellschaft werden ihren Beitrag leisten müssen: Unternehmer und Arbeitnehmer, freiberuflich Tätige und auch Rentner. Wir werden eine gewaltige gemeinsame Anstrengung unternehmen müssen, um unser Ziel zu erreichen. Aber ich bin sicher: Wir werden es erreichen. [...] Ich habe das Stichwort Mut zur Veränderung auch und gerade im Innern unseres Landes bereits genannt. Um unserer deutschen Verantwortung in und für Europa gerecht zu werden, müssen wir zum Wandel im Innern bereit sein. Entweder wir modernisieren, und zwar als soziale Marktwirtschaft, oder wir werden modernisiert, und zwar von den ungebremsten Kräften des Marktes, die das Soziale beiseite drängen würden."

Im Grundsatz ist die Agenda 2010 ein Bündel von Einzelmaßnahmen, die vielfältige und teils auch sehr unterschiedliche Ziele und Absichten verfolgt haben. Dennoch kann in der Regierungserklärung des damaligen Bundeskanzlers Gerhard Schröder aus dem Jahr 2003 eine übergeordnete Zielsetzung der Agenda 2010 identifiziert werden (Nullmeier 2008, 147, Zimmermann 2008, 170–172).

Diese hat darin bestanden, „Rahmenbedingungen für mehr Wachstum und für mehr Beschäftigung" zu schaffen, um die Bundesrepublik Deutschland bis zum Jahr 2010 „bei Wohlstand und Arbeit wieder an die Spitze" zu bringen (Deutscher Bundestag 2003, 2479, 2481–2482).

Im Rahmen dessen ist es auch vorgesehen gewesen, die sozialen Sicherungssysteme der Bundesrepublik Deutschland zukunftsfest auszugestalten und Lasten gleichmäßiger zu verteilen, was durch den damaligen Bundeskanzler Gerhard Schröder folgendermaßen begründet worden ist (Deutscher Bundestag 2003, 2481):

> „Die Struktur unserer Sozialsysteme ist seit 50 Jahren praktisch unverändert geblieben. An manchen Stellen, etwa bei der Belastung der Arbeitskosten, führen Instrumente der sozialen Sicherheit sogar zu Ungerechtigkeiten."

Gleichermaßen hat er aber auch versichert, mit den tiefgreifenden Veränderungen den Sozialstaat aufrecht zu erhalten. Seiner Regierung sei es nicht darum gegangen, dem Sozialstaat der Bundesrepublik Deutschland „den Todesstoß zu geben" (Deutscher Bundestag 2003, 2481).

1.3 Ein Überblick zu den gesetzlichen Änderungen

Um die vielfältigen Ziele der Agenda 2010 erreichen zu können, sind zahlreiche Einzelmaßnahmen umgesetzt worden. Diese können fünf Bereichen zugeordnet werden. Hierzu gehört die Arbeitsmarktpolitik im Speziellen, die Soziale Sicherung im Allgemeinen, das Steuersystem, die Energie- und die Gesellschaftspolitik (J. Schmid 2010, 143).

Zunächst zum Ausgangspunkt der arbeitsmarktpolitischen Reformmaßnahmen im Rahmen der Agenda 2010. Mit dem Vermittlungsskandal, bei dem der Bundesrechnungshof gravierende Fehler in der Vermittlungsstatistik der Bundesanstalt für Arbeit aufgedeckt hat, und der anhaltend hohen Arbeitslosigkeit zu Beginn des 21. Jahrhunderts, hat sich die Bundesregierung dazu entschlossen, ein 15-köpfiges Beratungsgremium einzusetzen. Dieses hat unter der Bezeichnung Kommission für moderne Dienstleistungen am Arbeitsmarkt, auch Hartz Kommission, firmiert (Schütz 2008, 71–73).

Dessen Aufgabe hat darin bestanden, Vorschläge zur Neuorganisation der Bundesanstalt für Arbeit, im Sinne „einer flexiblen Dienstleistungseinrichtung mit einem verantwortlichen Management und strikter Erfolgskontrolle", zu erarbeiten und neue Beschäftigungs- sowie Vermittlungsmöglichkeiten für Arbeitsuchende zu entwickeln (Kommission moderne Dienstleistungen am Arbeitsmarkt 2002, 12). Im August 2002 sind die Beratungen abgeschlossen worden. Im Endbericht ist die neue Leitidee der Arbeitsmarktpolitik mit dem Grundsatz „Eigenaktivität auslösen – Sicherheit einlösen" formuliert worden (Kommission moderne Dienstleistungen am Arbeitsmarkt 2002, 44).

In diesem Zusammenhang sind vier Kernelemente für Reformen am Arbeitsmarkt durch die Hartz Kommission identifiziert worden, die im Endbericht folgendermaßen wiederzufinden sind (Kommission moderne Dienstleistungen am Arbeitsmarkt 2002, 15–16):

– Die Bundesanstalt für Arbeit soll sich auf ihre Kernaufgaben konzentrieren und um Aufgaben wie der Bekämpfung illegaler Beschäftigung oder der Auszahlung des Kindergeldes entlastet werden;
– Zu den beiden Kernaufgaben der Bundesanstalt für Arbeit gehören die Vermittlung und die Beratung von Arbeitslosen, die mit modernen Managementkonzepten wie der Zielsteuerung, dem Programmbudget und neuen Informationstechnologien zu verbessern sind;
– Die Entscheidungsbildung und die Verantwortungsübernahme sind zu dezentralisieren und die Entscheidungsspielräume von Arbeitsvermittlern auszudehnen;
– Der Gesetzgeber soll die Zusammenlegung der Arbeitslosen- und der Sozialhilfe prüfen.

Es ist aber nicht nur die Beauftragung der Hartz Kommission gewesen, mit der die Bundesregierung auf die Strukturdefizite der Bundesanstalt für Arbeit und der anhaltend hohen Arbeitslosigkeit zu reagieren versucht hat (Bender, et al. 2006, 232, Kaps 2006, 51–53, Siefken 2008, 187–190). Vielmehr sind bereits mit dem Gesetz zur Reform der arbeitsmarktpolitischen Instrumente, das am 1. Januar 2002, sofern nicht abweichend bestimmt, in Kraft getreten ist, erste Arbeitsmarktreformen eingeleitet worden (Gesetz vom 10. Dezember 2001, BGBl I, 3443).

Nachfolgende Tabelle enthält einige der gesetzlichen Änderungen innerhalb der Arbeitsmarktpolitik, ohne einen Anspruch auf Vollständigkeit erheben zu wollen, die im Rahmen der Agenda 2010 bzw. unmittelbar davor umgesetzt worden sind:

Tabelle 1: Die arbeitsmarktpolitischen Maßnahmen im Rahmen der Agenda 2010. Quelle: Institut für Arbeitsmarkt- und Berufsforschung (2004, 2–16), Hansen (2015, 69–72), Bäcker (2017, 28–43), Veröffentlichungen im BGBl.

Bereich	Maßnahme
Panel A: Gesetz zur Reform der arbeitsmarktpolitischen Instrumente (Gesetz vom 10. Dezember 2001, BGBl I, 3443)	
Arbeitnehmerüberlassung	- Verlängerung der maximalen Überlassungsdauer von zwölf auf 24 Monate.
Arbeitsbeschaffungsmaßnahmen	- Abschaffung der Wartezeit von sechs Monaten; - Einführung der Möglichkeit, Berufsrückkehrer zu fördern; - Erhöhung der Teilnahmequote von Sozialhilfeempfängern von fünf auf zehn Prozent.
Arbeitslosengeld	- Erweiterung der Anspruchsberechtigung um Zeiten des Bezugs der Erwerbsminderungsrente, des Mutterschaftsgeldes und der Betreuung von Kindern mit einer Rückkehr in Erwerbsarbeit.
Berufliche Bildung	- Abschaffung der Beschränkung, Berufsausbildungen im Ausland nur in Grenzregionen zu unterstützen; - Einführung eines Lohnkostenzuschusses für Arbeitgeber, bei denen ungelernte Arbeitnehmer an Nachqualifizierungen teilnehmen; - Erweiterung der Möglichkeiten von Teilzeitweiterbildung; - Einführung der Möglichkeit, Weiterbildungskosten von Sozialhilfeempfängern und älteren Arbeitnehmern in kleinen und mittleren Unternehmen zu übernehmen.
Betreuung von Arbeitslosen	- Intensivierung der Vermittlung und der Beratung; - Einführung von Profiling bei Bewerbern für eine Ausbildung;

(fortgeführt)

Tabelle 1: Fortsetzung

Bereich	Maßnahme
	- Einführung des Rechts auf Vermittlung durch Dritte nach sechsmonatiger Arbeitslosigkeit;
	- Einführung der Verpflichtung, Erfolgskontrollen zu der Wirkung der aktiven Arbeitsmarktpolitik zu erstellen.
Infrastrukturförderung	- Einführung der Möglichkeit, Zuschüsse an öffentlich-rechtliche Körperschaften für den Einsatz von Arbeitslosen bei Maßnahmen zur Verbesserung der Infrastruktur zu leisten.
Sperrzeit für passive Leistungen	- Einführung der Gründe der Versäumnis eines Vorstellungsgesprächs und der zu späten Terminvereinbarung mit einem potenziellen Arbeitgeber.
Strukturanpassungsmaßnahmen	- Abschaffung der Beschränkung auf Arbeitsämter mit vornehmlich älteren Arbeitnehmern;
	- Abschaffung der Anrechnung von früheren Förderzeiten;
	- Einführung der Möglichkeit, jüngere Arbeitnehmer zu fördern.
Trainingsmaßnahmen und Mobilitätshilfen	- Einführung der Möglichkeit, Qualifizierungsmaßnahmen von bis zu zwölf Wochen im EU-Ausland bei Grenzregionen durchzuführen;
	- Einführung der Möglichkeit, Mobilitätshilfen bei einer Arbeitsaufnahme im Ausland zu gewähren.
Überbrückungsgeld für Existenzgründer	- Erweiterung der Anspruchsberechtigung um Personen, die unmittelbar arbeitslos werden.

Panel B: Erstes Gesetz für moderne Dienstleistungen am Arbeitsmarkt (Gesetz vom 23. Dezember 2002, BGBl I, 4607)

Arbeitnehmerüberlassung	- Abschaffung der besonderen Schutznormen des Befristungs-, des Wiedereinstellungs-, des Synchronisationsverbots und der Beschränkung der Überlassungsdauer auf 24 Monate;

Tabelle 1: Fortsetzung

Bereich	Maßnahme
	- Einführung des Grundsatzes, dass Leiharbeitnehmer zu den Arbeitsbedingungen anzustellen sind, die im normalen Kundenbetrieb gelten.
Arbeitslosengeld	- Anhebung der Beitragsbemessungsgrenze auf 61.200 Euro (West) und 51.000 Euro (Ost).
Arbeitslosenhilfe	- Kürzung des vom Partnereinkommen absetzbaren Mindestfreibetrages eines Alleinstehenden von 602,92 Euro auf 482,33 Euro;
	- Abschaffung des zusätzlichen Erwerbstätigenfreibetrages von 25 Prozent;
	- Kürzung des Vermögensfreibetrages von 67.600 Euro auf 26.000 Euro bei einem Anspruchsberechtigen und seinem Partner bzw. von 33.800 Euro auf 13.000 Euro bei einem Alleinstehenden (keine Anwendung bei über 55-Jährigen).
Existenzgründungszuschuss	- Begrenzung der Anspruchsberechtigung auf Arbeitslose im Sinne des SGB III und Beschäftigte in Arbeitsbeschaffungs- und Strukturanpassungsmaßnahmen bei der Gründung einer selbständigen Tätigkeit, ohne Angestellte, ausgeschlossen hiervon sind mitarbeitende Familienangehörige, und einem Einkommen unterhalb von 25.000 Euro;
	- Begrenzung der maximalen Anspruchsdauer auf drei Jahre;
	- Festsetzung der monatlichen Höhe auf 600 Euro im ersten, 360 Euro im zweiten sowie 240 Euro im dritten Jahr.
Meldepflicht bei drohender Arbeitslosigkeit	- Einführung der Verpflichtung von Arbeitnehmern, sich unverzüglich bei Kenntnis des Arbeitsplatzverlustes zu melden;

(fortgeführt)

Tabelle 1: Fortsetzung

Bereich	Maßnahme
	- Einführung der Ahndung einer verspäteten Meldung mit Kürzung des finanziellen Anspruchs bei Arbeitslosigkeit von sieben Euro je Tag bei Bemessungsentgelten von bis zu 400 Euro, 35 Euro je Tag bei Bemessungsentgelten von bis zu 700 Euro und 50 Euro je Tag bei Bemessungsentgelten von über 700 Euro, begrenzt auf maximal 30 Tage.
Mobilitätshilfen	- Abschaffung der Prüfung der Eigenleistungsfähigkeit.
Personal Service Agenturen	- Einführung von Vermittlungsagenturen mit den Aufgaben der Arbeitnehmerüberlassung, der Qualifizierung bei Nichtverleihung an Unternehmen und der Vermittlung;
	- Orientierung an den Bestimmungen des Arbeitnehmerüberlassungsgesetzes;
	- Einführung der Möglichkeit, ein Nettoentgelt in Höhe des vormaligen Arbeitslosengeldes für sechs Wochen zu zahlen.
Sperrzeit für passive Leistungen	- Umwandlung der Beweislast zu Lasten des Arbeitslosen;
	- Einführung einer Staffelung bei Ablehnung von Arbeitsangeboten oder Ablehnung bzw. Abbruch von beruflichen Eingliederungsmaßnahmen.
Weiterbildungsförderung	- Einführung von Bildungsgutscheinen zur freien Wahl von Anbietern und Trägern;
	- Prüfung von Trägern und Maßnahmen durch externe Zertifizierung.
Zumutbarkeit	- Einführung des Grundsatzes, dass eine Arbeitsstelle von Arbeitslosen anzunehmen ist, auch wenn ein Umzug bei Personen ohne familiärer Bindungen außerhalb des Pendlerbereichs, d.h. 2,5 Stunden Entfernung pro Tag, notwendig ist;
	- Abschaffung der Geltung ab der Vollendung der ersten drei Monaten der Arbeitslosigkeit.

Tabelle 1: Fortsetzung

Bereich	Maßnahme
Panel C: Zweites Gesetz für moderne Dienstleistungen am Arbeitsmarkt (Gesetz vom 23. Dezember 2002, BGBl I, 4621)	
Arbeitslosengeld	- Einführung der Möglichkeit für Arbeitgeber, von den Beiträgen zur Arbeitslosenversicherung befreit zu werden, wenn sie einen über 55-Jährigen einstellen.
Beschäftigung oberhalb der Geringfügigkeitsgrenze	- Einführung eines gleitenden Anstiegs des Arbeitnehmerbeitrags zur Sozialversicherung für Einkommen zwischen 400,01 Euro und 800,00 Euro von vier auf 21 Prozent;
	- Einführung der Möglichkeit für Arbeitnehmer, auf den niedrigeren Sozialversicherungsbeitragssatz zu verzichten und den hälftigen Renteversicherungsbeitragssatz zu tragen.
Entgeltersatzleistungen	- Abschaffung der Anpassung des Arbeitslosen-, des Unterhaltsgeldes sowie der Arbeitslosenhilfe an die allgemeine Lohnentwicklung.
Geringfügig-entlohnte Beschäftigung	- Anhebung der Einkommensgrenze von 325 Euro auf 400 Euro pro Monat;
	- Abschaffung der maximalen Arbeitszeit von 15 Stunden pro Woche;
	- Festlegung der Arbeitgeberpauschalabgaben auf 25 Prozent, bei Anstellung in Privathaushalten zwölf Prozent;
	- Auschluss der Abgabenpflicht bei geringfügiger Beschäftigung neben einer Hauptbeschäftigung.
Befristungsmöglichkeiten	- Reduktion der Altersgrenze, bei der keine sachliche oder zeitliche Befristung Anwendung finden darf, von 58 auf 52 Lebensjahre.

(fortgeführt)

Tabelle 1: Fortsetzung

Bereich	Maßnahme
Panel D: Gesetz zu Reformen am Arbeitsmarkt (Gesetz vom 24. Dezember 2003, BGBl I, 3002)	
Arbeitslosengeld	- Begrenzung der maximalen Anspruchsdauer auf zwölf Monate, für über 55-Jährige 18 Monate, anstelle von bis zu 32 Monaten.
Kündigungsschutz	- Abschaffung der Geltung für neu-eingestellte Arbeitnehmer in Betrieben mit weniger als zehn Mitarbeitern.
Panel E: Drittes Gesetz für moderne Dienstleistungen am Arbeitsmarkt (Gesetz vom 23. Dezember 2003, BGBl I, 2848)	
Arbeitsbeschaffungs- und Strukturmaßnahmen	- Zusammenführung der Arbeitsbeschaffungs- und der Strukturmaßnahmen; - Abschaffung des Grundsatzes, dass Teilnehmer pflichtversichert in der Arbeitslosenversicherung sein müssen; - Beschränkung der Höchstdauer des Transfer-Kurzarbeitergeldes auf zwölf Monate; - Einführung des Grundsatzes, dass die Teilnehmer an den Maßnahmen nicht arbeitslos gemeldet sind.
Arbeitslosengeld	- Verkürzung der Rahmenfrist, in der ein zwölf monatiges sozialversicherungspflichtiges Beschäftigungsverhältnis ausgeübt werden muss, um anspruchsberechtigt zu sein, von 32 auf 24 Monate.
Altersteilzeit	- Einführung einer Insolvenzsicherung für Wertguthaben; - Abschaffung des Mindestnettobetrages von 70 Prozent.
Verwaltung	- Umbenennung der Bundesanstalt für Arbeit in die Bundesagentur für Arbeit; - Gliederung in Zentrale, Regionaldirektionen und Agenturen für Arbeit;

Tabelle 1: Fortsetzung

Bereich	Maßnahme
	- Einführung von Job-Centern mit allen relevanten Dienstleistungen, auch für die Arbeitslosen- und die Sozialhilfe; - Einführung eines umfassenden Controllingsystems; - Stärkung der persönlichen Eigenverantwortung der Mitarbeiter.
Leistungsrecht	- Einführung von Pauschalen; - Abschaffung einer Vielzahl von Einzelfallentscheidungen; - Erleichterung der Wahrnehmung von Maßnahmen der Arbeitsförderung für Berufsrückkehrer.
Sperrzeit für passive Leistungen	- Einführung der Gründe der unzureichenden Eigenbemühung und der Versäumung eines Meldetermins.

Panel F: Viertes Gesetz für moderne Dienstleistungen am Arbeitsmarkt (Gesetz vom 24. Dezember 2003, BGBl I, 2954)

Arbeitslosengeld II (Grundsicherung, SGB II)	- Zusammenlegung der Arbeitslosen- und der Sozialhilfe mit identischen Leistungen für alle Anspruchsberechtigten, orientiert an dem Grundsatz der Bedürftigkeit bzw. dem Sozialhilfeniveau (2005, West): 345 Euro für Alleinstehende, je 311 Euro bei zusammenlebenden Partnern, 276 Euro bei Jugendlichen zwischen 15 und 18 Jahren sowie Personen, die im Haushalt anderer Personen leben, und 207 Euro für Kinder jünger als 15 Jahre, ohne Kosten für Miete und Heizung sowie zusätzlichen Mehrbedarf; - Finanzierung aus Steuermitteln; - Einführung von Hinzuverdienstmöglichkeiten: fünf Prozent bei einem Bruttolohn von bis zu 400 Euro, zusätzlich 30 Prozent für einen Bruttolohn zwischen 400 Euro und 900 Euro und 15 Prozent für den Betrag zwischen 900 Euro bis 1500 Euro.

(*fortgeführt*)

Tabelle 1: Fortsetzung

Bereich	Maßnahme
Eingliederungsleistungen	- Einführung des Grundsatzes, dass Leistungsempfänger des Arbeitslosengeldes II alle aktiven Leistungen nach dem SGB III erhalten können; - Schaffung von Arbeitsgelegenheiten für Arbeitslose, die kein passendes Arbeitsverhältnis finden; - Einführung der Verpflichtung, eine Eingliederungsvereinbarung zwischen der Bundesagentur für Arbeit und dem Arbeitslosen für eine Dauer von sechs Monaten, in der gegenseitige Pflichten festgehalten werden, abzuschließen.
Existenzgründungszuschuss	- Einführung der Verpflichtung, eine Stellungnahme einer fachkundigen Stelle einzuholen.
Sanktionierung (Grundsicherung, SGB II)	- Einführung der Möglichkeit, das Arbeitslosengeld II in einem ersten Schritt um 30 Prozent für drei Monate, in einem zweiten Schritt um den doppelten Prozentsatz zu kürzen, sofern Arbeitslose eine zumutbare Beschäftigung ablehnen, eine Eingliederugsmaßnahme verweigern oder eine mangelnde Bemühung, ein neues Arbeitsverhältnis zu finden, haben; - Einführung der Möglichkeit, in der zweiten Stufe auch eine Kürzung der Leistungen für Mehrbedarf sowie Unterkunft und Heizung durchzuführen, während gleichermaßen Sachleistungen oder geldwerte Leistungen zur Verfügung gestellt werden können, was jedoch bei minderjährigen Kindern in der Bedarfsgemeinschaft verpflichtend ist; - Einführung der Möglichkeit, die Regelleistung für einen Zeitraum von drei Monaten bei Personen zwischen 15 und 25 Jahren zu kürzen, wenn sie eine zumutbare Erwerbstätigkeit oder eine Eingliederungsmaßnahme ablehnen.

Tabelle 1: Fortsetzung

Bereich	Maßnahme
Trägerschaft (Grundsicherung, SGB II)	- Aufteilung der Trägerschaft auf die Bundesagentur für Arbeit und die Kommunen; - Übernahme der Kosten für Unterkunft und Heizung und der Beratungsleistungen wie die Schuldnerberatung, die psychosoziale Betreuung und die Suchtberatung durch kommunale Träger; - Übernahme des Regelbedarfs des Arbeitslosengeldes II, des Sozialgeldes, der Beiträge zu den Sozialversicherungen und der aktiven Arbeitsmarktpolitik durch die Bundesagentur für Arbeit.
Vermittlungsgutscheine	- Anspruch der Arbeitslosen bereits nach sechs Wochen und nicht mehr nach drei Monaten; - Einführung eines Pauschalbetrages von 2.000 Euro und Aufhebung der Begrenzung des Wertes auf die Dauer der Arbeitslosigkeit.
Zumutbarkeit (Grundsicherung, SGB II)	- Einführung des Grundsatzes, dass jede Arbeitsstelle von Leistungsempfängern des Arbeitslosengeldes II anzunehmen ist.

Mit dem Ersten und Zweiten Gesetz für moderne Dienstleistungen am Arbeitsmarkt, die beide zum 1. Januar 2003, sofern nicht abweichend geregelt, in Kraft getreten sind, hat der Gesetzgeber einige der Empfehlungen der Kommission für moderne Dienstleistungen am Arbeitsmarkt umgesetzt (Gesetz vom 23. Dezember 2002, BGBl I, 4607; Gesetz vom 23. Dezember 2002, BGBl I, 4621). Zunächst zu zwei Gesetzesänderungen, mit denen das Arbeitnehmerüberlassungs- (Artikel 6 des Gesetzes vom 23. Dezember 2002, BGBl I, 4617) und das Arbeitnehmerentsendegesetz (Artikel 6a des Gesetzes vom 23. Dezember 2002, BGBl I, 4619) verändert worden sind. Erstens ist mit der Aufhebung von vier Verboten bei der Leiharbeit die Arbeitnehmerüberlassung bzw. die -entsendung vereinfacht worden.

Nachfolgend sind die vier aufgehobenen Verbote aufgelistet (Schröer und Huhn 1998, 9–13):

- Das Befristungsverbot: Verbot einer Befristung, ohne dass ein sachlicher Grund hierzu vorliegt;
- Das Wiedereinstellungsverbot: Verbot, einen Zeitarbeitnehmer zu entlassen und innerhalb einer Frist von drei Monaten erneut einzustellen;
- Das Synchronisationsverbot: Verbot, die Dauer des Vertrages zwischen dem Zeitarbeitsunternehmen und dem Zeitarbeitnehmer mit der Dauer des Unternehmenseinsatzes zu synchronisieren;
- Die Beschränkung der Überlassungsdauer, d.h. den Zeitraum des Unternehmenseinsatzes, auf maximal zwei Jahre.

Zweitens ist mit der Gesetzesänderung ein Gleichstellungsgrundsatz verankert worden. Hiernach sind Leiharbeitnehmer grundsätzlich zu den im normalen Kundenbetrieb geltenden Arbeitsbedingungen anzustellen (Klinger, Rothe und Weber 2013, 2).

Weitere Gesetzesänderungen haben sich auf die Arbeitsförderung bezogen, geregelt im SGB III, d.h. die aktive Unterstützung von Arbeitslosen, eine Arbeitsstelle zu finden, und Arbeitnehmern, in Beschäftigung zu verbleiben (Artikel 1 des Gesetzes vom 23. Dezember 2002, BGBl I, 4607; Artikel 1 des Gesetzes vom 23. Dezember 2002, BGBl I, 4621). An dieser Stelle werden drei Beispiele zu den Reformmaßnahmen im Rahmen der Arbeitsförderung vorgestellt.

Mit Personal Service Agenturen, die Arbeitsuchende eingestellt und zeitlich befristet an Unternehmen verliehen haben, ist das Ziel verfolgt worden, dass Betriebe eine möglichst hohe Zahl an Leiharbeitern übernehmen und die Beschäftigungsaufnahme von Arbeitsuchenden erleichtert wird. In Zeiten, in denen Leiharbeiter nicht an Betriebe überlassen worden sind, haben die Personal Service Agenturen Rahmenbedingungen für eine hinreichende Qualifizierung der Arbeitslosen zur Verfügung gestellt (Pollert und Spielert 2014, 37–39).

Des Weiteren hat die Bundesanstalt für Arbeit auf die Prüfung der Eigenleistungsfähigkeit bei Mobilitätshilfen verzichtet. Seitdem sind Mobilitätshilfen gewährt worden, ohne die Fähigkeit, den Mobilitätsprozess aus eigenen Mitteln zu bestreiten, zu untersuchen (Kaltenborn, Knerr und Kurth-Laatsch 2004, 39).

Der Existenzgründungszuschuss, in der Öffentlichkeit besser bekannt als die Ich-AG, ist als Pflichtleistung der Arbeitsämter eingeführt worden. Zielsetzung des Existenzgründungszuschusses ist es gewesen, dass Arbeitslose auch selbstständig tätig sein können und nicht nur auf die Rolle als abhängig Beschäftigte im Rahmen der Jobsuche beschränkt sind.

Zu dem Kreis der Anspruchsberechtigten des Existenzgründungszuschusses haben Arbeitsuchende gehört, die Entgeltersatzleistungen aus dem SGB III erhalten haben, mit der selbständigen Tätigkeit ein Einkommen von 25.000 Euro pro Jahr nicht überschritten haben und keine Arbeitnehmer, außer mitarbeitende Familienangehörige, beschäftigt haben. Der Existenzgründungszuschuss ist bis zu maximal drei Jahren bewilligt worden und hat im ersten Jahr 600 Euro, im zweiten Jahr 360 Euro und schließlich im dritten Jahr 240 Euro, jeweils pro Monat, betragen (Koch und Wießner 2003, 2–3).

Es ist aber nicht nur die Bereitstellung zusätzlicher Instrumente der Arbeitsförderung gewesen, die mit den beiden Gesetzen realisiert worden sind. Vielmehr hat sich insb. mit der Umsetzung des Ersten Gesetzes für moderne Dienstleistungen am Arbeitsmarkt auch der Druck auf Arbeitslose, eine Tätigkeit aufzunehmen, erhöht. Auch hierzu sollen drei Beispiele dargelegt werden.

Eine der Maßnahmen ist gewesen, dass das Arbeitslosengeld um bis zu 50 Euro für jeden Tag, den sich ein Arbeitsuchender nach der Kenntnis der Arbeitslosigkeit nicht bei der Bundesagentur für Arbeit als arbeitslos meldet, begrenzt auf maximal 30 Tage, reduziert wird. Auch ist realisiert worden, dass eine Ablehnung von Arbeitsangeboten oder eine Ablehnung oder ein Abbruch von beruflichen Eingliederungsmaßnahmen mit Sperrzeiten für den Erhalt des Arbeitslosengeldes durch die Bundesanstalt für Arbeit bestraft werden kann (Artikel 1 des Gesetzes vom 23. Dezember 2002, BGBl I, 4607).

Des Weiteren sind die Grenzen für das zurechenbare Einkommen und Vermögen für Anspruchsberechtigte der Arbeitslosenhilfe gesenkt worden (Artikel 11 des Gesetzes vom 23. Dezember 2002, BGBl I, 4619). So ist mit der Gesetzesänderung der Anspruch auf Arbeitslosenhilfe entfallen, wenn der Arbeitslose oder dessen Partner über ein Vermögen von mehr als je 13.000 Euro verfügt haben. Vor dem Ersten Gesetz für moderne Dienstleistungen am Arbeitsmarkt hat noch eine Grenze von je 33.800 Euro für den Arbeitsuchenden und dessen Partner Geltung gehabt.

Auch sind die Zumutbarkeitsregelungen, d.h. die Bedingungen, wann ein Arbeitsverhältnis für einen Arbeitsuchenden als annehmbar gilt, verschärft worden (Artikel 1 des Gesetzes vom 23. Dezember 2002, BGBl I, 4607). Die Gesetzesänderung hat vorgesehen, dass Arbeitsstellen auch für Arbeitslose zumutbar sind, wenn ein Umzug außerhalb des Pendlerbereichs, das sind zu diesem Zeitpunkt 2,5 Stunden pro Tag gewesen, erforderlich ist. Diese Verschärfung hat jedoch keine Anwendung für Arbeitsuchende mit familiärer Verpflichtung gefunden.

Das Gesetz zu Reformen am Arbeitsmarkt, das zum 1. Januar 2004 in Kraft getreten ist, hat weitere Maßnahmen enthalten, die mit nachhaltigen Veränderungen der Arbeitsmarktpolitik verbunden gewesen sind (Gesetz vom 24. Dezember 2003, BGBl I, 3002). Kernstück der Arbeitsmarktreform ist die Begrenzung der Bezugsdauer des Arbeitslosengeldes, geregelt im SGB III, gewesen (Artikel 3 des Gesetzes vom 24. Dezember 2003, BGBl I, 3003). Von bis zu maximal 32 Monaten Bezugsdauer von Leistungen aus der Arbeitslosenversicherung, die vor dem Gesetz möglich gewesen sind, hat sich der maximale Anspruch auf zwölf Monate, für über 55-Jährige 18 Monate, reduziert.

Auch zum 1. Januar 2004 in Kraft getreten, sofern nicht abweichend geregelt, ist das Dritte Gesetz für moderne Dienstleistungen am Arbeitsmarkt (Gesetz vom 23. Dezember 2003, BGBl I, 2848). Eine der hervorgehobenen Gesetzesänderungen ist die Beschränkung der Rahmenfrist in der Arbeitslosenversicherung von drei auf zwei Jahre gewesen (Artikel 1 des Gesetzes vom 23. Dezember 2003, BGBl I, 2849). Um für das Arbeitslosengeld anspruchsberechtigt zu sein, muss ein mindestens zwölf monatiges sozialversicherungspflichtiges Beschäftigungsverhältnis innerhalb der Rahmenfrist ausgeübt werden (Allmendinger, Eichhorst und Walwei 2005, 79–81).

Ebenfalls sind mit dem Dritten Gesetz für moderne Dienstleistungen am Arbeitsmarkt die Tatbestände für eine Sperrzeit der Ansprüche auf das Arbeitslosengeld und die Arbeitslosenhilfe um die unzureichende Eigenbemühung und die Versäumung eines Meldetermins erweitert worden (Artikel 1 des Gesetzes vom 23. Dezember 2003, BGBl I, 2849). Auch firmiert die Bundesanstalt für Arbeit seitdem als Bundesagentur für Arbeit.

Das Vierte Gesetz für moderne Dienstleistungen am Arbeitsmarkt, deren Maßnahmen in den Jahren 2004 und 2005 in Kraft getreten sind, hat die arbeitsmarktpolitischen Reformen innerhalb der Agenda 2010 abgeschlossen (Gesetz vom 24. Dezember 2003, BGBl I, 2954). Drei Maßnahmen aus dem Gesetz sind an dieser Stelle näher zu erläutern.

Ein Kernstück des Gesetzespaketes ist die Zusammenlegung der Arbeitslosen- und der Sozialhilfe für erwerbsfähige Hilfebedürftige, in Gestalt der Einführung des SGB II, gewesen (Artikel 1 des Gesetzes vom 24. Dezember 2003, BGBl I, 2955). Die Arbeitslosenhilfe ist bis zur Gesetzesänderung im Anschluss an das Arbeitslosengeld gezahlt worden und ist wie das Arbeitslosengeld als eine Versicherungsleistung konzipiert gewesen. Damit hat sich die Arbeitslosenhilfe am zuletzt erzielten Einkommen vor der Arbeitslosigkeit orientiert. Bei Arbeitslosen mit Kindern im eigenen Haushalt hat die Anspruchshöhe 57 Prozent des zuletzt erzielten pauschalierten Nettoentgelts umfasst. Ohne Kinder hat der finanzielle Leistungsanspruch bei 53 Prozent gelegen. Die Arbeitslosenhilfe ist aus Steuermitteln finanziert gewesen. Auch hat der Bezug der Arbeitslosenhilfe keine zeitliche Begrenzung vorgesehen (Schneider 2008, 24).

Mit dem Vierten Gesetz für moderne Dienstleistungen am Arbeitsmarkt ist rechtskräftig geworden, dass Arbeitslose unbefristet Anspruch auf die Grundsicherung, Arbeitslosengeld II, haben, wenn die maximale Bezugsdauer von

Lohnersatzleistungen aus der Arbeitslosenversicherung, Arbeitslosengeld I, erreicht wird oder erst gar kein Anspruch auf Arbeitslosengeld I existiert. Seither ist das Arbeitslosengeld II steuerfinanziert gewesen und hat dem Grundsatz der Bedürftigkeit gefolgt. Die Leistungshöhe des Arbeitslosengeldes II ist auf das deutlich unterhalb der Arbeitslosenhilfe liegende Sozialhilfeniveau begrenzt worden. Zum Zeitpunkt der Reformumsetzung haben Alleinstehende in Westdeutschland 345 Euro bekommen. Die Kosten für Unterkunft und Heizung sind hier nicht mitinbegriffen, sondern sind seither durch den kommunalen Träger der Grundsicherung gezahlt worden (Eekhoff 2008, 204–205).

Das zweite Kernelement des Vierten Gesetzes für moderne Dienstleistungen am Arbeitsmarkt ist die Verschärfung von Zumutbarkeitskriterien hinsichtlich der Tätigkeiten, die für Arbeitsuchende aus dem SGB II als annehmbar gelten, gewesen (Artikel 1 des Gesetzes vom 24. Dezember 2003, BGBl I, 2955). Grundsätzlich ist hiernach jedes Arbeitsverhältnis als zumutbar eingestuft worden, ganz gleich, ob es dem vor der Arbeitslosigkeit ausgeübten Beruf oder der erlernten Ausbildung gleichzusetzen ist. Auch Wohnortwechsel oder unangenehme Arbeitsbedingungen sind als zumutbar angesehen worden (Eichhorst und Zimmermann 2008, 41–43, Fehr und Vobruba 2011, 211–212).

Mit dem Vierten Gesetzes für moderne Dienstleistungen am Arbeitsmarkt ist auch die Einführung umfangreicher Sanktionsmöglichkeiten seitens der Bundesagentur für Arbeit für erwerbsfähige Hilfsbedürftige beschlossen worden, als drittes Kernstück der Gesetzesinitiative (Artikel 1 des Gesetzes vom 24. Dezember 2003, BGBl I, 2955). Die Regelleistung eines erwerbsfähigen Hilfebedürftigen ist seitdem in einem ersten Schritt um bis zu 30 Prozent abgesenkt worden, wenn sich der Anspruchsberechtigte weigert, „eine ihm angebotene Eingliederungsvereinbarung abzuschließen, in der Eingliederungsvereinbarung festgelegte Pflichten zu erfüllen, insbesondere in ausreichendem Umfang Eigenbemühungen nachzuweisen, eine zumutbare Arbeit, Ausbildung oder Arbeitsgelegenheit aufzunehmen oder fortzuführen, oder zumutbare Arbeit nach § 16 Abs. 3 Satz 2 SGB II auszuführen" (§31, Abs. 1, Nr. 1, a)-d), ebd.).

2 Zur Entwicklung der beruflichen Mobilität von Arbeitslosen und Beschäftigten vor, während und nach der Agenda 2010

2.1 Die Bedeutung der beruflichen Mobilität

Bereits mit dem Abschlussbericht der Kommission für moderne Dienstleistungen am Arbeitsmarkt ist eine neue Arbeitsmarktpolitik definiert worden, in der die berufliche Mobilität von Arbeitslosen und Arbeitslosigkeit Bedrohten mit passenden Angeboten der Bundesagentur für Arbeit zu fördern ist. Demgegenüber hat der Anspruch bzw. die Erwartung an diese Personengruppe gestanden, auch diejenigen Arbeitsangebote anzunehmen, die ein höheres Maß an beruflicher Mobilität erfordern, wenn auch die Auslegung der Zumutbarkeit immer in Abhängigkeit von der individuellen familiären Situation erfolgt.

Fordern und fördern von beruflicher Mobilität ist einer der formulierten Ansprüche der Hartz Kommission an Arbeitslose und Personen, die unmittelbar von Arbeitslosigkeit bedroht sind, gewesen (Kommission moderne Dienstleistungen am Arbeitsmarkt 2002, 45). Wie in Kapitel 1.3 detailliert gezeigt wird, sind die Vorschläge der Kommission für moderne Dienstleistungen am Arbeitsmarkt in zahlreichen Gesetzespaketen während der Agenda 2010 umgesetzt worden.

Offen bleibt bisher, welche volkswirtschaftliche Bedeutung der beruflichen Mobilität beizumessen ist und warum es diese durch die Agenda 2010 zu steigern gegolten hat. Grundsätzlich kann die Mobilität am Arbeitsmarkt als einer von vielen Gradmessern für die Funktionsfähigkeit des Arbeitsmarktes interpretiert werden. Mit der beruflichen Mobilität können Aussagen über die generelle Anpassung von Arbeitsangebot und -nachfrage getätigt werden (Pointner und Hinz 2008, 99). Dies ist aus den Perspektiven des Arbeitsangebots und der -nachfrage näher zu betrachten.

Auch wenn eine hohe berufliche Mobilität aus Arbeitnehmersicht als Hinweis auf unsichere Beschäftigungsverhältnisse oder unattraktive Arbeitsbedingungen angesehen werden kann, können Tätigkeitswechsel dennoch lohnend sein. Üben Angestellte in ihrer aktuellen Tätigkeit nicht ihr vollständiges Leistungspotenzial aus, haben sie die Möglichkeit, durch einen Stellenwechsel einen beruflichen Aufstieg zu erzielen, damit ihr komplettes Potenzial der Volkswirtschaft zur Verfügung steht (Knuth und Kaps 2014, 177).

Sind Arbeitslose beruflich mobil, erhöht sich die Wahrscheinlichkeit, einen Arbeitsplatz zu finden, sei es in einer anderen Region oder einem anderen Sektor als die vorherige Tätigkeit. Die von Arbeitslosigkeit Gefährdeten können möglicherweise, sofern sie hinreichend beruflich mobil sind, den Kontakt mit Arbeitslosigkeit gar vermeiden. Für den Staat bedeutet dies, dass Transferleistungen bei Arbeitslosigkeit reduziert oder komplett eingespart werden können. Auch können höhere Steuereinnahmen und Sozialversicherungsbeiträge erzielt bzw. das bestehende Aufkommen aufrechterhalten werden.

Aus betrieblicher Perspektive ergeben sich ähnliche Gegensätze. Wenn sich langjährige Arbeitnehmer für einen Stellenwechsel entscheiden und ihren Arbeitgeber verlassen, müssen neue Arbeitskräfte angeworben und angelernt werden. Unternehmen können aber auch von beruflich mobilen Arbeitskräften profitieren. Sie sind leichter für höhere Aufgaben innerhalb des Unternehmens zu gewinnen und regional flexibler einsetzbar als immobile Mitarbeiter (Stettes 2011, 1–2).

Mit diesen Reallokationen kann die Passgenauigkeit zwischen dem Arbeitsangebot und der -nachfrage optimiert und Effizienzpotenziale genutzt werden, die sonst unberücksichtigt bleiben. Damit ist die Arbeitsmarktmobilität nicht zuletzt auch einer von vielen Garanten für die wirtschaftliche Dynamik und die Wohlfahrtsteigerung (Organisation for Economic Co-operation and Development 2009, 118).

2.2 Ein Überblick zu der empirischen Literatur im Bereich der beruflichen Mobilität

Mit der durch die Agenda 2010 geförderten und geforderten beruflichen Mobilität von Arbeitsuchenden und Arbeitslosigkeit Bedrohten ist nun zu klären, ob sich dieser Anspruch tatsächlich realisiert hat. Grundlage hierfür ist die bestehende empirische Literatur.

In diesem Zusammenhang stellen zahlreiche Studien zunächst fest, dass die Konzessionsbereitschaft von Arbeitslosen, d.h. die Bereitschaft zu Zugeständnissen monetärer und nicht finanzieller Art im Rahmen der Jobsuche, direkt nach den Reformjahren 2003 bis 2005 zugenommen hat. Neben den Zugeständnissen an die qualifikatorischen Anforderungen, der Entlohnung und den Arbeitsbedingungen gibt es auch Indizien dafür, dass mehr und mehr regionale und sektorale Zugeständnisse durch Arbeitsuchende an Tätigkeiten gemacht worden sind (Klute und Kotlenga 2008, 8–9, Kettner und Rebien 2009, 7, Rebien und Kettner 2011, 222–224, Walwei 2011, 567–568). Ob die gestiegene Mobilitätsbereitschaft der Arbeitsuchenden durch das Fördern oder das Fordern von beruflicher

Mobilität im Rahmen der Agenda 2010 oder ganz anderen Gründen initiiert worden ist, bleibt hier ungeklärt.

In demselben Zeitraum, d.h. den Jahren nach der Umsetzung der Agenda 2010, haben sich die Wechsel aus Arbeitslosigkeit in Beschäftigung erheblich erhöht (Knuth 2011, 581). Nicht nur, dass sich die Arbeitslosenquote von etwa 11,7 Prozent im Jahr 2005 auf ca. 6,4 Prozent im Jahr 2015 reduziert hat, sondern auch die Zunahme der sozialversicherungspflichtigen Beschäftigungsverhältnisse innerhalb desselben Zeitraums von rund 26,3 Mio. auf etwa 30,8 Mio., entsprechend Stichtagswerte zum 30.06., sind in diesem Zusammenhang anzuführen (Jaenichen und Rothe 2014, 228–230, Bundesagentur für Arbeit, Statistik 2017).

Es scheint naheliegend, dass die gestiegene berufliche Mobilitätsbereitschaft von Arbeitslosen in Folge der Agenda 2010 einen Beitrag zum Abbau der Arbeitslosigkeit gehabt hat (Bauer und King 2018, 10–13). Der exakte Beitrag ist jedoch schwer zu identifizieren, da auch andere Faktoren, wie bspw. das Kurzarbeitergeld nach der Wirtschafts- und der Finanzkrise oder die positive Entwicklung der Konjunktur, in ihrer Wirkung auf die Entwicklung der Arbeitslosigkeit zu berücksichtigen sind (Brenke und Zimmermann 2008, 120–123, Möller 2010, 325–327, Lesch 2012, 7–8, Herzog-Stein, Lindner und Sturn 2017).

Wenn schon die Indizien, dass die berufliche Mobilität von Arbeitslosen durch die Umsetzung der Agenda 2010 zugenommen hat, nicht abzuweisen sind, ist auch zu untersuchen, ob sich die beruflichen Mobilitätsprozesse der Erwerbstätigen durch die Realisation der Agenda 2010 verändert haben. Hierfür wird die Entwicklung gesamtwirtschaftlicher beruflicher Mobilitätskennzahlen zu Grunde gelegt.

Generell ist anzumerken, dass zahlreiche Möglichkeiten existieren, um berufliche Mobilitätsbewegungen zu messen und deren Veränderungen entsprechend über einen längeren Zeitraum zu bewerten. Einige empirische Studien, die unterschiedliche Methoden zur Messung der beruflichen Mobilität operationalisieren, sollen nun diskutiert werden, ohne Anspruch auf Vollständigkeit erheben zu wollen.

Zur Messung der Arbeitsmarktmobilität werden in der Vielzahl der Veröffentlichungen drei Kennzahlen genutzt: Die Eintritts-, die Austritts- und die Fluktuationsrate (Führing 2006, 187–188). Bei den ersten beiden Kennzahlen wird die Zahl der begonnenen bzw. beendeten Arbeitsverhältnisse eines bestimmten Zeitraums in Bezug zum durchschnittlichen Beschäftigungsstand desselben Zeitraums gesetzt. Bei der Fluktuationsrate steht die Summe begonnener und beendeter Beschäftigungsverhältnisse, beide innerhalb eines festgelegten Zeitraums, im Zähler, während der Nenner die zweifache Menge des durchschnittlichen

Bestands an Arbeitnehmern enthält. Der Mittelwert bezieht sich auf die Ausprägung zu Jahresanfang und -ende (Kraut 2002, 246–247, Pepels, et al. 2008, 66).

Zunächst weisen die drei Kennzahlen im Zeitverlauf natürliche Schwankungen auf, die sich an den Phasen wirtschaftlichen Auf- und Abschwungs orientieren. In konjunkturellen Hochphasen steigen freiwillige Tätigkeitswechsel an und initiieren vertikale Stellenbesetzungsketten. Dagegen reduzieren sich freiwillige Austritte und entsprechend Neubesetzungen in Unternehmen, während arbeitgeberseitige Kündigungen zunehmen, wenn sich die wirtschaftlichen Aussichten verschlechtern (Erlinghagen 2010, 4).

Zwischen den Jahren 2000 und 2005 und damit bis zur vollständigen Umsetzung der Agenda 2010 ist die Fluktuationsrate gesunken. In Westdeutschland ist der Rückgang der Mobilität am Arbeitsmarkt von knapp 39,9 auf etwa 30,0 stärker ausgeprägt gewesen als in Ostdeutschland. Hier hat sie sich von rund 43,2 auf ca. 37,5 reduziert.

Danach ist die Fluktuationsrate im Westen der Bundesrepublik Deutschlands bis zum Jahr 2013 moderat angestiegen, mit Ausnahme des Krisenjahres 2009. Jedoch ist das Niveau im Jahr 2013 mit 33,5 niedriger als zu Beginn des 21. Jahrhunderts gewesen. In Ostdeutschland hat die Fluktuationsrate bis 2013 auf etwa 35,1 abgenommen (Erlinghagen 2017, 6–9).

Auch die Bundesagentur für Arbeit (2014, 121) nutzt die Fluktuationsrate zur Messung der Arbeitsmarktmobilität, wenngleich sich die Datengrundlage von Erlinghagen (2017) unterscheidet. So hat sich die Fluktuationsrate im Osten der Bundesrepublik Deutschland zwischen den Jahren 2005 und 2013 reduziert, von ca. 36,4 auf rund 32,4. In Westdeutschland hat sich die Fluktuationsrate in demselben Zeitraum leicht erhöht, von knapp 28,9 auf etwa 29,7. Sowohl in West- als auch in Ostdeutschland hat sich die Fluktuationsrate damit unter deren Ausprägung von ca. 35,1 bzw. rund 39,7 aus dem Jahr 2002 befunden.

Für die Bundesrepublik Deutschland ist die berufliche Mobilität zwischen den Jahren 2005 und 2013 nahezu konstant geblieben, da die Fluktuationsrate in diesem Zeitraum von ca. 31,0 auf rund 30,7 gesunken ist. Ein anderes Bild ergibt sich für den Zeitraum 2002 bis 2005, in der die Agenda 2010 umgesetzt worden ist, da die Fluktuationsrate im Jahr 2002 noch bei 36,8 gelegen hat (Bundesagentur für Arbeit 2014, 121). Ähnliche Ergebnisse liefern die empirischen Erhebungen von Rothe (2009) sowie Giannelli, Jaennichen und Rothe (2013).

Des Weiteren führt Stettes (2011) das Konzept der Personalaustauschrate ein, um die Mobilität am Arbeitsmarkt zu messen, die nachfolgend dargestellt ist:

$$P_t = 1 - \frac{|E_t - A_t|}{E_t + A_t}$$

$E_t + A_t > 0$ *und* $P_t = 0$ *für* $E_t + A_t = 0$

P_t: *Personalaustauschrate zum Zeitpunkt t*

E_t: *Eintritte in Beschäftigung zum Zeitpunkt t*

A_t: *Austritte aus Beschäftigung zum Zeitpunkt t*

Formelbereich 1

Da die Personalaustauschrate nicht derart intuitiv wie die Fluktuationsrate ist, ist deren Interpretation zu erklären. Wenn die Eintritte und die Austritte in bzw. aus Beschäftigungsverhältnissen einander entsprechen, erreicht die Personalaustauschrate ihren Maximalwert von eins. Je deutlicher die Personaleintritte oder die -austritte dominieren, desto näher befindet sich die Personalaustauschrate an ihrem Minimalwert Null.

Bei der Personalaustauschrate zeigt sich ein anderes Bild hinsichtlich der Beurteilung der beruflichen Mobilitätsprozesse. Ist die Personalaustauschrate von 2002 auf 2003 leicht rückläufig gewesen, so hat sie bis zum Jahr 2006 stetig zugenommen. Der deutlichste Anstieg ist von 2005 auf 2006 beobachtet worden. Nach leichten Rückgängen in den Jahren 2007 und 2009 hat sie sich zu den Zeitpunkten 2008 bzw. 2010 wieder erhöht. Am aktuellen Rand der Studie von Stettes (2011) hat die Personalaustauschrate fast ihren Maximalwert von eins erreicht (Stettes 2011, 4–6).

Eine weitere Möglichkeit, berufliche Mobilität zu messen, ist die durchschnittliche Betriebszugehörigkeitsdauer, wenngleich diese Kennzahl eigentlich zur Untersuchung der Beschäftigungsstabilität eingesetzt wird (Hacket 2009, 24–25, Rhein und Stüber 2014, 2). Grundsätzlich gilt die Intuition, dass je länger Arbeitnehmer bei einem Arbeitgeber beschäftigt sind, desto geringer ist ihre Mobilität am Arbeitsmarkt (Becher, Brand und Schmid 2007, 103).

Rhein (2010) legt die unabgeschlossene durchschnittliche Dauer der Betriebszugehörigkeit, bei der allein Arbeitsverhältnisse berücksichtigt werden, die zum Berechnungszeitpunkt nicht beendet worden sind, der beruflichen Mobilitätsbetrachtung zu Grunde. Bei der abgeschlossenen durchschnittlichen Betriebszugehörigkeitsdauer finden nur Tätigkeiten von Arbeitnehmern Berücksichtigung, die innerhalb des Untersuchungszeitraums beendet worden sind (Eichhorst, Profit und Thode 2001, 182–183).

In der Bundesrepublik Deutschland hat sich die durchschnittliche unabgeschlossene Betriebszugehörigkeitsdauer zwischen den Jahren 2001 und 2004 deutlich erhöht. Von ca. 9,9 Jahren ist die durchschnittliche Anstellungszeit in einem Betrieb auf knapp 11,1 Jahre angestiegen, was über der Ausprägung zu Beginn der 1990er Jahre von fast 10,3 Jahren gelegen hat und ein Indiz für einen Rückgang der beruflichen Mobilität ist. Nach einer leichten Reduktion der durchschnittlichen unabgeschlossenen Dauer der Betriebszugehörigkeit im Jahr 2005 auf etwa 10,8 Jahre ist sie in den Folgejahren, d.h. bis zum Zeitpunkt 2008, auf konstantem Niveau verblieben (Rhein 2010, 3–4).

Erlinghagen (2017) differenziert darüber hinaus den Verlauf der unabgeschlossenen Betriebszugehörigkeitsdauer nach Ost- und Westdeutschland. Zwischen den Jahren 2001 und 2005 ist die durchschnittliche Beschäftigungsdauer der zum Zeitpunkt der Erhebung Angestellten innerhalb eines Unternehmens von etwa 8,5 Jahre auf fast 10,1 Jahre in Ostdeutschland angestiegen, während sie sich im Westen der Bundesrepublik Deutschlands nur marginal um 0,5 Jahre auf knapp 10,5 Jahre erhöht hat. Damit liegt der Schluss nahe, dass sich die Arbeitsmarktmobilität in der Bundesrepublik Deutschland in diesem Zeitraum reduziert hat.

Nach einem stetigen Anstieg der durchschnittlichen unabgeschlossenen Betriebszugehörigkeitsdauer in Westdeutschland auf ca. 11,1 Jahre bis zum Jahr 2011 hat sie bis zum Jahr 2013 wieder auf etwa 10,5 Jahre abgenommen. Im Osten der Bundesrepublik Deutschland ist sie im Jahr 2007 auf knapp 9,5 Jahre gefallen, hat nach dem Einbruch allerdings wieder auf ca. 10,5 Jahre bis zum Jahr 2011 zugelegt. Für Ostdeutschland ist im Jahr 2013 noch eine unabgeschlossene Betriebszugehörigkeitsdauer von durchschnittlich knapp 10,0 Jahren beobachtet worden (Erlinghagen 2017, 15).

Es ist zu klären, wie die bisherigen Erkenntnisse eines nahezu konstanten bzw. gar fallenden Verlaufs der beruflichen Mobilität, gemessen an der Fluktuationsrate und der durchschnittlichen unabgeschlossenen Betriebszugehörigkeitsdauer, seit Beginn des 21. Jahrhunderts mit der gestiegenen beruflichen Mobilität von Arbeitslosen zusammenpassen. Um hierzu eine Aussage treffen zu können, müssen die einzelnen Bestandteile der beruflichen Mobilitätskennzahlen näher betrachtet werden.

Zunächst einmal erscheint es fraglich, ob die Personalaustauschrate generell geeignet ist, Veränderungen der beruflichen Mobilität identifizieren zu können. Dies soll anhand von zwei Beispielen verdeutlicht werden.

Herrscht eine Ausgeglichenheit von Personalzugängen und -abgängen, so beträgt die Personalaustauschrate eins. Erhöht sich die Anzahl von Zu- und Abgängen um denselben Betrag, bleibt die Personalaustauschrate unverändert, obwohl die Arbeitsmarktmobilität faktisch angestiegen ist.

Viel schwerer wiegt allerdings, dass ein Anstieg der Eintritte in Tätigkeitsverhältnisse aus der Arbeitslosigkeit bei gleichbleibender Anzahl an Austritten zu einem Rückgang der Personalaustauschrate führt, gleichwohl sich die berufliche Mobilität von Arbeitslosen erhöht hat. Dies ist zu beobachten, wenn sich zuvor Personaleintritte und -austritte einander entsprochen haben.

Da die Personalaustauschrate der deutschen Volkswirtschaft am aktuellen Rand der Untersuchungen von Stettes (2011) nahezu eins entspricht und damit falsche Implikationen wahrscheinlicher werden, wird sie im weiteren Verlauf nicht weiter berücksichtigt. Abgesehen von der hier angeführten Kritik ist die Personalaustauschrate auf betrieblicher Ebene, d.h. innerhalb von Unternehmen, ein weit verbreitetes und vielseitig eingesetztes Instrument zur Personalplanung (Franz 2009, 202).

Im nächsten Schritt ist die Fluktuationsrate in ihre Einzelkomponenten zu zerlegen. Mit einer Erhöhung der Wechsel aus Arbeitslosigkeit in Beschäftigung nimmt der Zähler des Bruchs der Fluktuationsrate zu, da die Eintritte in Arbeit angestiegen sind. Der Nenner der Fluktuationsrate steigt ebenfalls an, wenn auch in einem geringeren absoluten Umfang als der Zähler. Dies ist darauf zurückzuführen, dass sich der Nenner aus dem Mittelwert des Bestandes an Arbeitnehmern zu Beginn und Ende eines Jahres ergibt und Eintritte aus Arbeitslosigkeit in Erwerbsarbeit erst zum Ende des Jahres im Arbeitnehmerbestand enthalten sind (Bundesagentur für Arbeit 2014, 121). Deshalb ist zu erwarten, dass eine Zunahme der Wechsel aus Arbeitslosigkeit in Beschäftigung ceteris paribus zu einem Anstieg der Fluktuationsrate führt.

Bei der durchschnittlichen unabgeschlossenen Betriebszugehörigkeitsdauer sind die Auswirkungen von vermehrten Wechseln aus Arbeitslosigkeit in Beschäftigung intuitiv nachvollziehbar. Mit einer Zunahme der Wechsel aus Arbeitslosigkeit in ein Arbeitsverhältnis steigt in Unternehmen die Anzahl an Arbeitskräften, die keine oder eine nur sehr niedrige Anstellungsdauer im Unternehmen ausweisen können. Deshalb führen ceteris paribus vermehrte Wechsel aus Arbeitslosigkeit in Erwerbsarbeit zu einer Abnahme der durchschnittlichen unabgeschlossenen Betriebszugehörigkeitsdauer.

Die Diskrepanz zwischen dem, wie sich die beruflichen Mobilitätskennzahlen nach der Umsetzung der Agenda 2010 tatsächlich entwickelt haben und was nach einem Anstieg der Wechsel aus Arbeitslosigkeit in Tätigkeitsverhältnisse zu erwarten gewesen ist, legt den Schluss nahe, dass die berufliche Mobilität von Beschäftigten in dem relevanten Zeitraum rückläufig gewesen ist. Um hierzu einen besseren Eindruck zu bekommen, gilt es die Entwicklung der zwischenbetrieblichen und innerbetrieblichen Mobilität näher zu betrachten.

Giesecke (2010) sowie Heisig und Giesecke (2010) nutzen ein entsprechendes Untersuchungsdesign, in dem sie mit Daten des SOEP die Wahrscheinlichkeit abbilden, dass Befragte zwischen zwei Zeitpunkten, bei sich jährlich wiederholenden Interviews, eine berufliche Veränderung in Gestalt zwischen- oder innerbetrieblicher Wechsel vollziehen. Das SOEP ist ein Mikrodatensatz, der seit dem Jahr 1984 erhoben wird und in jährlichen Abständen repräsentativ eine Personen- und eine Haushaltsbefragung der deutschen Bevölkerung durchführt (SOEP 2017). Die Berechnungen beziehen sich für die Jahre 1984 bis 2008 allein auf Westdeutschland.

Bei der zwischenbetrieblichen Mobilität zeigen die Autoren, dass innerhalb eines Jahres zwischen etwa 3,3 und ca. 6,3 Prozent ihren Arbeitgeber wechseln. Viel erkenntnisreicher ist jedoch ein Blick auf die Entwicklung im Zeitverlauf. Hat der Anteil von männlichen Angestellten, die einen zwischenbetrieblichen Wechsel vollzogen haben, zum Beginn der 2000er Jahre noch knapp 5,8 Prozent betragen, so sind es im Jahr 2006 nur noch etwa 3,8 Prozent gewesen. Der deutlichste Rückgang des Anteils von Arbeitgeberwechseln über den gesamten Untersuchungszeitraum ist um die Jahre 2002 und 2003 zu verzeichnen gewesen. Bis zum Jahr 2008 hat sich der Anteil männlicher Befragter, die einen Wechsel des Unternehmens angegeben haben, bei nahezu 4,9 Prozent stabilisiert. Für Frauen kann eine vergleichsweise ähnliche Entwicklung beobachtet werden.

Hinsichtlich innerbetrieblicher Mobilitätsbewegungen halten die Autoren fest, dass diese weitaus seltener zu beobachten sind als Arbeitgeberwechsel. Für den untersuchten Zeitraum hat sich, sowohl für Männer als auch für Frauen, ein leicht rückläufiger Trend, innerbetriebliche Wechsel zu vollziehen, ergeben. Allerdings ist keine signifikante Veränderung des Anteils, innerhalb eines Betriebs die Stelle zu wechseln, während der Realisation der Agenda 2010 zu verzeichnen (Giesecke 2010, 29–30, Heisig und Giesecke 2010, 3–5).

2.3 Zur Motivlage von beruflicher Mobilität

Mit dem in der empirischen Literatur gezeigten Rückgang der zwischenbetrieblichen Mobilität in den Jahren nach der Umsetzung der Agenda 2010, die ein Gegengewicht zu den gestiegenen Wechseln aus Arbeitslosigkeit in Erwerbstätigkeit dargestellt hat, ist nun genauer zu spezifizieren, welche Art von beruflicher Mobilität diese Entwicklung dominiert hat. Hierzu bietet sich die Motivlage der beruflichen Mobilität an, die jedoch nicht allein auf zwischen- und innerbetriebliche Mobilitätsprozesse beschränkt wird.

In dieser Arbeit werden unter eigenmotivierten bzw. selbstgewählten beruflichen Mobilitätsbewegungen alle Wechsel subsumiert, die aus der persönlichen

Motivation des Arbeitnehmers heraus entstanden sind. Bei fremdmotivierten beruflichen Mobilitätsprozessen ist die Arbeitskraft gewissermaßen durch äußere Einflüsse zum Wechsel gedrängt worden.

Um die Entwicklung der eigen- und fremdmotivierten Mobilität am Arbeitsmarkt vor, während und nach der Umsetzung der Agenda 2010 zu untersuchen, werden Daten des SOEP verwendet. Der Untersuchungszeitraum umfasst die Jahre 1990 bis 2015. Da für Ostdeutschland Befragungen erst ab dem Jahr 1991 vorliegen, begrenzt sich die Auswertung für das Jahr 1990 nur auf den Westen der Bundesrepublik Deutschland. Arbeitslose und Nicht-Erwerbspersonen sind ausgeschlossen, da sich die Analyse der Motivlage von beruflicher Mobilität auf Erwerbstätige beschränkt. Mit Hochrechnungsfaktoren aus dem SOEP ist gewährleistet, dass die Ergebnisse repräsentativ sind.

Zunächst gilt es, selbstgewählte und fremdmotivierte berufliche Mobilitätsbewegungen adäquat mit den Daten des SOEP zu operationalisieren. Grundlage hierfür sind Befragungen von Personen, ob deren Erwerbsverhältnis im relevanten Zeitraum beendet worden ist und wenn ja, welche Gründe hierfür ausschlaggebend gewesen sind.

Den eigenmotivierten beruflichen Mobilitätsbewegungen werden fünf Gründe zugeordnet: Die Arbeitnehmerkündigung, der von Arbeitnehmern initiierte innerbetriebliche Wechsel, der Wechsel in Sorgearbeit, die Frühverrentung und die Teilnahme an Weiterbildungen. Die Arbeitgeberkündigung, der Auflösungsvertrag, der von Betrieben initiierte innerbetriebliche Wechsel, die Unternehmensinsolvenz, die Befristung und der Unternehmensaustritt nach der Beendigung einer Ausbildung werden den fremdmotivierten beruflichen Mobilitätsbewegungen zugerechnet (SOEP-Core 2018, SOEP-Core 2018).

An dieser Stelle ist ferner der Begriff Sorgearbeit zu definieren. Hierunter werden alle Aktivitäten verstanden, die im Rahmen des familiären Bereichs bzw. der eigenen Haushaltsversorgung getätigt werden, bspw. die Pflege eine nahestehenden Familienmitglieds oder die Betreuung eigener Kinder, unabhängig von der Organisationsform oder der Art der Sorge (Sachverständigenkommission zum Zweiten Gleichstellungsbericht der Bundesregierung 2017, 35).

Um Veränderungen der Grundgesamtheit Rechnung zu tragen, wird die Anzahl von selbstgewählten und fremdmotivierten beruflichen Wechseln in Relation zu den Erwerbstätigen gesetzt. Ceteris paribus ist zu erwarten, dass mehr berufliche Mobilitätsbewegungen zu beobachten sind, wenn die Zahl der Erwerbstätigen ansteigt.

In der nachfolgenden Abbildung ist die Entwicklung des Anteils eigenmotivierter beruflicher Mobilitätsbewegungen an den Erwerbstätigen für den

Zeitraum 1990 bis 2015 sowie der Durchschnitte für die Jahre 1994 bis 2001 bzw. 2006 bis 2015 dargestellt:

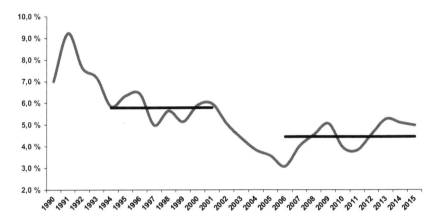

Abbildung 4: Der Anteil eigenmotivierter beruflicher Mobilität an den Erwerbstätigen zwischen den Jahren 1990 und 2015.

Quelle: Eigene Berechnungen.

Zwischen den Jahren 1990 und 1994 sind zunächst vergleichsweise viele selbstgewählte berufliche Mobilitätsprozesse existent gewesen. Von ca. 6,9 Prozent im Jahr 1990 hat sich der Anteil eigenmotivierter beruflicher Mobilität an den Erwerbstätigen auf etwa 9,2 Prozent im Jahr 1991 erhöht, während er sich bis zum Jahr 1994 wieder auf nahezu 5,8 Prozent reduziert hat. Mit Schwankungen zwischen 5,1 Prozent und 6,4 Prozent des Anteils selbstgewählter Mobilitätsbewegungen am Arbeitsmarkt an den Erwerbstätigen sind im Zeitraum zwischen 1994 und 2001 keine größeren Ausreißer zu verzeichnen gewesen, so dass sich der Verlauf stabilisiert hat.

Eine drastische Veränderung ist jedoch zwischen den Jahren 2002 und 2006 zu beobachten gewesen, da sich der Anteil eigenmotivierter beruflicher Wechsel an den Erwerbstätigen von ca. 5,8 Prozent im Jahr 2002 auf nur noch etwa 3,1 Prozent im Jahr 2006 verringert hat. Damit hat sich die selbstgewählte berufliche Mobilität, in Einheiten der Erwerbstätigkeit, innerhalb von vier Jahren halbiert. Im gesamten Untersuchungszeitraum ist keine geringere Ausprägung des Anteils selbstgewählter Mobilitätsprozesse am Arbeitsmarkt an den Erwerbstätigen als die im Jahr 2006 aufgetreten.

Danach ist eine Aufholbewegung der eigenmotivierten beruflichen Mobilität eingetreten. Bis zum Jahr 2009 ist der Anteil selbstgewählter beruflicher

Mobilitätsbewegungen an den Erwerbstätigen auf etwa 4,9 Prozent angestiegen. Nach einem Rückgang des Anteils eigenmotivierter beruflicher Mobilität an den Erwerbstätigen auf ca. 3,9 Prozent im Jahr 2010 bzw. etwa 3,8 Prozent im darauffolgenden Jahr hat sie bis zum Jahr 2013 nahezu 5,3 Prozent erreicht.

Um einen ersten Eindruck zu bekommen, ob sich der Anteil eigenmotivierter Mobilitätsbewegungen am Arbeitsmarkt an den Erwerbstätigen in den Jahren nach der Umsetzung der Agenda 2010 nachhaltig gesenkt hat, sind Mittelwerte für die Jahre vor und nach der Reformumsetzung in die Grafik integriert. Damit die Wiedervereinigung keine verzerrenden Effekte hat, werden die Jahre 1991 bis 1993 vernachlässigt.

Es zeigt sich, dass der durchschnittliche Anteil selbstgewählter beruflicher Mobilität an den Erwerbstätigen für die Jahre 1994 bis 2001 etwa 5,8 Prozent betragen hat, während er sich nach der Reformumsetzung, d.h. in dem Zeitraum von 2006 bis 2015, auf 4,4 Prozent reduziert hat. Nach der Agenda 2010 ist damit nahezu jede fünfte eigenmotivierte berufliche Mobilitätsbewegung je Erwerbstätigen nicht mehr zu beobachten gewesen.

Im nächsten Schritt sind die Erkenntnisse aus der graphischen Analyse mit statistischen Methoden zu überprüfen. Im Kern geht es darum, ob der Rückgang selbstgewählter beruflicher Mobilität statistisch relevant ist oder aber durch die natürlichen Schwankungen der Zeitreihe erklärt werden kann.

Hinsichtlich der methodischen Umsetzung wird die Zeitreihe des Anteils eigenmotivierter beruflicher Mobilität an den Erwerbstätigen auf Strukturbrüche getestet. Unter einem Strukturbruch werden Veränderungen des Zeitreihenverlaufs verstanden, die zu einem bestimmten Zeitpunkt aufgetreten sind und derart fundamental sind, dass sich ein anderer Entwicklungspfad eingeschlagen hat (Hackl 2005, 145–147).

Der Chow-Test ist eine Möglichkeit Zeitreihen auf Strukturbrüche zu testen. Hierfür wird die Zeitreihe zunächst in zwei Intervalle aufgeteilt. Im ersten Intervall ist der Zeitraum bis zum Strukturbruch, den es zu testen gilt, enthalten, während das zweite Intervall den verbleibenden Zeitraum nach dem Strukturbruch umfasst. In dem vorliegenden Anwendungsbeispiel sind das einerseits die Jahre 1990 bis 2001 für den ersten bzw. 2006 bis 2015 für den zweiten Abschnitt, sofern der Strukturbruch für die Jahre 2002 bis 2005 unterstellt wird.

Mit dem Chow-Test werden nun für beide Zeiträume separate Regressionen, bei denen jeweils der lineare Trend das erklärende Merkmal ist, geschätzt und deren Koeffizienten auf Gleichheit getestet. Unter der Null-Hypothese sind die Regressionskoeffizienten identisch, so dass kein Strukturbruch vorliegt (Chow 1960, 592–593, 595, Howard 2008, 46–50).

Die nachfolgende Tabelle enthält die Schätzergebnisse der drei Regressions-modelle und die Test-Statistiken des Chow-Tests, je operationalisiert für den Zeitraum 2002 bis 2005 sowie den einzelnen Jahren, in denen der Strukturbruch unterstellt wird:

Tabelle 2: Die Schätzergebnisse des Chow-Tests zur Prüfung von Strukturbrüchen des Anteils eigenmotivierter beruflicher Mobilität in den Jahren 2002 bis 2005. Quelle: Eigene Berechnungen.

	ex-ante Modell		ex-post Modell		Gesamtmodell	
Panel A: Strukturbruch zwischen 2002 und 2005						
	Koeffizient	Prob > t	Koeffizient	Prob > t	Koeffizient	Prob > t
KONSTANTE	4,7570	0,0021	-3,2273	0,0081	2,6739	0,0000
Linearer Trend	-0,0024	0,0023	0,0016	0,0076	-0,0013	0,0000
Prob > F	0,0000					
Panel B: Strukturbruch in 2002						
	Koeffizient	Prob > t	Koeffizient	Prob > t	Koeffizient	Prob > t
KONSTANTE	4,8437	0,0064	-2,2087	0,0182	2,6739	0,0000
Linearer Trend	-0,0024	0,0069	0,0011	0,0165	-0,0013	0,0000
Prob > F	0,0001					
Panel C: Strukturbruch in 2003						
	Koeffizient	Prob > t	Koeffizient	Prob > t	Koeffizient	Prob > t
KONSTANTE	4,7570	0,0021	-2,9009	0,0052	2,6739	0,0000
Linearer Trend	-0,0024	0,0023	0,0015	0,0048	-0,0013	0,0000
Prob > F	0,0000					
Panel D: Strukturbruch in 2004						
	Koeffizient	Prob > t	Koeffizient	Prob > t	Koeffizient	Prob > t
KONSTANTE	4,9104	0,0004	-3,2273	0,0081	2,6739	0,0000
Linearer Trend	-0,0024	0,0005	0,0016	0,0076	-0,0013	0,0000
Prob > F	0,0000					
Panel E: Strukturbruch in 2005						
	Koeffizient	Prob > t	Koeffizient	Prob > t	Koeffizient	Prob > t
KONSTANTE	5,1882	0,0001	-3,3065	0,0222	2,6739	0,0000
Linearer Trend	-0,0026	0,0001	0,0017	0,0209	-0,0013	0,0000
Prob > F	0,0001					

Anmerkung: Chow Test mit den eigenmotivierten beruflichen Mobilitätsbewegungen als abhängiges Merkmal.

Der Ergebnistabelle ist zu entnehmen, dass die Null-Hypothese für die Konstellation, in der ein Strukturbruch in dem Zeitraum 2002 bis 2005 angenommen wird, abgelehnt werden muss. Die Koeffizienten der Regressionen für die Zeiträume 1990 bis 2001 sowie 2006 bis 2015 unterscheiden sich statistisch signifikant voneinander und zwar auf dem ein Prozent Signifikanzniveau. Damit kann zwischen den Jahren 2002 und 2005 ein Strukturbruch identifiziert werden. Der Anteil selbstgewählter Wechsel am Arbeitsmarkt an den Erwerbstätigen hat sich während der Umsetzung der Agenda 2010 statistisch signifikant verändert.

Weiterhin wird die Null-Hypothese auch für die Varianten, in denen die einzelnen Jahre zwischen 2002 und 2005 und nicht der gesamte Zeitraum auf Strukturbrüche getestet werden, auf dem ein Prozent Signifikanzniveau abgelehnt. Zu berücksichtigen ist in diesem Zusammenhang, dass mit den Ergebnissen des Chow-Tests kein Zeitpunkt identifiziert werden kann, an dem der Strukturbruch aufgetreten ist, da die Null-Hypothese in allen Jahren abgelehnt wird.

In der nachfolgenden Abbildung sind die Schätzergebnisse des Chow-Tests in die Abbildung des Anteils eigenmotivierter beruflicher Mobilität integriert:

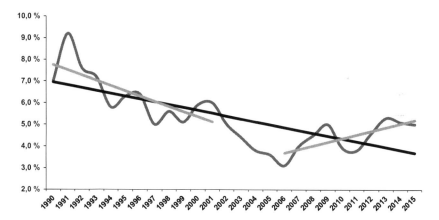

Abbildung 5: Der Anteil eigenmotivierter beruflicher Mobilität an den Erwerbstätigen zwischen den Jahren 1990 und 2015 mit den Schätzergebnissen des Chow-Tests aus Tabelle 2.
Quelle: Eigene Berechnungen.

Die Ablehnung der Null-Hypothesen verdeutlicht sich auch in der grafischen Darstellung. Hat der Koeffizient der Regression des Zeitraums 1990 bis 2001 ein negatives Vorzeichen, so ist der marginale Effekt der Regression des Zeitraums 2006 bis 2015 positiv. Der positive Regressionskoeffizient muss jedoch keineswegs bedeuten, dass das Niveau eigenmotivierter Mobilitätsprozesse am Arbeitsmarkt vor der Agenda 2010 am aktuellen Rand oder in absehbarer Zeit erreicht werden kann.

Ergänzend soll auch die Entwicklung eigenmotivierter beruflicher Wechsel nach den sozialen Schichten differenziert werden, um zu untersuchen, ob sich die Reduktion innerhalb gesellschaftlicher Gruppen deutlich voneinander unterschieden haben. Zu Grunde gelegt wird das EPG-Klassenschema von Erikson, Goldthorpe und Portocarero (1979).

Lengfeld und Ordemann (2016, 12) nutzen die Gruppen des EPG-Klassenschema zur Kategorisierung der Oberschicht, der oberen, der mittleren und der unteren Mittelschicht sowie der Unterschicht., was der nachfolgenden Liste zu entnehmen ist:

– Die Oberschicht: Higher Managerial and Professional Workers;
– Die obere Mittelschicht: Lower Managerial and Professional Workers;
– Die mittlere Mittelschicht: Routine Clerical Work;
– Die untere Mittelschicht: Manual Supervisors, Skilled Manual Workers;
– Die Unterschicht: Routine Service and Sales Work, Semi- and Unskilled Manual Workers, Agricultural Labour.

In der nachfolgenden Abbildung ist die Entwicklung des Anteils selbstgewählter beruflicher Mobilität an den Erwerbstätigen anhand von Mittelwerten über Zeiträume von vier Jahren dargestellt:

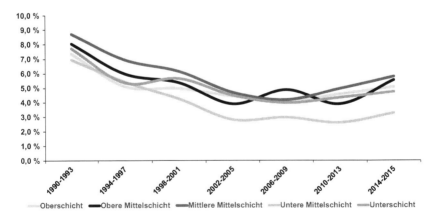

Abbildung 6: Der Anteil eigenmotivierter beruflicher Mobilität an den Erwerbstätigen zwischen den Jahren 1990 und 2015 nach den sozialen Schichten.
Quelle: Eigene Berechnungen.

Zuerst kann festgestellt werden, dass sich die rückläufige Entwicklung eigenmotivierter Wechsel am Arbeitsmarkt über alle sozialen Schichten hinweg vollzogen hat. Es gibt keine soziale Schicht, in der innerhalb des Untersuchungszeitraums der Anteil selbstgewählter beruflicher Mobilitätsprozesse an den Erwerbstätigen zugenommen hat.

Allerdings zeigt sich auch, dass der Rückgang des Anteils eigenmotivierter beruflicher Mobilitätsbewegungen an den Erwerbstätigen bei der unteren Mittelschicht am stärksten ausgeprägt gewesen ist. Bei einem durchschnittlichen Anteil selbstgewählter beruflicher Mobilitätsbewegungen von ca. 4,8 Prozent im Zeitraum 1994 bis 2001, sind für die untere Mittelschicht nach der Agenda 2010, d.h. im Zeitraum 2006 bis 2015, nur noch etwa 2,9 Prozent existent gewesen. Die mittlere Mittelschicht hat den zweitstärksten Rückgang von allen sozialen Schichten gehabt. Von knapp 6,5 Prozent im Zeitraum 1994 bis 2001 auf ca. 4,8 Prozent in dem Abschnitt der Jahre 2006 bis 2015. Danach folgt die Unterschicht mit einer Abnahme von ca. 5,5 Prozent auf etwa 4,3 Prozent und die obere Mittelschicht, bei der ein Rückgang von knapp 5,6 Prozent auf ca. 4,6 Prozent zu beobachten gewesen ist. Bei der Oberschicht ist der schwächste Rückgang zu identifizieren. Hat der Anteil eigenmotivierter Mobilitätsbewegungen am Arbeitsmarkt an den Erwerbstätigen in den Jahren 1994 bis 2001 durchschnittlich ca. 5,0 Prozent betragen, so sind es in den Jahren 2006 bis 2015 nur noch etwa 4,5 Prozent im Durschnitt gewesen.

Zusätzlich zu den eigenmotivierten Mobilitätsbewegungen werden in der nachfolgenden Abbildung die fremdmotivierten beruflichen Wechsel, als Anteil an der Zahl der Erwerbstätigen, für den Untersuchungszeitraum von 1990 bis 2015 dargestellt:

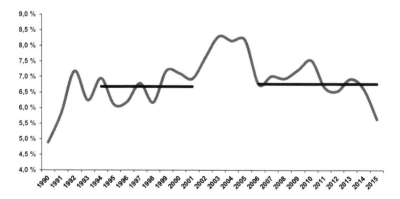

Abbildung 7: Der Anteil fremdmotivierter beruflicher Mobilität an den Erwerbstätigen zwischen den Jahren 1990 und 2015.
Quelle: Eigene Berechnungen.

Als hervorgehobene Beobachtung kann für die Reformjahre, das sind die Zeitpunkte 2002 bis 2005, festgestellt werden, dass der Anteil fremdmotivierter Wechsel am Arbeitsmarkt an den Erwerbstätigen deutlich über dem Niveau vor und nach der Agenda 2010 gelegen hat. Von etwa 6,9 Prozent im Jahr 2001 ist er stetig auf ca. 8,3 Prozent im Jahr 2003 angestiegen und ist bis 2005 auf relativ konstantem Niveau bei knapp 8,2 Prozent verblieben, während er sich im Jahr 2006 wieder schlagartig auf 6,8 Prozent reduziert hat.

Wird allerdings der gesamte Untersuchungszeitraum betrachtet, so hat sich der Anteil fremdmotivierter Mobilitätsbewegungen an den Erwerbstätigen vor und nach der Agenda 2010 nicht nachhaltig verändert. Hat er sich in den Jahren 1994 und 2001 durchschnittlich auf einem Niveau von etwa 6,7 Prozent bewegt, so hat er sich marginal auf ca. 6,8 Prozent, dem Durchschnitt der Jahre 2006 bis 2015, erhöht.

2.4 Zu dem Zwischenergebnis, den Forschungsfragen und der Vorgehensweise der Untersuchung

Mit der Agenda 2010 sind umfangreiche Reformen in der Bundesrepublik Deutschland umgesetzt worden. Einerseits ist es darum gegangen, Sozialleistungen zu kürzen und vom Einzelnen ein höheres Maß an Eigenverantwortung abzuverlangen. Andererseits hat sich der Staat dazu verpflichtet, zusätzliche Unterstützung zur Verfügung zu stellen.

Fordern und Fördern von beruflicher Mobilität ist einer durch die Agenda 2010 formulierte Anspruch an Arbeitslose und Personen, die unmittelbar von Arbeitslosigkeit bedroht sind, gewesen. Mit der Kürzung von finanziellen Ansprüchen bei Arbeitslosigkeit, der strengeren Zumutbarkeit und der Einführung von umfangreichen Sanktionsmechanismen im SGB II hat der Staat mit der Agenda 2010 den Druck auf Arbeitslose, ein Beschäftigungsverhältnis aufzunehmen, drastisch erhöht. Gleichermaßen hat der Gesetzgeber zahlreiche Instrumente im Rahmen der Arbeitsförderung umgesetzt, mit denen Arbeitslose und von Arbeitslosigkeit Bedrohte bei der Stellensuche unterstützt werden sollen.

Im Ergebnis ist nach der Umsetzung der Agenda 2010 ein Anstieg der Mobilitätsbereitschaft von Arbeitsuchenden beobachtet worden, als dass die Bereitschaft, Zugeständnisse an die Entlohnung, den Arbeitsbedingungen, dem Standort, den qualifikatorischen Anforderungen oder auch der Branchenzuordnung der Tätigkeit zu machen, zugenommen hat. In demselben Zeitraum ist es auch erwiesen, dass sich die Wechsel aus Arbeitslosigkeit in Beschäftigung erheblich erhöht haben, obgleich umstritten ist, welchen Beitrag der gestiegenen Konzessionsbereitschaft zuzurechnen ist.

Wenngleich die Wechsel von Arbeitslosen in Beschäftigung in den Jahren nach der Agenda 2010 gestiegen sind, sind die Kennzahlen zur Messung der Mobilität am Arbeitsmarkt wie die Fluktuationsrate oder die durchschnittliche unabgeschlossene Betriebszugehörigkeitsdauer im Zeitverlauf konstant geblieben bzw. sogar leicht gefallen. Dies kann mit der empirischen Literatur dahingehend erklärt werden, dass während und nach der Realisation der Agenda 2010 zwischenbetriebliche Wechsel vermieden worden sind. Hiermit sind jegliche Auswirkungen der gestiegenen beruflichen Mobilität von Arbeitslosen auf die Fluktuationsrate und die durchschnittliche unabgeschlossene Betriebszugehörigkeitsdauer neutralisiert worden.

Um ein umfangreicheres Bild der vermiedenen beruflichen Mobilitätsbewegungen in den Jahren nach der Agenda 2010 zu bekommen, wird die Motivlage einbezogen. So werden unter eigenmotivierten bzw. selbstgewählten beruflichen Mobilitätsbewegungen alle Wechsel verstanden, die aus der persönlichen Motivation der Arbeitskraft heraus entstanden sind. Bei fremdmotivierten beruflichen Mobilitätsprozessen ist der Arbeitnehmer gewissermaßen zum Wechsel gedrängt worden.

Wie gezeigt wird, ist die eigenmotivierte Mobilität am Arbeitsmarkt in den Jahren nach der Umsetzung der Agenda 2010 rückläufig gewesen, wie es bereits der Verlauf der zwischenbetrieblichen Mobilität nahelegt. Dieser Rückgang ist auch statistisch anhand des Chow-Tests nachgewiesen. Die deutlichsten Rückgänge sind für die Mittelschicht der Gesellschaft zu verzeichnen. Bei den fremdmotivierten Wechseln am Arbeitsmarkt hat sich das Niveau vor und nach der Realisation der Agenda 2010 nicht signifikant verändert.

Die Problemstellung zu Grunde gelegt, sind zwei Forschungsfragen zu untersuchen:

- Ist der Rückgang eigenmotivierter beruflicher Mobilität auf die Umsetzung der Agenda 2010 zurückzuführen?
- Wie muss die Sozial- und die Arbeitsmarktpolitik ausgestaltet werden, um die eigenmotivierte berufliche Mobilität zu erhöhen?

Der Gang der Untersuchung ist folgendermaßen strukturiert. Im dritten Kapitel werden die Grundlagen der Suchtheorie diskutiert, um die Determinanten der persönlichen Motivation von Beschäftigten, einen beruflichen Wechsel einzugehen, herauszuarbeiten. Dies ist für beide Forschungsfragen von Relevanz. Erstens ist zu untersuchen, ob die vorgestellten rechtlichen Änderungen der Agenda 2010 ein relevanter Faktor für Arbeitnehmer gewesen sind, eigenmotivierte berufliche Mobilität einzugehen. Zweitens ist zu identifizieren, in welchem Umfang sozial- und arbeitsmarktpolitische Eingriffe des Staates ökonomisch sinnvoll sind, um selbstgewählte berufliche Mobilitätsbewegungen zu initiieren.

Bei der zweiten Forschungsfrage geht es aber nicht nur darum, was ökonomisch sinnvoll ist, sondern auch, ob die Zielsetzung, eigenmotivierte berufliche Mobilität zu steigern, eine Änderung der Sozial- und der Arbeitsmarktpolitik rechtfertigt. Methodische Basis hierfür sind die moral-philosophischen Theorien. Das Kontinuum von gerechtfertigten Eingriffen des Staates im Rahmen der Sozial- und der Arbeitsmarktpolitik stellt die Basis für die Gestaltung eines konkreten Reformvorschlags im vierten Kapitel dar.

Innerhalb des fünften und sechsten Kapitels werden die theoretischen Ergebnisse aus den Kapiteln drei und vier in Gestalt von Hypothesen auf ihre empirische Gültigkeit untersucht. Auch werden die sozial- und arbeitsmarktpolitischen Implikationen abgeleitet.

Teil II: Theoretischer Teil

3 Zu der Arbeitsmarktmobilität in der ökonomischen Theorie

3.1 Das klassische Arbeitsmarktmodell als Ausgangssituation

Das klassische Arbeitsmarktmodell ist die erste theoretische Grundlage zur Analyse der Entstehung selbstgewählter beruflicher Mobilität. Ausgangslage sind die Akteure auf dem Arbeitsmarkt. So stehen sich private Haushalte, die ihre Arbeitsleistung anbieten, und Unternehmen, die zur Herstellung ihrer Waren und Dienstleistungen den Produktionsfaktor Arbeit nachfragen, gegenüber. Der Umfang von Arbeitsangebot und -nachfrage ist das Ergebnis von rationalen Optimierungsproblemen (Allmendinger, Eichhorst und Walwei 2005, 123).

Zunächst zu dem Optimierungsproblem der privaten Haushalte. Grundsätzlich maximieren sie ihren Nutzen, bestehend aus Konsum und Freizeit, während sie gleichermaßen eine Budgetbeschränkung einzuhalten haben. Je mehr Freizeit realisiert wird, desto geringer ist der Arbeitseinsatz und die daraus erzielte Entlohnung, die wiederum für den Konsum zur Verfügung steht. Das Budget setzt sich aus dem monetären Wert der maximal verfügbaren Zeitausstattung zusammen.

Das Optimierungsproblem kann somit nachfolgend ausgedrückt werden:

$$max_{C,L} \, U(C, L)$$

$$s.t. \; pC + wL = wL_0$$

$$L_0 = L + h$$

$U(C, L)$: *Nutzenfunktion*
C: *Konsum*
L: *Freizeit*
p: *Konsumpreis*
w: *Arbeitslohn*
L_0: *Maximal verfügbares Zeitbudget*
h: *Arbeitsangebot*

Formelbereich 2

Für den funktionalen Zusammenhang der Nutzenfunktion der privaten Haushalte wird ferner unterstellt, dass ein positiver, aber abnehmender Grenznutzen aus Konsum und Freizeit zu beobachten ist. Damit steigt zwar der Nutzen, sofern sich der Konsum oder die Freizeit erhöhen. Dieser Nutzenanstieg fällt jedoch für jede zusätzliche Einheit von Konsum und Freizeit niedriger aus (Cezanne 2005, 108–109).

Folgendermaßen kann diese Intuition mathematisch ausgedrückt werden:

$$\frac{\partial U(C,L)}{\partial C} > 0 \; und \; \frac{\partial^2 U(C,L)}{\partial C^2} < 0$$

$$\frac{\partial U(C,L)}{\partial L} > 0 \; und \; \frac{\partial^2 U(C,L)}{\partial L^2} < 0$$

Formelbereich 3

Zur Lösung des Optimierungsproblems der privaten Haushalte wird der Lagrange Ansatz operationalisiert. Der Lagrange Parameter gibt in diesem Zusammenhang die Sensibilität des Optimums bei Veränderungen der Nebenbedingung an, was hier das maximal verfügbare Budget ist.

Die Lagrange Gleichung kann folgendermaßen dargestellt werden:

$$L(C,L,w) = U(C,L) + \lambda(wL_0 - pC - wL)$$

λ: *Lagrange Parameter*

Formelbereich 4

Für die Bestimmung des optimalen Arbeitsangebots sind zunächst die partiellen Ableitungen der Lagrange Funktion nach den Variablen Konsum und Freizeit sowie dem Lagrange Parameter zu bilden:

$$\frac{\partial L(C,L,w)}{\partial C} = \frac{\partial U(C,L)}{\partial C} - \lambda p = 0$$

$$\frac{\partial L(C,L,w)}{\partial L} = \frac{\partial U(C,L)}{\partial L} - \lambda w = 0$$

$$\frac{\partial L(C,L,w)}{\partial \lambda} = wL_0 - pC - wL = 0$$

Formelbereich 5

Werden die Bedingungen erster Ordnung nach Konsum und Freizeit gleichgesetzt, ergibt sich die Optimalitätsbedingung, d.h. die Voraussetzung dafür, dass der Umfang des Konsums und der Freizeit nutzenmaximierend gewählt werden:

$$\frac{\frac{\partial U(C,L)}{\partial L}}{\frac{\partial U(C,L)}{\partial C}} = \frac{w}{p}$$

Formelbereich 6

Hiernach muss die Grenzrate der Substitution auf der linken Seite dem Verhältnis aus Lohnsatz und Konsumpreis auf der rechten Seite entsprechen. Mit der Grenzrate der Substitution wird die Neigung der privaten Haushalte ausgedrückt, Freizeit gegen eine Einheit Konsum auszutauschen. Besteht Identität zwischen der Grenzrate der Substitution und dem Verhältnis aus Lohnsatz, der den Preis für Freizeit darstellt, und dem Preis für den Konsum, können private Haushalte ihren Nutzen durch einen weiteren Tausch von Konsum gegen Freizeit bzw. Freizeit gegen Konsum nicht weiter erhöhen (Eichberger 2004, 55–56, Pindyck und Rubinfeld 2009, 208–210).

Die nutzenmaximierende Nachfrage nach Konsum und Freizeit ergibt sich durch das Einsetzen der Optimalitätsbedingung in die partielle Ableitung der Lagrange Funktion nach dem Lagrange Parameter. Mit dieser Bedingung ist das volle Ausschöpfen der Budgetmöglichkeiten durch die privaten Haushalte ökonomisch rational. Dies ist darauf zurückzuführen, dass jede zusätzliche Einheit von Freizeit oder Konsum den Nutzen der privaten Haushalte erhöht und das klassische Arbeitsmarktmodell in der hier diskutierten Konstellation keine Temporalität abbildet, d.h. eine Aufteilung von Konsum auf die Gegenwart und die Zukunft.

Mit dem inversen Zusammenhang zwischen Freizeit und Arbeitseinsatz kann das optimale Arbeitsangebot aus der Subtraktion der optimalen Freizeitnachfrage von den maximal verfügbaren Zeiteinheiten ermittelt werden. Dieser Zusammenhang ist im oberen Abschnitt dieses Kapitels dargestellt (Cahuc, Carcillo und Zylberberg 2014, 13–17).

Im nächsten Schritt ist das Entscheidungsproblem von Unternehmen zu betrachten, um die Arbeitsnachfrage quantifizieren zu können. Generell ist Arbeit ein Produktionsfaktor der Betriebe, dessen Umfang innerhalb eines Optimierungsproblems derart zu bestimmen ist, dass der Gewinn maximiert wird. Der Unternehmensgewinn ist der Teil der Erlöse, der nach dem Abzug der Kosten verbleibt. Die Umsätze des Unternehmens ergeben sich aus der Multiplikation des am Markt erzielten Preises mit der Absatzmenge. Die Kosten fallen durch die Entlohnung der Arbeitskräfte an (Beutel 2006, 192–194, Pindyck und Rubinfeld 2009, 363–369).

Das Optimierungsproblem der Unternehmen kann somit folgendermaßen ausgedrückt werden:

$$max_L pF(g) - wg$$

$F(\cdot)$: *Produktionsfunktion*
g: *Arbeitsnachfrage*

Formelbereich 7

Für die Produktionsfunktion wird ferner unterstellt, dass ein positiver, aber abnehmender Grenzertrag zu beobachten ist. Damit erhöht sich die Produktionsmenge der Unternehmen, wenn der Arbeitseinsatz ansteigt, jedoch fällt die Zunahme des Outputs umso geringer aus, je mehr von dem Inputfaktor Arbeit im Produktionsprozess eingesetzt wird (Chiang, Wainwright und Nitsch 2012, 159–160).

Dies kann mit den partiellen Ableitungen der Produktionsfunktion nach dem Inputfaktor Arbeit folgendermaßen ausgedrückt werden:

$$\frac{\partial F(g)}{\partial g} > 0 \ und \ \frac{\partial^2 F(g)}{\partial g^2} < 0$$

Formelbereich 8

Mit der partiellen Ableitung der Gewinnfunktion nach dem Produktionsfaktor Arbeit ergibt sich die Optimalitätsbedingung für Unternehmen, d.h. die Voraussetzung dafür, dass eine gewinnmaximierende Wahl der Arbeitsnachfrage vorliegt:

$$p \frac{\partial F(g)}{\partial g} = w$$

Formelbereich 9

Gemäß der Optimalitätsbedingung muss das Wertgrenzprodukt auf der linken Seite der Entlohnung für den Faktor Arbeit auf der rechten Seite entsprechen, damit die gewinnmaximierende Inputmenge des Faktors Arbeit erreicht wird. Im Optimum sind bei einer marginalen Erhöhung des Faktors Arbeit die zusätzlichen Erträge aus dem Absatz des zusätzlich produzierten Outputs niedriger als die aus der Ausdehnung des Inputs Arbeit anfallenden Lohnkosten.

Die optimale Arbeitsnachfrage ergibt sich durch das Auflösen der Optimalitätsbedingung nach dem Faktor Arbeit. Dieser Berechnungsschritt kann an dieser Stelle nicht durchgeführt werden, da die Produktionsfunktion mathematisch unbestimmt ist (Cahuc, Carcillo und Zylberberg 2014, 82–83).

Für die Bestimmung des Arbeitsmarktgleichgewichts wird zunächst das nutzenmaximierende Arbeitsangebot mit der gewinnmaximierenden Arbeitsnachfrage gleichgesetzt. Grundsätzlich muss die Entlohnung identifiziert werden, bei der sich die angebotene und nachgefragte Menge Arbeit einander entsprechen. Damit ist der Lohnsatz im klassischen Arbeitsmarktmodell in dem Sinne die endogene Variable, dass Ungleichgewichte auf dem Arbeitsmarkt durch eine Lohnanpassung ausgeglichen werden.

Ungleichgewichte auf dem Arbeitsmarkt können in zwei Richtungen entstehen. Bei Lohnsätzen über der gleichgewichtigen Entlohnung entsteht
Arbeitslosigkeit, bei Lohnsätzen unterhalb des Lohnsatzes aus dem Arbeitsmarktgleichgewicht besteht Arbeitskräftemangel (Klump 2011, 149–151).
Ein effizientes Marktergebnis liegt nur im Schnittpunkt der Arbeitsangebots-
und der Arbeitsnachfragekurve vor. Es sind keine privaten Haushalte zu beobachten, die bei der gleichgewichtigen Entlohnung einen Arbeitsplatz suchen,
diesen aber nicht finden können. Auch gibt es keine Unternehmen im Arbeitsmarktgleichgewicht, die ihre Arbeitsplätze nicht besetzen können (Engelkamp
und Sell 1998, 226–232, Siebert und Lorz 2007, 311–314).

Um die Bedeutung der beruflichen Mobilität im klassischen Arbeitsmarktmodell verstehen zu können, sind die Modellannahmen aus der nachfolgenden
Liste essentiell (Biesecker und Kesting 2003, 355–360, Struck 2006, 61–62, Conrad 2017, 134–136):

- Die Arbeitsplätze sind homogen;
- Die privaten Haushalte besitzen vollkommene Mobilitätsbereitschaft und es
  existieren keine Transaktionskosten, u.a. direkte und indirekte Mobilitätskos-
  ten;
- Es herrscht vollkommene Konkurrenz auf den Beschaffungsmärkten;
- Es existieren keine Lohnrigiditäten;
- Es herrscht vollkommene Markttransparenz und es existieren keine monetä-
  ren sowie nicht finanziellen Kosten bei der Informationsbeschaffung.

Den Modellrahmen und die -annahmen zu Grunde gelegt, wird ersichtlich, dass
das klassische Arbeitsmarktmodell ungeeignet ist, die Entstehung selbstgewählter beruflicher Mobilität zu erklären. Dies ist auf zwei Beobachtungen zurückzuführen.

Zunächst sind keine eigenmotivierten beruflichen Wechsel zu beobachten,
sofern sich der Arbeitsmarkt im Gleichgewicht befindet. Da alle Unternehmen
im Arbeitsmarktgleichgewicht dieselbe Entlohnung an private Haushalte zahlen
und sich die Tätigkeiten nicht voneinander unterscheiden, haben private Haushalte auch keinen Anreiz, ein Arbeitsverhältnis ausfindig zu machen.

Herrscht kein Gleichgewicht auf dem Arbeitsmarkt, können selbstgewählte
berufliche Mobilitätsprozesse zu beobachten sein. Deren Entstehung ist jedoch
in dem Sinne exogen, dass sie auf sehr restriktiven Annahmen beruht und nicht
endogen innerhalb des klassischen Arbeitsmarktmodells determiniert wird.
Dies ist anhand eines Beispiels zu verdeutlichen.

Das Ungleichgewicht auf dem Arbeitsmarkt sei beispielhaft mit einem Arbeitsentgelt, das unterhalb des gleichgewichtigen Lohnsatzes liegt, charakterisiert,

so dass die nachgefragte Menge nach Arbeit das Arbeitsangebot übersteigt. Damit Unternehmen weiterhin ihre Güter produzieren und ihre Dienstleistungen anbieten können, müssen sie in dieser Konstellation ein höheres Gehalt am Markt offerieren. Andernfalls können Sie ihren Bedarf des Produktionsfaktors Arbeit nicht decken.

Da sich die Arbeitsplätze nicht voneinander unterscheiden, die privaten Haushalte vollkommen mobil sind, keine direkten oder indirekten Mobilitätskosten entstehen, vollkommener Wettbewerb zu beobachten ist, keine Verzögerungen bei der Lohnanpassung existieren und vollkommene Markttransparenz besteht, die mit keinerlei Kosten verbunden ist, werden sie unmittelbar zu dem Unternehmen wechseln, das ein höheres Gehalt als dem des gegenwärtigen Arbeitsverhältnisses offeriert, da es ihren Nutzen steigert. Dieser Prozess setzt sich solange fort, bis eine markträumende Entlohnung und damit das Arbeitsmarktgleichgewicht erreicht wird. Danach sind keine weiteren selbstgewählten beruflichen Mobilitätsprozesse zu beobachten.

3.2 Die Suchtheorie als Referenzmodell

3.2.1 Zum Ursprung von Suchmodellen in der Ökonomie

Die Suchtheorie ist die zweite theoretische Basis zur Analyse der Entstehung selbstgewählter beruflicher Mobilität. Generell geht es in den suchtheoretischen Modellansätzen darum, die Jobsuche jenseits ausgewählter restriktiver Annahmen des klassischen Arbeitsmarktmodells zu untersuchen, aber weiterhin rationale, d.h. nutzenmaximierende, Entscheidungsprobleme zu modellieren.

So haben Jobsuchende nur unzureichende Informationen darüber, welche Lohnsätze bei anderen Unternehmen gezahlt werden. In diesem Zusammenhang wird auch die Annahme aus dem klassischen Arbeitsmarktmodell aufgehoben, Arbeitsplätze unterscheiden sich hinsichtlich ihrer Entlohnung nicht voneinander. Um Informationen zu den Gehältern anderer Betriebe zu beschaffen, entstehen für die Jobsuchenden finanzielle und nicht monetäre Aufwendungen. Damit unterliegen Individuen einem Optimierungsproblem hinsichtlich der Abwägung von Nutzen und Kosten im Rahmen der Informationsbeschaffung (Granovetter 1995, 26–30, Franz 2009, 209–215).

Ihren Ursprung hat die arbeitsmarktökonomische Suchtheorie in einem Aufsatz von Stigler (1961), auch wenn dessen Studien den Prozess der Informationsbeschaffung auf Wettbewerbsmärkten generell untersuchen und nicht auf den Arbeitsmarkt beschränkt sind (Diebolt, Hippe und Jaoul-Grammare 2017, 31).

Er fasst den Suchprozess nach Informationen folgendermaßen zusammen (Stigler 1961, 213):

„Prices change with varying frequency in all markets, and, unless a market is completely centralized, no one will know all the prices which various sellers (or buyers) quote at any given time. A buyer (or seller) who wishes to ascertain the most favorable price must canvass various sellers (or buyers) - a phenomenon I shall term search."

Das Modell von Stigler (1961) beruht auf dem Entscheidungsproblem über die Höhe des Preises, der durch einen Käufer für den Erwerb eines Gutes oder einer Dienstleistung zu entrichten ist. Werden durch den Käufer eine Vielzahl an Preisen während des Suchprozesses ermittelt, ist der niedrigste Preis als ökonomisch optimal anzusehen. Durch den Abbau von Informationsdefiziten hinsichtlich der am Markt üblichen Preise ist allerdings auch zu berücksichtigen, dass jede zusätzliche Ziehung von Preisen mit Kosten verbunden ist. Zusammengefasst stehen Käufer damit vor dem Entscheidungsproblem, die Anzahl an Ziehungen von Preisen derart optimal auszuwählen, dass der Preis und die Kosten aus der Beschaffung von Informationen minimiert werden.

Auf die Details des Modells von Stigler (1961) ist an dieser Stelle nicht weiter einzugehen, da die gegenwärtige suchtheoretische Arbeitsmarktforschung von simultanen Modellen dominiert wird. Der obige Ansatz ist in dem Sinne sequenziell, dass Jobangebote laufend eingeholt werden und bei jedem Angebot zu entschieden ist, ob es angenommen oder abgelehnt wird. Damit steht zum Beginn des Suchprozesses nicht fest, wie viele Beschäftigungsangebote gesichtet werden, sondern erst nach erfolgreichem Abschluss der Suche (Mortensen 1986, 849–894, Charness und Kuhn 2011, 298–301).

3.2.2 Das einseitige Grundmodell der Suchtheorie: Die Arbeitsplatzsuche von Arbeitslosen

Die Modellierung der Jobsuche als ein Entscheidungsproblem beruhend auf Nutzen und Kosten der Informationsbeschaffung, gegeben, dass Arbeitsplätze heterogen sind, ist durch zahlreiche Annahmen gekennzeichnet, die hier zunächst darzulegen sind. Die Modellannahmen können grundsätzlich vier Abschnitten zugeordnet werden.

Der erste Bereich der Modellannahmen bezieht sich auf das Entscheidungsverhalten von Menschen. So sind Individuen rationale, vorausschauende, risikoneutrale und homogene Marktteilnehmer. Sie sind nur an ihrem Konsum, der sich neben dem Einkommen der Arbeitstätigkeit auch aus anderen Quellen ergeben kann, interessiert. Deren Verhaltenseigenschaften schlagen sich auch darin nieder, dass zukünftige Einkommensströme mit einem auf dem Kapitalmarkt vorherrschenden Zinssatz diskontiert werden. Im fiktiven Sinne stellt die Kapitalanlage die beste Alternativanlage im Vergleich zur Beschäftigung dar, Opportunitätskosten.

Die zweite Modellannahme betrifft den Auslöser der Jobsuche, dem ein Wechsel in Arbeitslosigkeit zu Grunde liegt. Dieser tritt mit einer exogenen konstanten Wahrscheinlichkeit auf, die wiederum einer stationären Poisson Verteilung folgt. Dies bedeutet, dass der Übergang aus Beschäftigung in Arbeitslosigkeit nicht endogen innerhalb des Suchmodells determiniert wird, sondern auf äußeren Rahmenbedingungen beruht. Während der Arbeitslosigkeit wird zeitlich unbegrenzt ein Arbeitslosengeld durch den Staat gezahlt.

Drittens sind die Modellannahmen zu der Entstehung und der Höhe von Jobangeboten darzulegen. Die Wahrscheinlichkeit, ein Jobangebot zu bekommen, und die Höhe der Lohnofferten sind exogen. Beide werden aus einer stationären Poisson Verteilung gezogen. In einem festgelegten Zeitintervall können Arbeitsuchende maximal ein Jobangebot erhalten (Christoph und Hackel 2002, 59–60, Henze 2017, 196–200).

Zu berücksichtigen ist außerdem, dass Arbeitslose allein Kenntnis über die zu Grunde liegende Verteilung haben, aus der die Wahrscheinlichkeit, Beschäftigungsangebote zu bekommen, und die Höhe der Gehaltsofferten, gezogen werden. Ferner beruht sie allerdings auf den persönlichen Charakteristika wie bspw. dem Alter oder dem Bildungshintergrund. Auch ändert sich die Verteilung nicht zwischen zwei Zeitpunkten. Somit obliegen Arbeitsuchende zu jedem Zeitpunkt derselben Informationsstruktur hinsichtlich der Möglichkeit und der Höhe von Gehaltssteigerungen nach einem Stellenwechsel.

Zu dem vierten Bereich der Modellannahmen gehört das Entscheidungsspektrum von Arbeitslosen, sofern ein Jobangebot vorliegt. So können Arbeitsuchende nur darüber entscheiden, ein Gehaltsangebot abzulehnen oder anzunehmen, ohne dass Verhandlungen über das Arbeitsentgelt zugelassen werden. Werden Lohnangebote akzeptiert, bleibt das Gehalt über den Anstellungszeitraum konstant. Auch können abgelehnte Lohnofferten nicht wiederhergestellt werden, wenn Arbeitsuchende im nachfolgenden Suchprozess keine verbesserten Bedingungen erzielen können (Narendranathan und Nickell 1986, 2–5, Kiefer und Neumann 1989, 4–7).

Die bisherigen Überlegungen werden mit der nachfolgenden Notation festgehalten.

V_e: *Erwarteter Nutzen aus Beschäftigung*

V_u: *Erwarteter Nutzen aus Arbeitslosigkeit*

r: *Zinssatz*

q: Wahrscheinlichkeit, arbeitslos zu werden
z: Finanzielle Unterstützung bei Arbeitslosigkeit
w: Lohnsatz
λ: Wahrscheinlichkeit, ein Jobangebot zu bekommen
H(·): Kumulative Verteilungsfunktion des Lohnsatzes
dt: Zeitraum

Formelbereich 10

Um das Entscheidungsproblem von Arbeitslosen im Rahmen der Jobsuche charakterisieren zu können, sind die Grundlagen zur Bewertung von Vermögensgegenstanden aus Cahuc, Carcillo und Zylberberg (2014, 261–262) essentiell. Vermögensgegenstände generieren Einnahmen, während sie mit einer exogenen Wahrscheinlichkeit, die Poisson verteilt ist, an Wert verlieren können. Auf die Herleitung der Bewertungsgleichung wird hier nicht näher eingegangen. Ein umfassender mathematischer Beweis kann dem Anhang D aus Cahuc, Carcillo und Zylberberg (2014, 1006–1008) entnommen werden.

Für einen festgelegten Zeitraum kann der Wert von Vermögensgegenstanden, der sich auf diesen Zeitabschnitt bezieht und Einkommensströme jenseits des betrachteten Zeitraums in der Bewertung keine Berücksichtigung finden, folgendermaßen gebildet werden:

$$\Pi(t) = \frac{1}{1 + rdt}\left(\omega(t)dt + \iota(t)dt\bar{\Pi}(t + dt) + (1 - \iota(t)dt)\Pi(t + dt)\right)$$

Π(t): Wert des Vermögensgegenstandes
t: Zeitpunkt zum Beginn des Zeitraums
ω(t): Einkommen aus dem Vermögensgegenstand
ι(t): Wahrscheinlichkeit für einen Wertverlust des Vermögensgegenstandes
Π̄(t): Wert des Vermögensgegenstandes nach einem Wertverlust
t + dt: Zeitpunkt am Ende des Zeitraums

Formelbereich 11

Wird der Zusammenhang umgestellt, ergibt sich für den Wert von Vermögensgegenständen die nachfolgende implizite Funktion:

$$r\Pi(t) = \omega(t) + \iota(t)(\bar{\Pi}(t + dt) - \Pi(t + dt)) + \frac{\bar{\Pi}(t + dt) - \Pi(t)}{dt}$$

Formelbereich 12

Die implizite Funktion für den Wert von Vermögensgegenständen vereinfacht sich entsprechend, sofern ein kleiner Zeitraum betrachtet wird:

$$\lim_{dt \to 0} r\Pi(t) = \lim_{dt \to 0} \omega(t) + \iota(t)(\bar{\Pi}(t+dt) - \Pi(t+dt)) + \frac{\bar{\Pi}(t+dt) - \Pi(t)}{dt}$$

$$= \omega(t) + \iota(t)(\bar{\Pi}(t) - \Pi(t))$$

Formelbereich 13

Anhand eines kurzen Beispiels wird der Zusammenhang verdeutlicht. Beträgt der Vermögenswert 100 Euro und die Kapitalmarktverzinsung entspricht für einen festgelegten Zeitraum fünf Prozent, müssen die Nettoerträge aus dem Vermögensgegenstand, d.h. die Einkommensströme bereinigt um den erwarteten Wertverlust innerhalb des betrachteten Zeitraums, mindestens fünf Euro umfassen, damit die Opportunitätskosten gedeckt sind.

Nun zur Übertragung der bisherigen Überlegungen zur Bewertung von Vermögensgegenständen auf Beschäftigungsverhältnisse. Der erwartete Nutzen für ein festgelegtes Zeitintervall eines Arbeitnehmers ergibt sich aus der diskontierten Summe der Lohnzahlungen des gegenwärtigen Arbeitsverhältnisses und der diskontierten Nutzenänderung bei einem Wechsel des Arbeitsmarktstatus. Bleibt der Beschäftigte innerhalb des festgelegten Zeitraums angestellt, so erhält er weiterhin einen Einkommensstrom aus dem Tätigkeitsverhältnis, das entsprechend Nutzen stiftet. Wird die Arbeitskraft innerhalb des Zeitintervalls arbeitslos, so kann sie Arbeitslosengeld beanspruchen, das niedriger als die Entlohnung aus dem Anstellungsverhältnis ist und erwartungsgemäß einen geringeren Nutzen bringt.

Mit der Bewertung von Vermögensgegenständen kann der Wert eines Beschäftigungsverhältnisses folgendermaßen ausgedrückt werden:

$$V_e(w) = \frac{1}{1 + rdt}(wdt + qdtV_u + (1 - qdt)V_e(w))$$

Formelbereich 14

Nach einer simplen Umformung ergibt sich der nachfolgende Zusammenhang:

$$V_e(w) + rdtV_e(w) = wdt + qdtV_u + V_e(w) - qdtV_e(w)$$

Formelbereich 15

Schließlich werden beide Seiten durch den betrachteten Zeitraum dividiert und die Gleichung umgestellt:

$$rV_e(w) = w + q(V_u - V_e(w))$$

Formelbereich 16

Die erwarteten Einnahmen aus dem Arbeitsverhältnis setzen sich aus dem Lohnsatz und der Änderung des Nutzens bei einem Wechsel von Erwerbsarbeit in Arbeitslosigkeit zusammen. Letzterer tritt mit der exogenen Wahrscheinlichkeit, arbeitslos zu werden, auf und entsteht durch den Einkommensverlust, der mit einem Wechsel aus der Erwerbstätigkeit in die Arbeitslosigkeit verbunden ist. Dies ist der rechten Seite zu entnehmen. Ferner müssen die erwarteten Einnahmen aus einem Arbeitsverhältnis der fiktiven Kapitalmarktverzinsung entsprechen, damit die Opportunitätskosten gedeckt sind. Dies ist auf der linken Seite enthalten.

Mit einer weiteren Umformung kann die Differenz des erwarteten Nutzens eines Arbeitnehmers und eines Arbeitslosen als implizite Funktion des Lohnsatzes ausgedrückt werden:

$$V_e(w) - V_u = \frac{w - rV_u}{r + q}$$

Formelbereich 17

Auf Grundlage dieser Definition wird der Reservationslohn, d.h. die Lohnuntergrenze eines Arbeitslosen, bei der er zur Aufnahme eines Arbeitsverhältnisses bereit ist, definiert:

$$x = rV_u$$

x: Reservationslohn

Formelbereich 18

Dies kann zur Konkretisierung der Suchstrategie nach einer Arbeitstätigkeit durch Arbeitslose folgendermaßen genutzt werden:

$$V_e(w) < V_u \Leftrightarrow w < x \Rightarrow \textit{Ablehnung des Jobangebots.}$$

$$V_e(w) \geq V_u \Leftrightarrow w \geq x \Rightarrow \textit{Annahme des Jobangebote}$$

Formelbereich 19

Sofern Arbeitsuchende ein Jobangebot erhalten, kann die Aufnahme eines Beschäftigungsverhältnisses nur beobachtet werden, wenn der erwartete Nutzen bei Erwerbstätigkeit, entsprechend dem Gehalt aus dem Jobangebot, höher ist als der erwartete Nutzen bei Arbeitslosigkeit. Dies ist der Fall, wenn die Entlohnung aus dem Anstellungsangebot mindestens dem Reservationslohn entspricht. Ist der offerierte Lohnsatz niedriger als der Reservationslohn, so wird die Jobsuche durch den Arbeitslosen nach einem Arbeitsverhältnis fortgesetzt. Bekommt der Arbeitsuchende zu dem betrachteten Zeitpunkt kein Jobangebot, wird die Arbeitssuche ebenfalls weitergeführt (Smith 2003, 285–298).

Im nächsten Schritt ist der erwartete Nutzen von Arbeitslosen näher zu spezifizieren, wobei der erwartete Nutzen von Arbeitsuchenden, die ein Jobangebot erhalten, die Grundlage hierfür ist:

$$V_\lambda = \int\limits_0^x V_u dH(w) + \int\limits_x^{+\infty} V_e(w) dH(w)$$

V_λ: *Erwarteter Nutzen aus dem Vorliegen eines Jobangebots*

Formelbereich 20

Bezeichnet das erste Integral den erwarteten Nutzen bei Arbeitslosigkeit, sofern ein Arbeitsplatzangebot eine Entlohnung vorsieht, die unterhalb des Reservationslohnes liegt und dementsprechend durch den Arbeitslosen abgelehnt wird, ist im zweiten Summanden der erwartete Nutzen bei Erwerbstätigkeit dargestellt. Dieser tritt ein, wenn das Lohnangebot über dem Reservationslohn des Arbeitsuchenden liegt.

Mit dem auf das Vorliegen eines Jobangebotes konditionierten erwarteten Nutzen eines Arbeitsuchenden kann der erwartete Nutzen bei Erwerbslosigkeit innerhalb eines festgelegten Zeitintervalls nachfolgend gebildet werden:

$$V_u = \frac{1}{1 + rdt}(zdt + \lambda dt V_\lambda + (1 - \lambda dt)V_u)$$

Formelbereich 21

Der erwartete Nutzen eines Arbeitslosen ist damit die diskontierte Summe aus dem Arbeitslosengeld und der diskontierten erwarteten Nutzenänderung bei einem Wechsel des Arbeitsmarktstatus. Erhält der Arbeitsuchende innerhalb des Zeitintervalls kein Jobangebot, so muss er weiterhin das Arbeitslosengeld beziehen. Bekommt der Arbeitslose jedoch ein Lohnangebot, hat er die Wahl, dieses abzulehnen oder anzunehmen, je nachdem, ob die gebotene Entlohnung unter- oder oberhalb des Reservationslohns liegt.

Nach einigen simplen Umformungen kann der folgende Zusammenhang beobachtet werden:

$$V_u + rdt\,V_u = zdt + \lambda dt\,V_\lambda + V_u - \lambda dt\,V_u$$

Formelbereich 22

Mit einer Division der beiden Seiten durch den betrachteten Zeitraum ergibt sich die nachfolgende Beziehung:

$$rV_u = z + \lambda(V_\lambda - V_u)$$

Formelbereich 23

Mit dem obigen Zusammenhang zum erwarteten Nutzen eines Arbeitslosen bei Vorliegen eines Jobangebots kann die erwartete Nutzendifferenz bei Vorliegen eines Jobangebots und Arbeitslosigkeit durch die erwartete Nutzendifferenz zwischen Beschäftigung und Arbeitslosigkeit ersetzt werden:

$$rV_u = z + \lambda \int\limits_{x}^{+\infty} (V_e(w) - V_u)dH(w)$$

Formelbereich 24

Neben dem Arbeitslosengeld ist der zusätzliche erwartete Nutzen aus einem möglichen Wechsel des Beschäftigungsstatus Bestandteil des erwarteten Nutzens eines Arbeitslosen, was auf der rechten Seite der Identität dargestellt ist. Bei dem erwarteten Nutzengewinn aus der Aufnahme einer Arbeitstätigkeit ist zu berücksichtigen, dass ein Wechsel in Beschäftigung nur zu beobachten ist, wenn ein Jobangebot vorliegt und das offerierte Arbeitsentgelt den Reservationslohn übersteigt. Auch müssen die erwarteten Einnahmen bei Arbeitslosigkeit der Verzinsung am Kapitalmarkt entsprechen, damit die Opportunitätskosten gedeckt sind. Dies kann der linken Seite der Gleichung entnommen werden (Narendranathan und Nickell 1986, 3–4, Cahuc, Carcillo und Zylberberg 2014, 260–269).

3.2.3 Zu den Modellerweiterungen des einseitigen Grundmodells der Suchtheorie

3.2.3.1 Die Jobsuche aus dem bestehenden Beschäftigungsverhältnis

Die ersten Überlegungen zur Suchtheorie beschränken sich darauf, dass Individuen arbeitslos sein müssen, damit sie auf der Suche nach Tätigkeitsverhältnissen sind. An dieser Stelle wird der Modellrahmen der Suchtheorie derart erweitert, dass die Suche nach einer Beschäftigung auch aus dem bestehenden

Arbeitsverhältnis ermöglicht wird. Damit setzen sich die Jobsuchenden fortan aus zwei Gruppen zusammen: Arbeitslose und Arbeitnehmer.

Mit der Modellerweiterung sind zwei Ergänzungen zu berücksichtigen. Erstens besteht für Arbeitnehmer auch die Möglichkeit, ein Arbeitsangebot offeriert zu bekommen. Zweitens ist die Wahrscheinlichkeit, Jobangebote zu erhalten, für Beschäftigte und Arbeitslose unterschiedlich.

Damit wird die bisherige Notation folgendermaßen erweitert:

$$\lambda_e: Wahrscheinlichkeit,\ ein\ Jobangebot\ zu\ bekommen,\ für\ Beschäftigte$$

$$\lambda_u: Wahrscheinlichkeit,\ ein\ Jobangebot\ zu\ bekommen,\ für\ Arbeitslose$$

$$\xi: Lohnsatz\ aus\ dem\ Jobangebot$$

Formelbereich 25

Die Regel zur Annahme von Jobangeboten durch die Arbeitnehmer orientiert sich allein an den monetären Vorteilen aus einem Stellenwechsel, ähnlich wie bei den Arbeitslosen. Sofern Beschäftigte ein Jobangebot erhalten, kann ein Stellenwechsel deshalb nur beobachtet werden, wenn der erwartete Nutzen aus dem angebotenen Arbeitsverhältnis höher ist als bei der gegenwärtigen Tätigkeit. Dies ist der Fall, wenn die Entlohnung aus dem Jobangebot mindestens dem gegenwärtig erzielten Arbeitsentgelt entspricht. Ist der offerierte Lohnsatz niedriger als das Arbeitsentgelt aus dem jetzigen Arbeitsverhältnis, so wird die Jobsuche durch die Arbeitskraft nach einem Anstellungsverhältnis fortgesetzt. Bekommt der Arbeitnehmer zu dem betrachteten Zeitpunkt kein Jobangebot, wird die Arbeitssuche ebenfalls weitergeführt. Dies bedeutet, dass Beschäftigte laufend einen Anreiz haben, nach einer Tätigkeit mit einem höheren Gehalt zu suchen (Devine und Kiefer 1991, 228–229, Keane, Todd und Wolpin 2011, 407–429).

Diese Überlegungen können folgendermaßen zusammengefasst werden:

$$\xi < w \Rightarrow Ablehnung\ des\ Jobangebots$$

$$\xi \geq w \Rightarrow Annahme\ des\ Jobangebots$$

Formelbereich 26

Übertragen auf den erwarteten Nutzen eines Arbeitsverhältnisses, ergeben sich die nachfolgenden beiden Beziehungen:

$$V_e(\xi) < V_e(w) \Rightarrow Ablehnung\ des\ Jobangebots$$

$$V_e(\xi) \geq V_e(w) \Rightarrow Annahme\ des\ Jobangebots$$

Formelbereich 27

Nun zur Abbildung der Jobsuche aus dem bestehenden Arbeitsverhältnis im Suchmodell. Weiterhin ergibt sich der erwartete Nutzen eines Arbeitnehmers aus der diskontierten Summe der Lohnzahlungen des gegenwärtigen Arbeitsverhältnisses und der diskontierten erwarteten Nutzenänderung bei einem Wechsel in Arbeitslosigkeit. Zusätzlich zu berücksichtigen ist die Möglichkeit, ein Jobangebot zu bekommen, dessen Höhe unter- oder oberhalb des aktuell erzielten Arbeitsentgelts liegen kann.

Mit den Erkenntnissen aus der Bewertung von Vermögensgegenständen, die in Kapitel 3.2.2 erklärt werden, kann dies folgendermaßen formuliert werden:

$$V_e(w) = \frac{1}{1 + rdt}\left(wdt + qdtV_u \right.$$
$$\left. + (1 - qdt)\left(\lambda_e dt \int\limits_{w}^{+\infty} V_e(\xi)dH(\xi) + \lambda_e dtV_e(w)H(w) + (1 - \lambda_e dt)V_e(w) \right) \right)$$

Formelbereich 28

Mit einigen simplen Umformungen kann der nachfolgende Zusammenhang gebildet werden:

$$V_e(w) + rdtV_e(w)$$
$$= wdt + qdtV_u + \lambda_e dt \int\limits_{w}^{+\infty} V_e(\xi)dH(\xi) + \lambda_e dtV_e(w)H(w) + V_e(w) - \lambda_e dtV_e(w)$$
$$-qdt\lambda_e dt \int\limits_{w}^{+\infty} V_e(\xi)dH(\xi) - qdt\lambda_e dtV_e(w)H(w) - qdtV_e(w) + qdt\lambda_e dtV_e(w)$$

Formelbereich 29

Im nächsten Schritt werden beide Seiten durch den betrachteten Zeitraum dividiert:

$$rV_e(w) = w + qV_u + \lambda_e \int\limits_{w}^{+\infty} V_e(\xi)dH(\xi) + \lambda_e V_e(w)H(w) - \lambda_e V_e(w) - q\lambda_e dt \int\limits_{w}^{+\infty} V_e(\xi)dH(\xi)$$
$$-q\lambda_e dtV_e(w)H(w) - qV_e(w) + q\lambda_e dtV_e(w)$$

Formelbereich 30

Wird ein sehr kleiner Zeitraum betrachtet, wie es in der bestehenden Literatur üblich ist, vereinfacht sich die Beziehung entsprechend:

$$\lim_{dt \to 0} rV_e(w) = \lim_{dt \to 0} w + qV_u + \lambda_e \int\limits_w^{+\infty} V_e(\xi)dH(\xi) + \lambda_e V_e(w)H(w) - \lambda_e V_e(w)$$

$$-q\lambda_e dt \int\limits_w^{+\infty} V_e(\xi)dH(\xi) - q\lambda_e dt V_e(w)H(w) - qV_e(w) + q\lambda_e dt V_e(w)$$

$$= w + qV_u + \lambda_e \int\limits_w^{+\infty} V_e(\xi)dH(\xi) + \lambda_e V_e(w)H(w) - \lambda_e V_e(w) - qV_e(w)$$

Formelbereich 31

Eine Umformung ergibt letztlich die folgende Beziehung:

$$rV_e(w) = w + q(V_u - V_e(w)) + \lambda_e \int\limits_w^{\infty} (V_e(\xi) - V_e(w))dH(\xi)$$

Formelbereich 32

Bekannt aus dem Kapitel 3.2.2, in der die Jobsuche von Arbeitslosen modelliert wird, sind die linke Seite der impliziten Funktion des erwarteten Nutzens von Beschäftigten sowie die ersten beiden Summanden auf der rechten Seite, d.h. das Arbeitsentgelt aus dem Tätigkeitsverhältnis und der erwartete Nutzenverlust aus einem Übergang von Beschäftigung in Arbeitslosigkeit. Neu hinzugekommen ist der mögliche Nutzengewinn, den Arbeitnehmer erhalten, wenn Angebote vorliegen, die eine höhere Entlohnung bieten als in dem gegenwärtig ausgeübten Tätigkeitsverhältnis (Burdett 1978, 212–216, Black 1981, 130 131, Cahuc, Car cillo und Zylberberg 2014, 271–272, 274).

3.2.3.2 Die Anstrengungen während der Jobsuche

Eine weitere Ergänzung des einseitigen Grundmodells der Suchtheorie sieht vor, die Suchanstrengungen nach einem Job zu endogenisieren. Dies bedeutet, dass die Wahrscheinlichkeit, Jobangebote zu bekommen, nicht mehr exogen gegeben, sondern eine Variable der individuellen Suchintensität nach einer Stelle ist. In diesem Zusammenhang wird auch die Annahme aufgehoben, dass während der Arbeitsplatzsuche keine Kosten anfallen.

Hierfür sind zwei Anpassungen notwendig. Erstens wird eine positiv lineare Beziehung zwischen der Suchintensität nach einer Arbeitsstelle und der Wahrscheinlichkeit, Jobangebote zu erhalten, unterstellt. Ergänzt wird diese Beziehung durch die für die Suche nach einer Tätigkeit relevanten Bedingungen auf dem Arbeitsmarkt. Hierzu zählt maßgeblich die Zahl der offenen Stellen.

Die Überlegungen hierzu können folgendermaßen ausgedrückt werden:

$$\lambda_u = e_u \alpha$$

$$\lambda_e = e_e \alpha$$

e_u: *Suchintensität nach einem Arbeitsplatz für Arbeitslose*
e_e: *Suchintensität nach einem Arbeitsplatz für Beschäftigte*
α: *Arbeitsmarktlage für Beschäftigte*

Formelbereich 33

Die zweite Anpassung bezieht sich auf die Kosten aus der Stellensuche, die eine positiv steigende Funktion der Intensität während der Suche nach einem Arbeitsplatz ist. Dies bedeutet, dass die Suchkosten umso größer sind, desto höher die Suchbemühungen, eine Tätigkeit ausfindig zu machen, ausfallen. Auch ist die Zunahme der Suchkosten nach einer Erhöhung der Anstrengungen während der Stellensuche umso höher, desto größer die Intensität während der Suche nach Arbeitsplätzen ist. Dies kann folgendermaßen mathematisch ausgedrückt werden:

$$\frac{\partial \phi(e_u)}{\partial e_u} > 0 \; und \; \frac{\partial^2 \phi(e_u)}{\partial e_u^2} > 0$$

$$\frac{\partial \phi(e_e)}{\partial e_e} > 0 \; und \; \frac{\partial^2 \phi(e_e)}{\partial e_e^2} > 0$$

$\phi(\cdot)$: *Suchkosten*

Formelbereich 34

Nun zum Optimierungsproblem von Arbeitslosen, das mit der endogenen Suchintensität nach einer Stelle sowie den Suchkosten folgendermaßen dargestellt werden kann:

$$rV_u = z + e_u \alpha \int\limits_x^\infty (V_e(w) - V_u) dH(w) - \phi(e_u)$$

Formelbereich 35

Mit der Bedingung erster Ordnung der Optimierung nach den Suchbemühungen, eine Arbeitsstelle zu finden, kann die nachfolgende Bedingung für die nutzenmaximierende Auswahl gebildet werden:

$$\frac{\partial \phi(e_u)}{\partial e_u} = \alpha \int\limits_x^\infty (V_e(w) - V_u) dH(w)$$

Formelbereich 36

Es ist damit eine Suchintensität, eine Tätigkeit zu finden, auszuwählen, bei der die marginalen Kosten auf der linken Seite den marginalen Erträgen auf der rechten Seite aus einer intensiveren Arbeitsplatzsuche einander entsprechen. Bei höheren Suchanstrengungen nach Arbeitsverhältnissen fallen die zusätzlichen Aufwendungen höher aus als der marginale Nutzen.

Außerdem sind die Beschäftigten hinsichtlich der optimalen Auswahl eines Anstrengungsniveaus im Rahmen der Jobsuche zu betrachten:

$$rV_e(w) = w + q(V_u - V_e(w)) + e_e\alpha \int\limits_{w}^{\infty} (V_e(\xi) - V_e(w))dH(\xi) - \phi(e_e)$$

Formelbereich 37

Die Bedingung erster Ordnung der Optimierung nach der Suchintensität, eine Tätigkeit ausfindig zu machen, erfüllt die folgende Identität:

$$\frac{\partial\phi(e_e)}{\partial e_e} = \alpha \int\limits_{w}^{\infty} (V_e(\xi) - V_e(w))dH(\xi)$$

Formelbereich 38

Die Entscheidungsregel von Arbeitnehmern hinsichtlich der optimalen Suchintensität nach einem Job unterscheidet sich nicht grundsätzlich von den Implikationen der Arbeitslosen. Der zusätzliche erwartete Nutzen auf der linken Seite muss den zusätzlichen erwarteten Kosten auf der rechten Seite aus einer intensiveren Arbeitsplatzsuche entsprechen, damit die Wahl der Suchanstrengungen nach einer Beschäftigung optimal ist. Jedoch beziehen sich die marginalen Erträge bei den Beschäftigten auf den Wechsel eines Arbeitsverhältnisses und nicht, wie bei den Arbeitslosen, auf den Übergang von Arbeitslosigkeit in Beschäftigung (Barron und McCafferty 1977, 683–687, Mortensen 1977, 507–513).

Aber wie verhält es sich mit den optimalen Suchanstrengungen nach einem Arbeitsplatz, wenn sich das Arbeitslosengeld verändert? Hierzu können die beiden nachfolgenden Eigenschaften gezeigt werden:

$$\frac{\partial e_u}{\partial z} < 0$$

$$\frac{\partial e_e}{\partial z} = 0$$

Formelbereich 39

Eine Veränderung des Arbeitslosengeldes wirkt sich damit entgegengesetzt auf das Niveau der Bemühungen während der Suche nach einem Job durch die Arbeitslosen aus. Erhöht sich das Arbeitslosengeld, so reduzieren Arbeitsuchende ihre Anstrengungen im Rahmen der Suche nach Arbeitsverhältnissen. Bei einer Senkung des Arbeitslosengeldes, so die Modellimplikation, ist eine intensivere Suche nach einem Job durch die Arbeitslosen zu beobachten (Pissarides 2000, 123–130, Cahuc, Carcillo und Zylberberg 2014, 273–274, Gagne 2014, 424–430).

Für Beschäftigte gilt dieser Zusammenhang indes nicht. Den Modellierungen liegt zu Grunde, dass die Wahl der Suchintensität nach einer Tätigkeit keinen Einfluss auf die Wahrscheinlichkeit hat, den Arbeitsmarktstatus aus Beschäftigung in Arbeitslosigkeit zu wechseln. Aus diesem Grund bleibt eine Veränderung des erwarteten Nutzens bei Arbeitslosigkeit, der auf einer Variation des Arbeitslosengeldes beruht, ohne Auswirkungen auf die optimale Wahl der Suchbemühungen von Beschäftigten, eine Tätigkeit ausfindig zu machen.

3.2.3.3 Die Möglichkeit von Sanktionen bei der monetären Arbeitslosenunterstützung

Des Weiteren wird das einseitige Grundmodell der Suchtheorie derart erweitert, dass Sanktionsmöglichkeiten hinsichtlich der Höhe des Arbeitslosengeldes berücksichtigt werden, sofern ein zu geringes Niveau an Suchanstrengungen, eine Arbeitsstelle ausfindig zu machen, vorliegt. Mit der Modellerweiterung gibt es fortan drei Gruppen am Arbeitsmarkt: Die sanktionierten und die nicht sanktionierten Arbeitslosen und die Beschäftigten. Grundsätzlich sind drei Anpassungen vorzunehmen.

Die erste Modifikation des Suchmodells bezieht sich allein auf die Notation:

e_u: *Suchintensität für nicht sanktionierte Arbeitslose*

e_s: *Suchintensität für sanktionierte Arbeitslose*

Formelbereich 40

Zweitens gilt, dass die Wahrscheinlichkeit eines Arbeitslosen, sanktioniert zu werden, und eine Kürzung der finanziellen Ansprüche bei Arbeitslosigkeit hinnehmen zu müssen, eine fallende, konvexe Funktion der Suchanstrengungen nach einer Stelle ist:

$$\frac{\partial \sigma(e_u)}{\partial e_u} < 0 \; und \; \frac{\partial^2 \sigma(e_u)}{\partial e_u^2} < 0$$

$$\frac{\partial \sigma(e_s)}{\partial e_s} < 0 \; und \; \frac{\partial^2 \sigma(e_s)}{\partial e_s^2} < 0$$

$\sigma(\cdot)$: *Wahrscheinlichkeit, sanktioniert zu werden*

Formelbereich 41

Die dritte Anpassung bezieht sich auf den Betrag, um den das Arbeitslosengeld bei Sanktionierung gekürzt wird. Die Zusammensetzung des erwarteten Nutzens bei Arbeitslosigkeit aus dem Kapitel 3.2.2 zu Grunde gelegt, reduziert sich mit der Durchführung von Sanktionen der erwartete Nutzen von Arbeitsuchenden. Deshalb ist der erwartete Nutzen von sanktionierten Arbeitslosen niedriger als der erwartete Nutzen bei Arbeitslosigkeit ohne Sanktionierung. Dies kann folgendermaßen mathematisch ausgedrückt werden:

$$V_s < V_u$$

V_s: *Erwarteter Nutzen aus Arbeitslosigkeit bei Sanktionierung*

Formelbereich 42

Nachfolgend wird der erwartete Nutzen von nicht sanktionierten Arbeitsuchenden und Arbeitslosen, die mit Sanktionen belegt werden, dargelegt:

$$rV_u = z + e_u\alpha \int\limits_{x}^{\infty} (V_e(w) - V_u)dH(w) - \phi(e_u) + \sigma(e_u)(V_s - V_u)$$

$$rV_s = z - s + e_s\alpha \int\limits_{x_s}^{\infty} (V_e(w) - V_u)dH(w) - \phi(e_s)$$

$$x > x_s$$

s: *Sanktionsbetrag*
x_s: *Reservationslohn für sanktionierte Arbeitslose*

Formelbereich 43

Für die nicht sanktionierten Arbeitslosen sind die ersten drei Bestandteile auf der rechten Seite, d.h. das Arbeitslosengeld, der erwartete Nutzengewinn aus einem Wechsel in Beschäftigung sowie die Suchkosten, hinlänglich bekannt. Neu hinzugekommen ist der vierte Summand, mit dem der mögliche Nutzenverlust bei einer Sanktionierung ausgedrückt wird. Bei den sanktionierten Arbeitslosen ergibt sich der erwartete Nutzen wie bisher aus dem Arbeitslosengeld abzüglich der Sanktionen sowie den Suchkosten und zuzüglich dem Nutzengewinn aus der Aufnahme eines Arbeitsverhältnisses.

Werden die Überlegungen aus dem Kapitel 3.2.2 herangezogen, zeigt sich, dass der Reservationslohn von sanktionierten Arbeitslosen unterhalb der

Lohngrenze zur Aufnahme eines Arbeitsverhältnisses von nicht sanktionierten Arbeitsuchenden liegt. Diese Beobachtung beruht darauf, dass mit der Durchführung von Sanktionen die Ansprüche auf Arbeitslosengeld niedriger ausfallen und deshalb der erwartete Nutzen bei Arbeitslosigkeit geringer ist.

Die Bedingung erster Ordnung der Optimierung von sanktionierten und nicht sanktionierten Arbeitsuchenden nach den Anstrengungen im Rahmen der Stellensuche stellen die Basis für die optimale Auswahl der Suchintensität nach einem Job dar:

$$\frac{\partial \phi(e_s)}{\partial e_s} = \alpha \int_{x_s}^{\infty} (V_e(w) - V_u) dII(w)$$

$$\frac{\partial \phi(e_u)}{\partial e_u} = \alpha \int_{x}^{\infty} (V_e(w) - V_u) dH(w) + \frac{\partial \sigma(e_u)}{\partial e_u}(V_s - V_u)$$

Formelbereich 44

Mit der Berücksichtigung von Sanktionen im einseitigen Suchmodell zeigen sich zwei Effekte. Zuerst erhöhen sich die Bemühungen im Rahmen der Suche nach einer Arbeitsstelle, sobald Sanktionen durchgeführt werden, ex-post Effekt. Dies ist darauf zurückzuführen, dass die Funktion der Suchkosten in der Suchintensität nach einem Job steigend ist und sanktionierte Arbeitslose einen geringeren Reservationslohn im Vergleich zu den Arbeitslosen im Suchmodell ohne Sanktionen haben (Boeri und van Ours 2013, 355–356).

Der zweite Effekt bezieht sich darauf, dass bereits die Ankündigung von Sanktionen bei den bisher nicht sanktionierten Arbeitsuchenden zur einer intensiveren Arbeitssuche führt, ex-ante Effekt (Schütz 2008, 118, Kupka und Osiander 2017, 118). Eine kurze technische Erklärung hierzu.

Da der erwartete Nutzen von sanktionierten Arbeitslosen niedriger ist als der erwartete Nutzen von nicht sanktionierten Arbeitslosen und die Wahrscheinlichkeit, sanktioniert zu werden, in der Suchintensität nach einer Arbeitsstelle fällt, ist der zweite Summand der Bedingung erster Ordnung der Optimierung der nicht sanktionierten Arbeitsuchenden positiv. Im Vergleich zum Suchmodell, in dem keine Sanktionen Berücksichtigung finden (Kapitel 3.2.3.2), hat sich der Betrag auf der rechten Seite des Zusammenhangs erhöht. Für die linke Seite ist zu berücksichtigen, dass die Suchkosten in dem Anstrengungsniveau während der Suche nach Arbeitsplätzen steigend sind (Wilke 2004, 45, Cahuc, Carcillo und Zylberberg 2014, 276–279).

Abschließend ist die Frage zu klären, wie es sich mit dem Anstrengungsniveau, eine Stelle zu finden, verhält, wenn sich der Sanktionsbetrag, um den das

Arbeitslosengeld bei Sanktionierung gekürzt wird, oder die Wahrscheinlichkeit, sanktioniert zu werden, verändern. Hierzu können die nachfolgenden beiden Eigenschaften gezeigt werden:

$$\frac{\partial e_u}{\partial s} > 0, \ \frac{\partial e_s}{\partial s} > 0 \ und \ \frac{\partial e_e}{\partial s} = 0$$

$$\frac{\partial e_u}{\partial \sigma(e_u)} > 0, \ \frac{\partial e_s}{\partial \sigma(e_s)} > 0 \ und \ \frac{\partial e_e}{\partial \sigma(e_e)} = 0$$

Formelbereich 45

Zusammengefasst ist das folgende Ergebnis festzuhalten. Werden die Sanktionen verschärft, sei es in Form eines höheren Sanktionsbetrages oder einer gesteigerten Wahrscheinlichkeit von Sanktionen, verstärken Arbeitslose ebenfalls ihre Suchanstrengungen, einen Arbeitsplatz ausfindig zu machen. Sie suchen deshalb intensiver nach einer Tätigkeit, weil die finanziellen Unterstützungen bei einem Verbleib in Arbeitslosigkeit abnehmen (Bolvig, et al. 2007, 24–31, Cahuc, Carcillo und Zylberberg 2014, 278).

Eine verschärfte Sanktionierung bei Arbeitslosigkeit hat in dem hier vorgestellten Suchmodell keine Auswirkungen auf die Entscheidungsbildung über den Umfang der Suchintensität nach einer Tätigkeit durch die Arbeitnehmer. Es trifft dieselbe Argumentation zu, wie sie in Kapitel 3.2.3.2 dargelegt wird.

3.2.3.4 Die Probezeit als Risiko bei einem Stellenwechsel

Die Risiken aus einem Wechsel der Arbeitsstelle, die deshalb entstehen, weil Jobwechsler in dem neuen Arbeitsverhältnis eine Probezeit haben, bleiben bisher in der Suchtheorie unberücksichtigt. Mit einer Modellerweiterung, die in diesem Kapitel entwickelt wird, sollen die wegen der Probezeit entstehenden Risiken aus einem Stellenwechsel in die Suchtheorie aufgenommen werden.

Zu verdeutlichen ist aber zuerst, warum die Probezeit für das Entscheidungsproblem von Beschäftigten, einen Arbeitsplatz zu suchen, relevant ist. Generell gilt, dass Arbeitsverträge in der Bundesrepublik Deutschland eine Probezeit vorsehen, in der eine Entlassung des Arbeitnehmers durch den Arbeitgeber erleichtert wird. Nach dem Ablauf der Probezeit sind deutlich höhere Hürden bei einer arbeitgeberseitigen Kündigung zu berücksichtigen. In der Bundesrepublik Deutschland ist die Probezeit auf maximal sechs Monate beschränkt (Freiling, et al. 2008, 519–533, Hohendanner 2010, 1–2, Kolb 2010, 231).

Für Beschäftigte, die zu entscheiden haben, ob und in welchem Umfang sie ein Arbeitsverhältnis suchen sollen, ist die Probezeit, die zu Beginn der neuen

Tätigkeit auftritt, ein Risiko. Rationale und vorausschauende Individuen, was in der Suchtheorie grundsätzlich angenommen wird, werden dieses Risiko in ihr Entscheidungsproblem aufnehmen.

Nun zur mathematischen Integration der Risiken aus einem Wechsel des Arbeitsplatzes, die aufgrund der Probezeit auftreten, in die Suchtheorie. Die Basis hierfür ist der formale Zusammenhang zur Bewertung von Beschäftigungsverhältnissen aus Cahuc, Carcillo & Zylberberg (2014, 271–274), dessen Grundlagen in den Kapiteln 3.2.1 bis 3.2.3.3 dargelegt werden.

Als erste Erkenntnis der Modellerweiterung ist festzuhalten, dass der erwartete Nutzen aus einem Wechsel des Anstellungsverhältnisses nicht mehr nur dem erwarteten Nutzen der Tätigkeit aus dem Jobangebot entspricht. Vielmehr ergibt er sich aus der Linearkombination bzw. dem Erwartungswert des erwarteten Nutzens bei der Anstellung aus der Tätigkeitsofferte und des erwarteten Nutzens bei Arbeitslosigkeit.

ERKENNTNIS A
Wenn die Probezeit existiert, entspricht der erwartete Nutzen aus einem Jobwechsel der Linearkombination bzw. dem Erwartungswert aus dem erwarteten Nutzen des Stellenangebots und dem erwarteten Nutzen bei Arbeitslosigkeit. Dies kann folgendermaßen formalisiert werden:

$$(1 - \rho)V_e(\xi) + \rho V_u$$

ρ: Wahrscheinlichkeit, während der Probezeit arbeitslos zu werden

Formelbereich 46

Dies impliziert, dass die Entscheidungsregel, ein Arbeitsplatzangebot abzulehnen oder anzunehmen, verändert werden muss. Arbeitnehmer werden nur ihre Tätigkeit wechseln, wenn die Linearkombination bzw. der Erwartungswert aus dem erwarteten Nutzen der Anstellungsofferte und dem erwarteten Nutzen bei Arbeitslosigkeit oberhalb des erwarteten Nutzens der gegenwärtigen Tätigkeit liegt. Dies ist die zweite Erkenntnis der Modellerweiterung.

ERKENNTNIS B
Mit der Existenz der Probezeit ist die Linearkombination bzw. der Erwartungswert aus dem erwarteten Nutzen des Jobangebots und dem erwarteten Nutzen bei Arbeitslosigkeit das relevante Entscheidungskriterium, einen Stellenwechsel zu vollziehen. Es sind weiterhin zwei Konstellationen denkbar, wenn eine Beschäftigungsofferte vorliegt. Erstens werden Anstellungsangebote abgelehnt, sofern sie den erwarteten Nutzen reduzieren:

$$(1 - \rho)V_e(\xi) + \rho V_u < V_e(w)$$

Zweitens werden Stellenofferten von Beschäftigten angenommen, wenn sich ihr erwarteter Nutzen durch den Jobwechsel erhöht:

$$(1 - \rho)V_e(\xi) + \rho V_u \geq V_e(w)$$

Formelbereich 47

Die dritte Erkenntnis der Modellerweiterung besagt, dass nicht mehr das Entgelt aus dem aktuellen Arbeitsverhältnis für Beschäftigte relevant ist, um zu entscheiden, ob sie ihren Arbeitsplatz wechseln. Es gilt vielmehr, dass sie für das Risiko, während der Probezeit den Arbeitsplatz zu verlieren, einen Aufschlag bzw. eine Prämie verlangen werden. Anders ausgedrückt: Es entsteht ein Keil zwischen dem Lohnsatz, der einen Stellenwechsel induziert, und dem bislang bezahlten Arbeitsentgelt.

ERKENNTNIS C
Ist die Probezeit existent, gilt für den Lohnsatz, bei dem ein Job gewechselt wird, dass er sich um einen Aufschlag bzw. eine Prämie erhöht, mit der die Risiken aus einem Stellenwechsel, die auf der Probezeit beruhen, erfasst werden. Bei diesem kritischen Gehalt sind die Linearkombination bzw. der Erwartungswert des erwarteten Nutzens der Tätigkeitsofferte und des erwarteten Nutzens bei Arbeitslosigkeit mit dem erwarteten Nutzen aus dem aktuellen Anstellungsverhältnis deckungsgleich. Dies kann mathematisch folgendermaßen formalisiert werden:

$$\exists w_p \in [w; \infty[\ s.t. \ (1 - \rho)V_e(w_p, V_u) + \rho V_u = V_e(w, V_u)$$

Beschäftigungsangebote werden abgelehnt, sofern deren Entlohnung unterhalb des kritischen Arbeitsentgelts liegen:

$$\xi < w_p \Leftrightarrow (1 - \rho)V_e(\xi, V_u) + \rho V_u < V_e(w, V_u)$$

Lohnofferten werden akzeptiert, wenn sie mindestens dem kritischen Gehalt entsprechen:

$$\xi \geq w_p \Leftrightarrow (1 - \rho)V_e(\xi, V_u) + \rho V_u \geq V_e(w, V_u)$$

Formelbereich 48

Für den Nachweis der Gültigkeit der bisherigen Erkenntnisse erfolgt ein Beweis durch Widerspruch. Im Rahmen dessen wird unterstellt, dass die Probezeit existiert, aber die bislang gezahlte Entlohnung weiterhin das relevante Entscheidungskriterium ist, um einen Arbeitsplatz zu wechseln.

Zunächst zu den Wirkungskanälen der Probezeit. Liegt ein Jobangebot vor, dessen Entlohnung sich oberhalb des gegenwärtigen Arbeitsentgelts befindet, mit der Konsequenz, dass der Arbeitnehmer seine Stelle wechselt, so sind unter der Existenz der Probezeit zwei zusätzliche Zustände möglich.

Entweder der Beschäftigte kann die Probezeit erfolgreich absolvieren, so dass er weiterhin das Gehalt aus der Offerte bezieht oder der Jobwechsler wird während der Probezeit entlassen. Bei Letzterem erhält der Beschäftigte die finanziellen Unterstützungen bei Arbeitslosigkeit, welche erwartungsgemäß mit einem niedrigeren Nutzen einhergehen. Die Gefahr, während der Probezeit in Arbeitslosigkeit zu wechseln, folgt einer exogenen Wahrscheinlichkeit, die mathematisch nicht weiter spezifiziert wird.

Damit können die bisherigen Überlegungen folgendermaßen formalisiert werden:

$$
V_e(w) = \frac{1}{1 + rdt} \Bigg(wdt + qdtV_u
$$
$$
+ (1 - qdt)\Bigg(\lambda_e dt \int\limits_{w}^{+\infty} (1 - \rho)V_e(\xi)dH(\xi) + \lambda_e dt\rho V_u(1 - H(w))
$$
$$
+ \lambda_e dtV_e(w)H(w) + (1 - \lambda_e dt)V_e(w) \Bigg)\Bigg)
$$

Formelbereich 49

Eine Umformung ergibt die folgende Gleichung zur Bewertung von Anstellungsverhältnissen:

$$
V_e(w) = \frac{1}{1 + rdt}\Bigg(wdt + qdtV_u + (1 - qdt)\Bigg(\lambda_e dt \int\limits_{w}^{+\infty} ((1 - \rho)V_e(\xi)
$$
$$
+ \rho V_u - V_e(w))dH(\xi) + V_e(w) \Bigg)\Bigg)
$$

Formelbereich 50

Wie sich zeigt, liegt ein Widerspruch zu den Annahmen aus dem Kapitel 3.2.2 vor. Generell werden nur diejenigen Anstellungsangebote angenommen, die das Einkommen und den erwarteten Nutzen erhöhen. Mit der Linearkombination bzw. dem Erwartungswert innerhalb des Integrals ist es jedoch möglich, dass Jobangebote zu einem geringeren erwarteten Nutzen führen, gleichwohl sich ihre Entlohnung oberhalb des jetzigen Arbeitsentgelts befindet. Aus diesem Grund ist das um einen Aufschlag bzw. eine Prämie erhöhte bisherige Arbeitsentgelt das relevante Entscheidungskriterium für einen Jobwechsel, sofern die Probezeit existiert.

Als vierte Erkenntnis der Modellerweiterung zeigt sich, dass die Differenz zwischen dem Gehalt, bei dem Lohnangebote angenommen werden, und dem gegenwärtigen Arbeitsentgelt umso größer ist, desto niedriger die monetären Ansprüche bei Arbeitslosigkeit sind.

ERKENNTNIS D
Wenn die Probezeit existiert, sinkt der Aufschlag bzw. die Prämie zwischen der Entlohnung, bei dem der Arbeitsplatz gewechselt wird, und dem aktuellen Gehalt, sofern sich die monetären Ansprüche bei Arbeitslosigkeit erhöhen:

$$\frac{\partial w_p}{\partial V_u} < 0$$

Formelbereich 51

Grundlage für den mathematischen Beweis der vierten Erkenntnis der Modellerweiterung ist das Spektrum an möglichen Ausprägungen des erwarteten Nutzens bei Arbeitslosigkeit, was folgendermaßen dargestellt werden kann:

$$V_u^{min} = 0 \Rightarrow (1 - \rho)V_e(w_p, V_u^{min}) = V_e(w, V_u^{min}) \Rightarrow w_p > w$$

$$V_u^{max} = V_e(w, V_u) \Rightarrow (1 - \rho)V_e(w_p, V_u^{max}) = (1 - \rho)V_e(w, V_u^{max}) \Rightarrow w_p = w$$

Formelbereich 52

Es kann festgehalten werden, dass der Lohnsatz, bei dem der Arbeitsplatz gewechselt wird, höher als das bislang gezahlte Arbeitsentgelt ist, sofern der erwartete Nutzen bei Arbeitslosigkeit Null ist. Nimmt der erwartete Nutzen bei Arbeitslosigkeit seinen Maximalwert an, d.h. den erwarteten Nutzen bei Beschäftigung, sind das kritische Gehalt und die jetzige Entlohnung deckungsgleich. Dies ist darauf zurückzuführen, dass in dieser Konstellation ein Arbeitsplatzverlust während der Probezeit den erwarteten Nutzen bei Beschäftigung nicht reduziert. Gegeben, dass das kritische Gehalt eine monotone Funktion des erwarteten Nutzens bei Arbeitslosigkeit ist, fällt das Gehalt, bei dem Lohnofferten angenommen werden, in dem erwarteten Nutzen bei Arbeitslosigkeit, wenn die Probezeit existent ist.

Des Weiteren ist der Aufschlag bzw. die Prämie zwischen dem Arbeitsentgelt, bei dem der Job gewechselt wird, und dem jetzigen Gehalt umso größer, je höher die Wahrscheinlichkeit ausfällt, während der Probezeit entlassen zu werden. Dies ist die fünfte Erkenntnis der Modellerweiterung.

ERKENNTNIS E
Unter der Existenz der Probezeit erhöht sich der Aufschlag bzw. die Prämie zwischen dem Gehalt, bei dem die Tätigkeit gewechselt wird, und dem aktuellen Lohnsatz mit der Wahrscheinlichkeit, während der Probezeit den Arbeitsplatz zu verlieren:

$$\frac{\partial w_p}{\partial \rho} > 0$$

Formelbereich 53

Für die mathematische Beweisführung wird das Spektrum an möglichen Ausprägungen der Wahrscheinlichkeit, während der Probezeit gekündigt zu werden, folgendermaßen genutzt:

$$\rho^{min} = 0 \Rightarrow V_e(w_p, V_u) = V_e(w, V_u) \Rightarrow w_p = w$$

$$\rho^{max} \rightarrow 1 \Rightarrow (1 - \rho^{max})V_e(w_p, V_u) + \rho^{max}V_u = V_e(w, V_u) \Rightarrow w_p > w$$

Formelbereich 54

Wie gezeigt wird, entspricht das Gehalt, bei dem die Tätigkeit gewechselt wird, dem bislang gezahlten Arbeitsentgelt, wenn die Wahrscheinlichkeit, innerhalb der Probezeit den Arbeitsplatz zu verlieren, ihren Minimalwert von Null annimmt. Konvergiert die Gefahr, während der Probezeit in Arbeitslosigkeit zu wechseln, gegen eins, ist der kritische Lohn höher als das Gehalt, das in dem jetzigen Tätigkeitsverhältnis erzielt wird. Vorausgesetzt, dass das kritische Gehalt eine monotone Funktion der Gefahr, während der Probezeit in Arbeitslosigkeit zu wechseln, ist, steigt das Arbeitsentgelt, bei dem Jobangebote angenommen werden, in der Wahrscheinlichkeit, den neuen Arbeitgeber während der Probezeit verlassen zu müssen, sofern die Probezeit existiert.

Um die Integration der Probezeit in das Suchmodell von Cahuc, Carcillo & Zylberberg (2014, 271–274) abzuschließen, ist die Bewertung von Beschäftigungsverhältnissen entsprechend zu ergänzen. Der Wert von Anstellungsverhältnissen unter der Existenz der Probezeit ist die sechste Erkenntnis der Modellerweiterung.

Deckungsgleich zu dem Suchmodell aus dem Kapitel 3.2.3.1 sind die linke Seite, d.h. die Opportunitätskosten aus einem Arbeitsverhältnis, und die ersten beiden Terme auf der rechten Seite. Hierzu gehören das Arbeitsentgelt und der erwartete Nutzenverlust aus einem Übergang von Beschäftigung in Arbeitslosigkeit. Der dritte Term auf der rechten Seite, d.h. die potenziellen Nutzengewinne aus der Jobsuche, sieht anders aus. Da Gehaltsofferten nur noch angenommen werden, wenn sie oberhalb des oben definierten Intervalls liegen, ist die untere Integralgrenze nicht mehr das gegenwärtige Arbeitsentgelt, sondern die obere Intervallgrenze. Hinzugekommen ist auch der erwartete Nutzen bei Arbeitslosigkeit innerhalb des dritten Terms auf der rechten Seite. Die Linearkombination bzw. der Erwartungswert des erwarteten Nutzens aus dem neuen Arbeitsplatz und des erwarteten Nutzens bei Arbeitslosigkeit ergibt den erwarteten Nutzen aus dem Wechsel des Arbeitsplatzes. Dies ist die sechste Erkenntnis der Modellerweiterung.

ERKENNTNIS F
Mit der Existenz der Probezeit sind zusätzlich, die Wahrscheinlichkeit,
während der Probezeit entlassen zu werden, und das Arbeitsentgelt, das
um einen Aufschlag bzw. eine Prämie erhöht ist, für den Wert aus einem
Tätigkeitsverhältnis von Relevanz:

$$rV_e(w, V_u) = w + q(V_u - V_e(w, V_u)) + \lambda_e \int_{w_p}^{\infty} ((1 - \rho)V_e(\xi, V_u) + \rho V_u - V_e(w, V_u))dH(\xi)$$

Formelbereich 55

Grundlage des mathematischen Nachweises ist der angepasste Formelbereich 49:

$$V_e(w, V_u) = \frac{1}{1 + rdt}\left(wdt + qdtV_u \right.$$

$$+ (1 - qdt)\left(\lambda_e dt \int_{w_p}^{+\infty} (1 - \rho)V_e(\xi, V_u)dH(\xi) + \lambda_e dt\rho V_u(1 - H(w_p)) \right.$$

$$\left. \left. + \lambda_e dtV_e(w, V_u)H(w_p) + (1 - \lambda_e dt)V_e(w, V_u) \right) \right)$$

Formelbereich 56

Nach einigen einfachen Umformungen ergibt sich die nachfolgende Beziehung:

$V_e(w, V_u) + rdtV_e(w, V_u)$

$$= wdt + qdtV_u + \lambda_e dt \int\limits_{w_p}^{+\infty} (1 - \rho)V_e(\xi, V_u)dH(\xi) + \lambda_e dt\rho V_u(1 - H(w_p))$$

$$+\lambda_e dtV_e(w, V_u)H(w_p) + V_e(w, V_u) - \lambda_e dtV_e(w, V_u)$$

$$-qdt\lambda_e dt \int\limits_{w_p}^{+\infty} (1 - \rho)V_e(\xi, V_u)dH(\xi) - qdt\lambda_e dt\rho V_u(1 - H(w_p))$$

$$-qdt\lambda_e dtV_e(w, V_u)H(w_p) - qdt V_e(w, V_u) + qdt\lambda_e dtV_e(w, V_u)$$

Formelbereich 57

Mit einer Division der beiden Seiten durch den betrachteten Zeitraum vereinfacht sich der Zusammenhang:

$$rV_e(w, V_u) = w + qV_u + \lambda_e \int\limits_{w_p}^{+\infty} (1 - \rho)V_e(\xi, V_u)dH(\xi) + \lambda_e\rho V_u(1 - H(w_p)) + \lambda_e V_e(w, V_u)H(w_p)$$

$$-\lambda_e V_e(w, V_u) - q\lambda_e dt \int\limits_{w_p}^{+\infty} (1 - \rho)V_e(\xi, V_u)dH(\xi) - q\lambda_e dt\rho V_u(1 - H(w_p))$$

$$-q\lambda_e dtV_e(w, V_u)H(w_p) - qV_e(w, V_u) + q\lambda_e dtV_e(w, V_u)$$

Formelbereich 58

Im nächsten Schritt wird der Grenzwert, wie es in der bestehenden Literatur üblich ist, angewendet, um einen kleinen Zeitraum zu betrachten:

$$\lim_{dt\to 0} rV_e(w, V_u) = \lim_{dt\to 0} w + qV_u + \lambda_e \int\limits_{w_p}^{+\infty} (1 - \rho)V_e(\xi, V_u)dH(\xi) + \lambda_e\rho V_u(1 - H(w_p))$$

$$+\lambda_e V_e(w, V_u)H(w_p) - \lambda_e V_e(w, V_u) - q\lambda_e dt \int\limits_{w_p}^{+\infty} (1 - \rho)V_e(\xi, V_u)dH(\xi)$$

$$-q\lambda_e dt\rho V_u(1 - H(w_p)) - q\lambda_e dtV_e(w, V_u)H(w_p) - qV_e(w, V_u) + q\lambda_e dtV_e(w, V_u)$$

$$= w + qV_u + \lambda_e \int\limits_{w_p}^{+\infty} (1 - \rho)V_e(\xi, V_u)dH(\xi) + \lambda_e\rho V_u(1 - H(w_p))$$

$$+\lambda_e V_e(w, V_u)H(w_p) - \lambda_e V_e(w, V_u) - qV_e(w, V_u)$$

Formelbereich 59

Eine Umformung ergibt letztlich die folgende Beziehung:

$$rV_e(w, V_u) = w + q(V_u - V_e(w, V_u)) + \lambda_e \int\limits_{w_p}^{\infty} ((1 - \rho)V_e(\xi, V_u) + \rho V_u - V_e(w, V_u))dH(\xi)$$

Formelbereich 60

Im nächsten Schritt können die Suchbemühungen, ein Arbeitsverhältnis zu finden, endogenisiert und die Kosten aus der Jobsuche aufgenommen werden (Cahuc, Carrillo und Zylberberg 2014, 273–274):

$$rV_e(w, V_u) = w + q(V_u - V_e(w, V_u)) + e_e\alpha \int\limits_{w_p}^{\infty} ((1-\rho)V_e(\xi, V_u) + \rho V_u - V_e(w, V_u))dH(\xi) - \phi(e_e)$$

Formelbereich 61

Die Bedingung erster Ordnung der Optimierung nach der Intensität während der Jobsuche ergibt die nachfolgende Identität:

$$\frac{\partial \phi(e_e)}{\partial e_e} = \alpha \int\limits_{w_p}^{\infty} ((1-\rho)V_e(\xi, V_u) + \rho V_u - V_e(w, V_u))dH(\xi)$$

Formelbereich 62

Aber wie verändern sich die optimalen Suchbemühungen, einen Job zu finden, wenn die erwarteten finanziellen Ansprüche bei Arbeitslosigkeit, verändert werden. Diese können aus der Arbeitslosenversicherung oder den Wohlfahrtsleistungen entstammen.

Die siebte Erkenntnis der Modellerweiterung steht im klaren Widerspruch dazu, was in den Kapiteln 3.2.1 bis 3.2.3.3, d.h. dem gegenwärtigen Forschungsstand der Suchtheorie, gezeigt wird. Es ist so, dass die finanziellen Unterstützungen bei Arbeitslosigkeit für Arbeitnehmer relevant sind, um die Suchanstrengungen, eine Tätigkeit zu finden, auszuwählen, sofern die Risiken aus einem Wechsel des Arbeitsplatzes, die aufgrund der Probezeit entstehen, existent sind. Im Grundsatz kann ein positiver Zusammenhang bewiesen werden, so dass die Suchintensität nach einem Arbeitsplatz mit der Höhe der monetären Leistungen bei Arbeitslosigkeit zunimmt.

ERKENNTNIS G
Existiert die Probezeit, so sind die Suchanstrengungen nach einer Arbeitsstelle umso größer, desto höher die finanziellen Ansprüche bei Arbeitslosigkeit ausfallen:

$$\frac{\partial e_e}{\partial V_u} > 0$$

Formelbereich 63

Es folgt die mathematische Beweisführung. Zur Vereinfachung wird der erwartete Nutzen bei Arbeitslosigkeit den Überlegungen zu Grunde gelegt. Generell gilt, dass der erwartete Nutzen bei Arbeitslosigkeit umso höher ist, desto umfangreicher die finanziellen Leistungen während der Arbeitslosigkeit sind, sei es aus der Arbeitslosenversicherung oder den Wohlfahrtsleistungen. Auch eine Senkung des Betrags, um den das Arbeitslosengeld oder die Wohlfahrtsleistung bei Sanktionierung gekürzt wird, oder eine weniger strikte Auslegung von Sanktionen, kann die monetären Unterstützungen bei Arbeitslosigkeit ansteigen lassen.

Um den Einfluss einer Variation des erwarteten Nutzens bei Arbeitslosigkeit auf die nutzenmaximierende Auswahl der Suchintensität nach einem Job zu identifizieren, wird das Implizite Funktionen Theorem operationalisiert, das folgendermaßen dargestellt werden kann:

$$g(x, y) = 0$$

$$\frac{\partial x}{\partial y} = -\frac{\frac{\partial g(x,y)}{\partial y}}{\frac{\partial g(x,y)}{\partial x}}$$

Formelbereich 64

Die nachfolgende implizite Funktion ist die Grundlage für die Anwendung des Impliziten Funktionen Theorems:

$$\alpha \int_{w_p}^{\infty} ((1-\rho)V_e(\xi, V_u) + \rho V_u - V_e(w, V_u))dH(\xi) - \frac{\partial \phi(e_e)}{\partial e_e} = 0$$

Formelbereich 65

Des Weiteren wird auch die Leibniz Regel für Parameterintegrale benötigt, die nachfolgend dargestellt ist (Keuschnigg 2005, 455):

$$\frac{d}{dx} \int_{a(x)}^{b(x)} f(x,y)dy = f(x, b(x))\frac{d}{dy}b(x) - f(x, a(x))\frac{d}{dx}a(x) + \int_{a(x)}^{b(x)} \frac{\partial f(x, y)}{\partial x}dy$$

Formelbereich 66

Angewendet auf die obige Funktion kann der folgende Zusammenhang festgehalten werden:

$$\frac{\partial e_e}{\partial V_u} = - \frac{1}{-\frac{\partial^2 \phi(e_e)}{\partial e_e^2}} \left(-\alpha((1-\rho)V_e(\xi, V_u) + \rho V_u - V_e(w, V_u))\frac{\partial w_p}{\partial V_u} \right.$$

$$\left. + \alpha \int\limits_{w_p}^{\infty} ((1-\rho)\frac{\partial V_e(\xi, V_u)}{\partial V_u} + \rho - \frac{\partial V_e(w, V_u)}{\partial V_u})dH(\xi) \right)$$

Formelbereich 67

Ist der Nenner eindeutig kleiner als Null, sind die beiden Summanden des Zählers einzeln zu betrachten, um das Vorzeichen des Zählers zu bestimmen. Das Vorzeichen des ersten Summanden des Zählers wird durch die Bedingung erster Ordnung der Lohnschwelle, ab der Gehaltsofferten akzeptiert werden, nach dem erwarteten Nutzen bei Arbeitslosigkeit determiniert. Wie oben gezeigt wird, ist die Bedingung erster Ordnung des Gehalts, bei dem Lohnangebote akzeptiert werden, nach dem erwarteten Nutzen bei Arbeitslosigkeit negativ. Deshalb ist der erste Summand des Zählers positiv.

Zweitens geht es um das Vorzeichen des zweiten Summanden des Zählers. Der Ausdruck innerhalb des Integrals ist die Bedingung erster Ordnung des erwarteten Nutzengewinns aus einem Stellenwechsel nach dem erwarteten Nutzen bei Arbeitslosigkeit. Hierzu eine qualitative Überlegung.

Eine Zunahme des erwarteten Nutzens bei Arbeitslosigkeit reduziert den erwarteten Nutzenverlust aus einem Übergang in Arbeitslosigkeit innerhalb der Probezeit nach einem Stellenwechsel. Der erwartete Nutzengewinn aus einem Jobwechsel steigt dementsprechend. Die Bedingung erster Ordnung des erwarteten Nutzengewinns aus einem Arbeitsplatzwechsel nach dem erwarteten Nutzen bei Arbeitslosigkeit ist demnach positiv.

Damit ist der Zähler im Formelbereich 67 größer als Null. Deshalb steigen die Anstrengungen während der Stellensuche in dem erwarteten Nutzen bei Arbeitslosigkeit, sofern die Probezeit existent ist.

Die Endogenisierung der Wahrscheinlichkeit, während der Probezeit arbeitslos zu werden, ist der Abschluss dieses Kapitels. Grundsätzlich ist anzunehmen, dass die Gefahr, während der Probezeit durch den Arbeitgeber gekündigt zu werden, durch zwei Faktoren bestimmt wird.

Hierzu zählt einerseits die persönliche Arbeitsfähigkeit. Unter der persönlichen Arbeitsfähigkeit werden die Fähigkeiten, die Kompetenzen, das Wissen sowie die Erfahrungen der Menschen erfasst. Andererseits ist die generelle Unternehmenslage, bspw. die kurzfristige Auslastung der betrieblichen

Produktionsstätten, ein relevanter Faktor dafür, die Probezeit erfolgreich meistern zu können.

Es wird eine negativ lineare Beziehung unterstellt. Dies bedeutet, dass die Wahrscheinlichkeit, während der Probezeit den Job zu verlieren, umso niedriger ausfällt, je höher die Fähigkeiten, die Kompetenzen, das Wissen sowie die Erfahrungen des Einzelnen sind. Das Gleiche gilt für die generelle Unternehmenslage. Umso schlechter die kurzfristige betriebliche Auslastung ist, umso größer vermag das Risiko für Beschäftigte sein, während der Probezeit ihren Arbeitgeber verlassen zu müssen.

Die Überlegungen können folgendermaßen formalisiert werden:

$$\rho = \frac{1}{\gamma \delta}$$

γ: *Persönliche Arbeitsfähigkeit*
δ: *Unternehmenslage für Beschäftigte*

Formelbereich 68

Für die Bewertung eines Arbeitsverhältnisses gilt somit die nachfolgende Beziehung:

$$rV_e(w, V_u) = w + q(V_u - V_e(w, V_u)) + e_e\alpha \int\limits_{w_p}^{\infty} ((1 - \frac{1}{\gamma\delta})V_e(\xi, V_u)$$

$$+ \frac{1}{\gamma\delta}V_u - V_e(w, V_u))dH(\xi) - \phi(e_e)$$

Formelbereich 69

Die Bedingung erster Ordnung der Optimierung nach der Suchintensität für einen Arbeitsplatz kann entsprechend gebildet werden:

$$\frac{\partial \phi(e_e)}{\partial e_e} = \alpha \int\limits_{w_p}^{\infty} ((1 - \frac{1}{\gamma\delta})V_e(\xi, V_u) + \frac{1}{\gamma\delta}V_u - V_e(w, V_u))dH(\xi)$$

Formelbereich 70

Im Grundsatz ist dasselbe Ergebnis zu beobachten wie vor der Endogenisierung der Wahrscheinlichkeit, während der Probezeit die Arbeitsstelle zu verlieren. Der Unterschied besteht darin, dass für den exogenen Parameter, während der Probezeit in Arbeitslosigkeit zu wechseln, die persönliche Arbeitsfähigkeit sowie die generelle Unternehmenslage in der Bedingung erster Ordnung der Optimierung enthalten sind.

Ferner ist an dieser Stelle zu fragen, wie sich die optimale Auswahl der Suchbemühungen nach einem Job ändern, wenn die persönliche Arbeitsfähigkeit variiert wird. Gleichermaßen kann die generelle Unternehmenslage den Überlegungen zu Grunde gelegt werden.

Es gelten die folgenden beiden Erkenntnisse der Modellerweiterung. Mit den Fähigkeiten, den Kompetenzen, dem Wissen sowie den Erfahrungen der Entscheidungsträger steigt das Anstrengungsniveau, eine Arbeitsstelle ausfindig zu machen, an. Für die generelle Unternehmenslage kann dasselbe Modellergebnis gezeigt werden.

ERKENNTNIS H

Wenn die Probezeit existiert, steigen die Suchanstrengungen nach einem Arbeitsplatz in der persönlichen Arbeitsfähigkeit:

$$\frac{\partial e_e}{\partial \gamma} > 0$$

ERKENNTNIS I

Ist die Probezeit existent, erhöhen sich die Suchbemühungen nach einer Tätigkeit in der generellen Unternehmenslage:

$$\frac{\partial e_e}{\partial \delta} > 0$$

Formelbereich 71

Der mathematische Beweis wird beispielhaft für die persönliche Arbeitsfähigkeit dargelegt, wobei die Grundlage die nachfolgende implizite Funktion ist:

$$\alpha \int_{w_p}^{\infty} ((1 - \frac{1}{\gamma\delta})V_e(\xi, V_u) + \frac{1}{\gamma\delta}V_u - V_e(w, V_u))dH(\xi) - \frac{\partial \phi(e_e)}{\partial e_e} = 0$$

Formelbereich 72

Mit dem Impliziten Funktionen Theorem und der Leibniz Regel für Parameterintegrale kann die Bedingung erster Ordnung der Anstrengungen im Rahmen der Suche nach einer Arbeitsstelle nach den Fähigkeiten, den Kompetenzen, dem Wissen und den Erfahrungen der Entscheidungsträger nachfolgend gebildet werden.

$$\frac{\partial e_e}{\partial \gamma} = -\frac{1}{-\frac{\partial^2 \phi(e_e)}{\partial e_e^2}}\left(-\alpha\left(\left(1-\frac{1}{\gamma\delta}\right)V_e(\xi, V_u) + \frac{1}{\gamma\delta}V_u - V_e(w, V_u)\right)\frac{\partial w_p}{\partial \gamma}\right.$$

$$\left.+\alpha\int_{w_p}^{\infty}\frac{1}{\gamma^2\delta}(V_e(\xi, V_u) - V_u)dH(\xi)\right)$$

Formelbereich 73

Ist der Nenner eindeutig kleiner als Null, so sind für die Bestimmung des Vorzeichens des Zählers weitere Überlegungen notwendig. Entscheidend ist, welches Vorzeichen die Bedingung erster Ordnung der oberen Grenze des Gehaltsintervalls, in dem keine Entgeltangebote akzeptiert werden, wenngleich sie über dem gegenwärtig erzielten Lohn liegen, nach der persönlichen Arbeitsfähigkeit hat.

Wie oben gezeigt wird, ist die Gehaltsschwelle, bei der Lohnangebote angenommen werden, umso größer, desto höher die Wahrscheinlichkeit ist, während der Probezeit entlassen zu werden. Für die persönliche Arbeitsfähigkeit bedeutet dies, dass ein negativer Zusammenhang zur Gehaltsgrenze, bei der Jobangebote angenommen werden, besteht. Aus diesem Grund kann für den Zähler im Formelbereich 73 festgehalten werden, dass er größer als Null ist.

3.3 Zu dem Zwischenergebnis der Untersuchung

Als Zwischenergebnis ist zuerst festzuhalten, dass das klassische Arbeitsmarktmodell nicht geeignet ist, um theoretische Implikationen für die Entstehung selbstgewählter beruflicher Mobilitätsbewegungen zu identifizieren. Dies ist einerseits darauf zurückzuführen, dass im Gleichgewicht auf dem Arbeitsmarkt keine Stellenwechsel zu beobachten sind. Andererseits ist die Entstehung eigenmotivierter Mobilität am Arbeitsmarkt außerhalb des Arbeitsmarktgleichgewichts in dem Sinne exogen gegeben, dass sie das Ergebnis sehr strikter Annahmen darstellt, ohne deren Existenz endogen zu erklären. Hierzu zählen die Homogenität der Arbeitsplätze, die vollkommene Mobilitätsbereitschaft der Arbeitnehmer, die fehlenden Mobilitätskosten, der vollkommene Wettbewerb, die sofortige Lohnanpassung sowie die umfassende und mit keinen Kosten verbundene Markttransparenz.

Um das Verhalten und die Entscheidungsbildung von Jobsuchenden jenseits der restriktiven Annahmen des klassischen Arbeitsmarktmodells zu untersuchen, wird die Suchtheorie den weiteren Überlegungen zu Grunde gelegt. Im Kern wird die Annahme der vollkommenen Markttransparenz dahingehend gelockert, dass Arbeitnehmer nur unzureichende Informationen haben, welche

Lohnsätze bei anderen Arbeitgebern gezahlt werden. Arbeitsstellen sind auch in dem Sinne heterogen, dass sie sich hinsichtlich ihrer Entlohnung voneinander unterscheiden können. Jedoch ist die Informationsbeschaffung zu den Gehältern bei anderen Betrieben mit Kosten verbunden.

Beschränken sich die ersten Überlegungen zur Suchtheorie darauf, dass Individuen arbeitslos sein müssen, damit sie auf der Suche nach einem Tätigkeitsverhältnis sein können, so existieren zahlreiche Modellerweiterungen, die auch die Jobsuche von Beschäftigten berücksichtigen. Damit gibt es fortan zwei Gruppen von Jobsuchenden: Die Arbeitslosen und die Arbeitnehmer.

Werden zunächst die Kosten aus der Jobsuche vernachlässigt, so kann die optimale Suchstrategie nach Arbeitsstellen durch die Beschäftigten folgendermaßen zusammengefasst werden. Sofern Beschäftigte ein Jobangebot bekommen, ist ein Stellenwechsel immer zu beobachten, wenn der erwartete Nutzen aus dem angebotenen Arbeitsverhältnis höher ist als bei der gegenwärtigen Tätigkeit. Damit dies gewährleistet ist, muss die offerierte Entlohnung aus dem Beschäftigungsangebot mindestens dem gegenwärtig erzielten Gehalt entsprechen.

Ist das Gegenteil der Fall, d.h., dass der offerierte Lohnsatz unterhalb des Arbeitsentgelts aus dem gegenwärtigen Beschäftigungsverhältnis liegt, so wird die Jobsuche durch Beschäftigte nach einer Arbeitsstelle fortgesetzt. Damit sind Arbeitnehmer laufend auf der Suche nach einem Anstellungsverhältnis, ganz gleich, ob sie gerade erst ihren Arbeitsplatz gewechselt haben oder aber langjährig bei ihrem Arbeitgeber angestellt sind.

Mit der Endogenisierung der Suchintensität als eine in der bestehenden Literatur diskutierten Modellerweiterung wird die Wahrscheinlichkeit, Beschäftigungsangebote zu bekommen, im Suchmodell bestimmt. Es gilt, dass sie in den Anstrengungen der Jobsuche linear steigend ist. Auch die Kosten aus den Suchanstrengungen nach einer Arbeitsstelle werden in das Suchmodell aufgenommen. Es wird unterstellt, dass die Suchkosten nach einer Anstellung umso höher sind, je intensiver die Suchintensität, eine Tätigkeit zu finden, ausfällt.

Damit stehen Arbeitnehmer vor dem Entscheidungsproblem, ein Niveau an Bemühungen im Rahmen der Suche nach Arbeitsstellen auszuwählen. Als Entscheidungsregel zur nutzenmaximierenden Wahl der Suchintensität nach einem Job gilt, dass der zusätzliche erwartete Nutzen in Form von Nutzensteigerungen nach einem Arbeitgeberwechsel den zusätzlichen Kosten in Gestalt marginaler Kosten aus einer intensiveren Stellensuche entsprechen muss. Bei niedrigeren Suchanstrengungen nach einer Tätigkeit übersteigen die zusätzlichen Erträge die marginalen Aufwendungen aus einer Ausdehnung der Arbeitsplatzsuche.

Eine Änderung der Höhe des Arbeitslosengeldes hat indes keine Auswirkungen auf die optimale Wahl der Anstrengungen während der Jobsuche durch die Beschäftigten, im Gegensatz zu den Arbeitslosen. Dies ist darauf zurückzuführen, dass dieser Modellerweiterung die Annahme zu Grunde liegt, dass die Wahl der Intensität der Stellensuche keinen Einfluss auf die Wahrscheinlichkeit, von Beschäftigung in Arbeitslosigkeit zu wechseln, hat. Das Gleiche ist zu beobachten, wenn die Möglichkeit, während der Arbeitslosigkeit in Form einer Kürzung des Arbeitslosengeldes sanktioniert zu werden, im Suchmodell aufgenommen wird.

Kernstück dieses Kapitels ist die Entwicklung einer Modellerweiterung, bei der die Risiken aus einem Stellenwechsel, die auf die Probezeit zurückzuführen sind, in das Entscheidungsproblem der Arbeitnehmer aufgenommen wird. Dies beruht auf der Tatsache, dass während der Probezeit, die normalerweise zu Beginn jeder neuen Tätigkeit auftritt und auf maximal sechs Monate beschränkt ist, eine niedrigere arbeitgeberseitige Kündigungsschwelle besteht.

Mathematisch wird die Probezeit in das Suchmodell derart integriert, dass sich der erwartete Nutzen nach einem Stellenwechsel aus der Linearkombination bzw. dem Erwartungswert des erwarteten Nutzens der angebotenen Tätigkeit und dem erwarteten Nutzen bei Arbeitslosigkeit ergibt. Die exogene Wahrscheinlichkeit, während der Probezeit arbeitslos zu werden, bzw. deren Gegenwahrscheinlichkeit sind die Gewichte des erwarteten Nutzens innerhalb der Linearkombination bzw. dem Erwartungswert. Mit der persönlichen Arbeitsfähigkeit, d.h. den Fähigkeiten, den Kompetenzen, dem Wissen und den Erfahrungen der Arbeitnehmer, sowie der generellen Unternehmenslage, d.h. der Auslastung des Arbeitgebers, von dem die Gehaltsofferte stammt, wird die Gefahr, während der Probezeit in Arbeitslosigkeit zu wechseln, in einem zweiten Schritt endogenisiert.

Es wird gezeigt, dass die Entscheidungsregel der Arbeitnehmer, eine Lohnofferte zu akzeptieren, mit der Integration der Probezeit in das Suchmodell anzupassen ist. Nicht mehr die Entlohnung aus dem gegenwärtigen Arbeitsverhältnis, sondern ein Gehalt, das oberhalb dessen liegt, ist die Grenze, ab der Beschäftigte ein Jobangebot akzeptieren. Intuitiv ist dies darauf zurückzuführen, dass Arbeitnehmer für die Risiken aus dem Stellenwechsel, die auf die Probezeit zurückzuführen sind, eine zusätzliche Entlohnung einfordern.

Ferner sind zwei Ergebnisse aus der Modellerweiterung festzuhalten. Erstens sind die Implikationen aus dem aktuellen Forschungsstand der Suchtheorie, dass die Höhe der finanziellen Leistungen bei Arbeitslosigkeit, hierzu gehören das Arbeitslosengeld, der potenzielle Sanktionsbetrag sowie die Wahrscheinlichkeit, sanktioniert zu werden, einen Einfluss auf die optimale Auswahl der

Suchintensität, eine Stelle ausfindig zu machen, durch die Arbeitnehmer hat. Grundsätzlich gilt, dass je höher die monetären Leistungen bei Arbeitslosigkeit sind, desto intensiver werden Beschäftigte nach einem Tätigkeitsverhältnis suchen.

Das zweite Ergebnis der Modellerweiterung bezieht sich darauf, dass die persönliche Arbeitsfähigkeit eine positive Wirkung auf die Suchbemühungen, eine Tätigkeit zu finden, hat. Anders ausgedrückt: Je höher die persönliche Arbeitsfähigkeit ist, desto besser können Beschäftigte die Konsequenzen aus dem Stellenwechsel bewältigen und desto geringer sind die Risiken, die aus dem Jobwechsel entstehen, so dass eine höhere Suchintensität, eine Tätigkeit ausfindig zu machen, als optimal anzusehen ist. Das Gleiche kann für die generelle Unternehmenslage beobachtet werden.

4 Die Sozial- und die Arbeitsmarktpolitik in der moral-philosophischen Theorie

4.1 Ein Referenzrahmen staatlicher Reformmaßnahmen zur Förderung eigenmotivierter beruflicher Mobilität

Die erste theoretische Grundlage zur Analyse, in welchem Umfang Staatseingriffe im Rahmen der Sozial- und der Arbeitsmarktpolitik gerechtfertigt sind, um die selbstgewählte berufliche Mobilität zu fördern, ist die Theorie der Verantwortungsethik. Im Kern geht es bei der Theorie der Verantwortungsethik darum, anhand rationaler Prinzipien zu bestimmen, welcher Marktakteur, d.h. die Gemeinschaft oder das Individuum, die Konsequenzen aus persönlichen Entscheidungen zu tragen hat (G. Schmid 2008, 16–19, Endreß 2014, 52–54).

Bereits im Verlauf des 19. Jahrhunderts sind Beiträge darüber, welches Ausmaß an Verantwortung, Individuen für ihre Handlungen zu übernehmen haben und unter welchen Bedingungen die Gesellschaft einzutreten hat, in den Vordergrund moral-philosophischer Diskussionen gerückt worden. Durch die Arbeiten von Max Weber in den Jahren nach dem Ersten Weltkrieg sind die Diskussionen zur persönlichen Verantwortung über eigene Entscheidungsfolgen maßgeblich geprägt worden (Bayer und Mordt 2008, 161–164).

Die ethisch-moralischen Überlegungen über den Umfang individueller Verantwortung, die vor den Beiträgen Max Webers entstanden sind, beruhen auf der Ansicht, dass Menschen nicht für die Folgen ihrer Handlungen verantwortlich gemacht werden können, sondern nur für die Einstellungen und die Motive, die in die Entscheidungssituation eingeflossen sind. Nach Aristoteles werden gute Handlungen von guten Personen getätigt, ohne an dieser Stelle auf die Eigenschaften guter Menschen näher einzugehen (Aristoteles 1791, 343–347, Rommerskirchen 2013, 29–33). Auch Kant hat in diese Richtung argumentiert. Der gute Wille ist ausschlaggebend für gute moralische Handlungen, ohne dies weiter zu spezifizieren (Kant 1785, 7–8, Rommerskirchen 2015, 110–112).

Die Problematik der bestehenden ethisch-moralischen Denkweisen und Richtungen fasst Max Weber folgendermaßen zusammen (Weber 1919, 594):

> „Keine Ethik der Welt kommt um die Tatsache herum, dass die Erreichung guter Zwecke in zahlreichen Fällen daran gebunden ist, dass man sittlich bedenkliche oder mindestens gefährliche Mittel und die Möglichkeit oder auch die Wahrscheinlichkeit übler Nebenerfolge mit in den Kauf nimmt, und keine Ethik der Welt kann ergeben wann

und in welchem Umfang der ethisch gute Zweck die ethisch gefährlichen Mittel und Nebenerfolge heiligt."

Mit dieser Grundlage hat Max Weber die Konzepte der Verantwortungs- und der Gesinnungsethik entwickelt. Die Gesinnungsethik entspricht in groben Zügen dem, was bis zu Max Weber das dominierende Meinungsbild zur Verantwortung des Einzelnen bei persönlichen Entscheidungen gewesen ist.

Die Gegensätze der Verantwortungs- und der Gesinnungsethik sind folgendermaßen beschrieben worden (Weber 1922, 467):

> „Auf dem Gebiet des persönlichen Handelns gibt es ganz spezifisch ethische Grundprobleme, welche die Ethik aus eigenen Voraussetzungen nicht austragen kann. Dahin gehört vor allem die Grundfrage, ob der Eigenwert des ethischen Handelns - der reine Wille oder die Gesinnung, pflegt man das auszudrücken - allein zu seiner Rechtfertigung genügen soll, nach der Maxime: der Christ handelt recht und stellt den Erfolg Gott anheim, wie christliche Ethiker sie formuliert haben. Oder ob die Verantwortung für die als möglich oder wahrscheinlich vorauszusehenden Folgen des Handelns, wie sie dessen Verflochtenheit in die ethisch irrationale Welt bedingt, mit in Betracht zu ziehen ist."

Gilt die Verantwortungsethik, so können Menschen für die Konsequenzen ihrer Handlungen verantwortlich gemacht werden, sofern sie zum Entscheidungszeitpunkt Kenntnis über die möglichen Folgen gehabt haben, ganz gleich auf welcher Motivlage die Entscheidungsbildung beruht hat. Die Gesinnungsethik sieht den Einzelnen nur für die reinen Motive, die ausschlaggebend für die Entscheidung gewesen sind, verantwortlich, nicht aber für die Handlungskonsequenzen (Spaemann 2001, 218, Kaschube 2006, 25–26).

Generell hat Max Weber die Verantwortungsethik als die dominierende Moralvorstellung für die Politik angesehen. Er hat dies damit begründet, dass im politischen Bereich das Ergebnis wichtiger als die Moralvorstellungen der politischen Entscheidungsträger bzw. der gesetzgebenden Institutionen ist (Schulz 1979, 187, Fischer, et al. 2008, 429–430, Seeger 2010, 228, Schönherr-Mann 2015, 196).

Dass sich die Gestaltung der Sozial- und der Arbeitsmarktpolitik an der Verantwortungsethik zu orientieren hat, bedeutet im Kontext von beruflicher Mobilität, dass Arbeitnehmer immer für die Risiken aus den beruflichen Mobilitätsprozessen einzustehen haben, wenn sie das Ergebnis der persönlichen Motivation sind. Umgekehrt heißt es aber auch, dass Menschen nicht für die Risiken aus beruflichen Mobilitätsbewegungen verantwortlich gemacht werden können, zu denen sie durch äußere Einflüsse gewissermaßen gedrängt worden sind und die nicht auf die eigene Motivation zurückzuführen sind.

Aus der Perspektive der Theorie der Verantwortungsethik ist die Risikoursache damit das entscheidende Kriterium, wenn es darum geht, welcher Marktakteur die Konsequenzen aus beruflichen Mobilitätsbewegungen zu tragen hat. Das impliziert, dass ein Eingriff des Staates durch eine Veränderung sozial- und arbeitsmarktpolitischer Regelungen zur Förderung von selbstgewählter Mobilität am Arbeitsmarkt nach verantwortungsethischen Richtlinien als nicht gerechtfertigt anzusehen ist. Da die eigenmotivierten beruflichen Wechsel aus der persönlichen Motivation der Entscheidungsträger heraus entstehen, sind auch die Arbeitnehmer für die Risikobewältigung verantwortlich und eben nicht die Gesellschaft.

Die zweite theoretische Grundlage für die Fragestellung, in welchem Umfang Staatseingriffe innerhalb der Sozial- und der Arbeitsmarktpolitik gerechtfertigt sind, um die eigenmotivierte berufliche Mobilität zu steigern, ist die sozialliberale Gerechtigkeitstheorie. Ebenso wie bei der Theorie der Verantwortungsethik steht die Ableitung rationaler Prinzipien im Vordergrund, um zu bestimmen, ob das Individuum oder die Gemeinschaft, die Konsequenzen aus persönlichen Entscheidungen zu übernehmen hat.

Die sozialliberale Gerechtigkeitstheorie ist maßgeblich von John Rawls (1993) und Amartya Sen (2000) geprägt worden. Im Kern sind dem Bereich der sozialliberalen Gerechtigkeitstheorien, Überlegungen zuzuordnen, bei denen Menschen für die Bewältigung der Folgen eigener Entscheidungen verantwortlich sind, eine Unterstützung des Einzelnen jedoch durch Umverteilungsinstrumente erfolgt. Generell sollen Individuen dazu befähigt werden, die Konsequenzen ihrer Handlungen effizienter, möglicherweise auch effektiver, bewältigen zu können, ohne dass die Gemeinschaft für die Entscheidungskonsequenzen vollumfänglich einzutreten hat (Merkel 2001, 137–140, Merkel 2007, 4). Die beiden dominierenden sozialliberalen Gerechtigkeitsansätze von John Rawls (1993) bzw. Amartya Sen (2000) sind hier näher zu betrachten.

Grundlage der Überlegungen von John Rawls ist der Urzustand, in dem Gerechtigkeitsgrundsätze festzulegen sind, die die Basis für das gesellschaftliche Zusammenleben im Allgemeinen und die Verfassung und die einzelnen Gesetze im Speziellen darstellen. Der Urzustand kann anhand von fünf Eigenschaften charakterisiert werden. Hierzu gehören die Gleichheit, die Neutralität, die Verbindlichkeit, der Schleier des Nichtwissens und die Anerkennung von Grundgütern der Gesellschaft (Pogge 1971, 61–67, Höffe 2013, 162–164).

Der Gleichheitsgrundsatz sagt aus, dass jedes Individuum bei der Auswahl von Gerechtigkeitsgrundsätzen die gleichen Rechte hat. Es gibt keine Gesellschaftsmitglieder, denen eine stärkere Mitbestimmung bei der Festlegung auf Gerechtigkeitsgrundsätze eingeräumt wird.

Auch verhalten sich die Mitglieder der Gesellschaft untereinander neutral. Es ist nicht möglich, dass einzelne Entscheidungsträger andere Mitglieder der Gesellschaft bevorzugen oder benachteiligen.

Die Verbindlichkeit bezieht sich darauf, dass die gewählten Gerechtigkeitsgrundsätze von jeder Person eingehalten werden. Dies ist selbst dann der Fall, wenn Individuen gegen einzelne Vorgaben gestimmt haben.

Der Schleier des Nichtwissens bedeutet, dass keiner der Entscheidungsträger Kenntnis darüber besitzt, welche gesellschaftliche Position bei Geltung der beschlossenen Gerechtigkeitsgrundsätze eingenommen wird. Generell ist es möglich, dass jedes Gesellschaftsmitglied auf jeder verfügbaren Gesellschaftsposition nach der Umsetzung der Gerechtigkeitsgrundsätze wiedergefunden werden kann.

Die Anerkennung der gesellschaftlichen Grundgüter durch alle Individuen ist die letzte Eigenschaft des Urzustandes. Zu den Grundgütern einer Gesellschaft werden Rechte, Freiheiten, Einkommen und Vermögen zugeordnet (Leschke 1995, 78–79, Müller-Plantenberg 2000, 611–614).

Das Entscheidungsproblem der Menschen im Urzustand ist darauf festgelegt, dass jedes Individuum diejenigen Gerechtigkeitsgrundsätze auswählt, bei denen die persönlichen Interessen am besten gefördert werden und die auf eine breite Zustimmung bei den restlichen Gesellschaftsmitgliedern stößt. John Rawls ist hierbei zu der Erkenntnis gekommen, dass das Entscheidungsproblem nur anhand von zwei Gerechtigkeitsgrundsätzen zu lösen ist.

Dies wird folgendermaßen beschrieben (Rawls 1999, 140–150, 266):

„First principle: Each person is to have an equal right to the most extensive total system of equal basic liberties compatible with a similar system of liberty for all.

Second Principle: Social and economic inequalities are to be arranged so that they are both:

(a) to the greatest benefit of the least advantaged, consistent with the just savings principle, and

(b) attached to offices and positions open to all under conditions of fair equality of opportunity.

First priority rule (the priority of liberty): The principles of justice are to be ranked in lexical order and therefore the basic liberties can be restricted only for the sake of liberty. There are two cases:

(a) a less extensive liberty must strengthen the total system of liberties shared by all;

(b) a less than equal liberty must be acceptable to those with the lesser liberty.

Second priority rule (the priority of justice over efficiency and welfare): The second principle of justice is lexically prior to the principle of efficiency and to that of maximizing the sum of advantages; and fair opportunity is prior to the difference principle. There are two cases:

(a) an inequality of opportunity must enhance the opportunities of those with the lesser opportunity;
(b) an excessive rate of saving must on balance mitigate the burden of those bearing this hardship."

Ein näherer Blick wird an dieser Stelle auf die beiden Gerechtigkeitsgrundsätze gerichtet. Der erste Gerechtigkeitsgrundsatz bezieht sich auf die Rolle der Institutionen. Im Kern geht es hierbei um einen gerechten Staat, d.h., dass alle Freiheiten und Rechte für jeden Bürger gleichermaßen zu gewährleisten sind. Eine ungleiche Verteilung ist nur gerechtfertigt, gemäß dem zweiten Gerechtigkeitsgrundsatz, wenn sie für jedes Individuum vorteilhaft ist. Dies bedeutet, dass auch der am schlechtesten gestellte Entscheidungsträger hiervon profitiert (Neumann 2015, 222–224).

Ähnlich zu den Überlegungen von John Rawls ist der Befähigungsansatz von Amartya Sen gestaltet. Grundlage ist die Fragestellung, welche Faktoren dazu führen, dass sich Menschen in dem Sinne verwirklichen, ihren Lebensverlauf nach den eigenen Plänen zu gestalten. Im Rahmen dessen werden durch den Autor zwei Kategorien differenziert: Individuelle Potenziale und gesellschaftliche Chancen bzw. instrumentelle Freiheiten (Arndt, et al. 2006, 8).

Zu den individuellen Potenzialen gehören finanzielle, d.h. Einkommen und Vermögen, sowie nicht monetäre Faktoren. Letztere umfassen u.a. die Gesundheit, den Bildungsstand, das Geschlecht oder das Alter.

In welchem Umfang die persönlichen Potenziale durch die Gesellschaft vermindert oder verbessert werden können, hängt von den instrumentellen Freiheiten ab. Hierzu gehören soziale und ökonomische Chancen, soziale und ökologische Schutznormen sowie politische Chancen.

Unter den sozialen Chancen wird der angemessene Zugang zum Gesundheitssektor, dem Bildungsbereich und dem Immobiliensektor subsumiert. Die ökonomischen Chancen beziehen sich auf die Fähigkeit der Individuen, den persönlichen Konsum von Gütern und Dienstleistungen mit eigenen Mitteln bestreiten zu können.

Zum sozialen Schutz zählen die Institutionen, die darauf abzielen, das Individuum vor sozialen Risiken abzusichern. Als Beispiele sind Krankheiten oder Arbeitslosigkeit zu nennen. Ergänzend umfasst der ökologische Schutz institutionelle Maßnahmen zur Aufrechterhaltung der ökologischen Funktionen.

Die politischen Freiheiten sind Kernbestandteil der gesellschaftlichen Partizipation der Bürger. Beispiel hierfür ist die Mitbestimmungsmöglichkeit in Gestalt von politischen Wahlen (Krück und Merkel 2004, 91–93). Schließlich ist die Bedeutung umfangreicher Transparenzgarantien nicht zu vernachlässigen. Deren Funktion besteht darin, die durch den Staat zugesicherten instrumentellen Freiheiten auch faktisch, hinsichtlich umfassender Transparenz, zu gewährleisten. Hierzu ein Beispiel. Die Chancengleichheit kann durch Sozialleistungen nicht verbessert werden, wenn sie für den Einzelnen bspw. wegen bürokratischer Regelungen nicht abgerufen werden können (Sen 2000, 30, 48–52, Arndt, et al. 2006, 9–10, Lutz 2011, 74–76).

Grundsätzlich ist die Befähigung von Arbeitnehmern, die Folgen der eigenen Entscheidungen meistern zu können, nicht allein derart zu verstehen, dass sie sich nur auf die Art von Konsequenzen beziehen, die auf der persönlichen Entscheidungsbildung beruhen. Vielmehr ist es auch vorgesehen, dass Menschen die Bewältigung von Folgen übernehmen müssen, die nicht der eigenen Entscheidungsbildung entstammen, eine Lösung durch das Individuum aber effizienter ist als durch den Staat (G. Schmid 2011, 51–52).

Für die Sozial- und die Arbeitsmarktpolitik im Kontext beruflicher Mobilität heißt das, dass Beschäftigte immer die Konsequenzen aus beruflichen Mobilitätsprozessen selbständig zu bewerkstelligen haben, wenn die eigene Lösung effizienter ist als die der Gemeinschaft. Damit ist es irrelevant, ob die Entstehung des Risikos aus der beruflichen Mobilitätsbewegung auf die persönliche Motivation bzw. auf Drängen äußerer Einflüsse zurückzuführen ist, wie es die Theorie der Verantwortungsethik nahelegt.

Aus der Perspektive der sozialliberalen Gerechtigkeitstheorien ist die Effizienz bei der Risikobewältigung damit das Entscheidungskriterium, welcher Marktakteur die Risiken aus beruflichen Mobilitätsbewegungen zu übernehmen hat. Für die Bestimmung des Umfangs eines Staatseingriffes, der die Zielsetzung verfolgt, die eigenmotivierte berufliche Mobilität zu steigern, sind die bisherigen Entscheidungsregeln jedoch nicht isoliert zu betrachten. Vielmehr ist das Kontinuum an Risikoformen am Arbeitsmarkt, das sich aus der Gegenüberstellung der Risikoursache und der -bewältigung ergibt, die Basis für die Konkretisierung staatlicher Einflussnahme.

Nachfolgende Abbildung stellt die möglichen Formen von Arbeitsmarktrisiken innerhalb der beiden Dimensionen der Risikoursache und der -bewältigung dar:

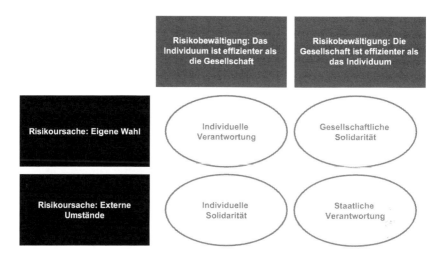

Abbildung 8: Die gerechte Verantwortungsteilung aus der Dimension der Risikoursache und der Dimension der Risikobewältigung.
Quelle: G. Schmid (2008, 17).

Der individuellen Verantwortung werden alle Risiken zugeordnet, die aus der persönlichen Entscheidungsbildung heraus entstanden sind und deren Folgen privat bewältigt werden können. Als relevantes Arbeitsmarktbeispiel kann der Arbeitsvertrag angesehen werden. Während das Risiko für den Arbeitnehmer darin besteht, welche Leistungen innerhalb des Arbeitsverhältnisses zu erbringen sind, werden durch den Arbeitgeber fortlaufende Lohnzahlungen und Kündigungsschutzregelungen garantiert (Föhr 1997, 112).

Bei der gesellschaftlichen Solidarität ist ebenfalls die persönliche Entscheidungsbildung die Ursache für die Entstehung des Risikos. Jedoch ist die Gemeinschaft der zuständige Akteur hinsichtlich der Risikobewältigung. Da der eingetretene Schadensfall derart umfangreich ist, sind unmittelbare Unterstützungen essenziell. Ein arbeitsmarktrelevantes Beispiel ist der Stimmenverlust eines Sängers. Staatliche Hilfen wie Rehabilitationsmaßnahmen oder Umschulungen sind notwendig.

Die individuelle Solidarität bezeichnet Risiken, die aufgrund von externen Einflüssen verursacht worden sind. Jedoch können die Folgen dieses Risikotyps durch individuelle Anstrengungen abgemildert werden, die auch effizienter sind als eine Bewältigung durch den Staat. Ein relevantes Arbeitsmarktbeispiel ist die Firmeninsolvenz aufgrund von Managementfehlern. Arbeitnehmer können durch eine intensive Arbeitssuche, einer frühzeitigen Teilnahme an Weiterbildungen und einer generellen Bereitschaft zum Wohnort- oder Tätigkeitswechsel bereits vor der drohenden Arbeitslosigkeit die Konsequenzen reduzieren. Schließlich beschreibt die staatliche Verantwortung alle Risiken, die ebenfalls exogen entstanden sind. Eine private Risikobewältigung bietet allerdings keine Lösung, weil der Schadenseintritt zu umfangreich ist. Ein Beispiel ist die Arbeitslosenversicherung zur Absicherung finanzieller Schocks bei Jobverlust. Die rein private Organisation der Arbeitslosenversicherung wird deshalb abgelehnt, weil Arbeitslosigkeitsrisiken durch Konjunkturschwankungen derart korrelieren, dass Diversifikationsgewinne durch die Privatwirtschaft nur schwer zu realisieren sind. Auch besteht das Risiko, dass eine privat geregelte Absicherung von Arbeitslosigkeit selektiv vorgeht, so dass gerade Beschäftigte mit ausgeprägtem Risiko, arbeitslos zu werden, einen unzureichenden Versicherungsschutz erhalten (G. Schmid 2008, 17–19, Breyer und Buchholz 2009, 250, G. Schmid 2011, 58).

Die bisherigen Erkenntnisse legen den Schluss nahe, dass die Arbeitsmarktrisiken aus den selbstgewählten beruflichen Mobilitätsbewegungen vornehmlich der individuellen Verantwortung zuzuordnen sind, wenngleich auch die gesellschaftliche Solidarität relevant sein kann. Während die Ursache von Risiken aus der eigenmotivierten Mobilität am Arbeitsmarkt eindeutig auf die persönliche Motivation zurückzuführen ist, können sowohl das Individuum als auch die Gesellschaft die relevanten Akteure im Rahmen der Risikobewältigung sein, je nachdem um welches Arbeitsmarktrisiko es sich handelt. Diese Argumentation wird anhand eines Beispiels verdeutlicht.

Entscheidet sich ein Beschäftigter, den Arbeitgeber zu wechseln und ein Arbeitsverhältnis in einem anderen Betrieb aufzunehmen, so wird diese Person mit Unsicherheiten über das neue Unternehmen konfrontiert. Diese beziehen sich bspw. auf Lohnanpassungen, Arbeitsbedingungen, Karriereperspektiven oder Tätigkeitsanforderungen und stellen für den Arbeitnehmer ein Risiko dar.

Sofern die Rahmenbedingungen bei dem neuen Arbeitgeber nicht dem entsprechen, was sich der Jobwechsler ursprünglich vorgestellt hat, und er deshalb selbst das Arbeitsverhältnis kündigt, so ist es möglich, dass die Lösung dieser Risikoausprägung gesellschaftlich organisiert ist. Dem wäre so, wenn der Arbeitsuchende auf Wohlfahrtsleistungen angewiesen ist (Freiling, et al. 2008, 519–533, Bundesagentur für Arbeit 2018).

Ein anderes Bild zeigt sich, wenn der Jobwechsler in dem neuen Beschäftigungsverhältnis verbleibt, aber weiterhin mit der Art von Arbeitsmarktrisiken, die sich auf die Unsicherheit über den neuen Arbeitgeber beziehen, konfrontiert wird. Da die Bewältigung dieser Risikotypen nicht gemeinschaftlich organisiert ist, sind diese Arten von Risiken der individuellen Verantwortung zuzuordnen. Nun zu den Möglichkeiten staatlicher Einflussnahme. Es gilt: Institutionelle Einflussnahme zur Erhöhung der eigenmotivierten Mobilität am Arbeitsmarkt im Rahmen einer Änderung der Sozial- und der Arbeitsmarktpolitik ist aus theoretischer Perspektive gerechtfertigt, sofern sie eine Stärkung der individuellen Verantwortung vorsieht.

Es ist nicht zu vernachlässigen, dass derartige Reformmaßnahmen auch präventiv das Ausmaß gesellschaftlicher Solidarität reduzieren können. Durch eine frühzeitige Befähigung des Einzelnen, die eigenen Handlungsfolgen meistern zu können, sind Notfälle im Sinne der gesellschaftlichen Solidarität weniger wahrscheinlich.

Den Umfang staatlicher Einflussnahme zur Steigerung eigenmotivierter Mobilität am Arbeitsmarkt zu Grunde gelegt, ist nun zu diskutieren, wie sich eine stärkere Befähigung des Einzelnen, Risiken aus der eigenen Entscheidungsbildung meistern zu können, auf dessen Motivation, berufliche Veränderungen einzugehen, auswirkt. Grundlage hierfür sind die Überlegungen aus der Suchtheorie im Kapitel 3.2.3.4.

Zunächst zu der Frage, wie sich eine Erhöhung der persönlichen Befähigung, eigene Entscheidungskonsequenzen bewältigen zu können, in dem Suchmodell niederschlägt. Beschränkt sich die Befähigung auf eine Akkumulation des Humankapitals, so ist zu erwarten, dass die persönliche Arbeitsfähigkeit, d.h. die Fähigkeiten, die Kompetenzen, das Wissen und die Erfahrungen, zunimmt.

Wie gezeigt wird, steigt die Suchintensität, ein Tätigkeitsverhältnis zu finden, in der persönlichen Arbeitsfähigkeit. Umfangreichere Bemühungen für die Suche nach einem Arbeitsplatz erhöhen die Chance, ein Jobangebot zu bekommen und die Stelle zu wechseln.

Die Beziehung zwischen den Suchanstrengungen nach einer Tätigkeit und der persönlichen Arbeitsfähigkeit ist umfassender zu erklären. Generell gilt, dass je höher die persönliche Arbeitsfähigkeit ausfällt, desto niedriger ist das Risiko, nach einem Stellenwechsel die Probezeit nicht erfolgreich bewältigen zu können und in Arbeitslosigkeit zu wechseln. Anders ausgedrückt: Die Fähigkeiten, die Kompetenzen, das Wissen und die Erfahrungen der Entscheidungsträger sind Faktoren dafür, ob der berufliche Mobilitätsprozess erfolgreich sein wird. Geringere Risiken, den Arbeitsplatz in Folge eines Stellenwechsels zu verlieren, als Konsequenz aus der Zunahme der persönlichen Arbeitsfähigkeit, führen dazu, dass eine höhere Suchintensität nach einer Stelle für Arbeitnehmer optimal ist.

4.2 Das Konzept der Arbeitsversicherung – Eine Reform zur Förderung eigenmotivierter beruflicher Mobilität?

4.2.1 Zur Ausgangssituation und dem Reformbedarf

Eine sozial- und arbeitsmarktpolitische Reformmöglichkeit, die sich auf die Befähigung des Einzelnen zur Bewältigung von Arbeitsmarktrisiken beschränkt, ist die Arbeitsversicherung. Es ist aber nicht die Erkenntnis gewesen, dass eigenmotivierte berufliche Mobilität in den letzten Jahren zurückgegangen ist, sondern vielmehr die Tatsache, dass Individuen in der jüngeren Vergangenheit mit neuentstandenen Risiken am Arbeitsmarkt konfrontiert werden, die den Ursprung für die Konzeption der Arbeitsversicherung geebnet hat. Dies soll an dieser Stelle kurz erörtert werden.

Dass zahlreiche Erwerbs- und Sicherungsrisiken sowie eingeschränkte Erwerbsoptionen des heutigen Arbeitsmarktes von den Individuen selbst getragen werden müssen, ist maßgeblich deshalb zu beobachten, weil die Sozial- und die Arbeitsmarktpolitik strikt auf die kompensatorische Absicherung der Risiken des Normalarbeitsverhältnisses fixiert ist. Unter dem Normalarbeitsverhältnis wird die sozialversicherungspflichtige unbefristete Vollzeittätigkeit verstanden (Giesecke 2006, 57–61, Mückenberger 2010, 403–409).

Das Risikospektrum des Normalarbeitsverhältnisses wird durch die Gefahr, den Arbeitsplatz zu verlieren, dominiert. Unzureichende Einkommenspotenziale, um den Lebensunterhalt angemessen bestreiten zu können, sind bei der Ausübung des Normalarbeitsverhältnisses eher unwahrscheinlich. Auch langfristige Planungsunsicherheiten oder mangelnde soziale Sicherungsleistungen sind keine Risiken, mit denen Beschäftigte aus dem Normalarbeitsverhältnis im Normalfall konfrontiert werden.

Kompensatorisch ist die gegenwärtige soziale Absicherung deshalb, weil die Arbeitsmarktpolitik auf die unmittelbare Risikobearbeitung fokussiert ist. Im Vordergrund steht die Behandlung der Konsequenzen eines bereits eingetretenen Schadensfalls, d.h. beim Normalarbeitsverhältnis die Arbeitslosigkeit. Die Vermeidung langfristiger Risiken wird demgegenüber nahezu vernachlässigt (Jantz 2015, 217–222).

Günther Schmid fasst die Veränderungen am Arbeitsmarkt und die starre Arbeitsmarktpolitik folgendermaßen zusammen (G. Schmid 2008, 50):

> „Die Arbeitslosenversicherung sichert nur das Risiko des vollständigen Einkommensverlustes bei Arbeitslosigkeit für eine mehr oder weniger befristete Zeit. Aktive Arbeitsmarktpolitik, die im Laufe der letzten Jahrzehnte angelagert wurde, trägt zwar weiter zur Milderung und zur Behandlung des Risikos bei, entspricht aber bei weitem nicht mehr

den Anforderungen der gewachsenen Risikovielfalt. Erwerbsverhältnisse und Erwerbs-
präferenzen werden aus verschiedenen Gründen immer vielfältiger."

So macht sich die gewachsene Risikovielfalt am Arbeitsmarkt darin bemerkbar,
dass Erwerbs- und Lebensverläufe zunehmend ausdifferenziert und diskonti-
nuierlich sind. Die klassische Abfolge von der Ausbildung, der Erwerbstätigkeit
und der Rente ist weiterhin dominant, verliert jedoch stetig an Bedeutung. Denn
mittlerweile existieren nicht mehr nur die binären Zustände der Erwerbstätigkeit
und der Arbeitslosigkeit, sondern zahlreiche weitere Erwerbsformen, die varia-
bel in der Arbeitszeit, der Entlohnung und der Vertragsdauer sind. Bezeichnet
werden sie als atypische Erwerbsformen. Hierzu zählen die Teilzeit, der Mini-
job, die befristete Beschäftigung, die Solo-Selbstständigkeit und die Zeitarbeit
(Büchel und Pannenberg 2004, 159, Kalina und Weinkopf 2008, 459, Hellmuth
und Urban 2010, 21, Crößmann und Schüller 2016, 148, Bundesagentur für
Arbeit 2017, Statistisches Bundesamt 2017).

4.2.2 Die theoretischen Grundlagen

Die Arbeitsversicherung als eine Möglichkeit, auf die neuentstandenen Risiken
am Arbeitsmarkt mit einer Reform der Sozial- und der Arbeitsmarktpolitik zu
reagieren, begründet sich theoretisch zunächst in den sozialliberalen Gerechtigkeitstheorien von John Rawls und Amartya Sen, deren Grundlagen im Kapitel 4.1 erläutert werden (G. Schmid 2011, 51–52). Eine weitere theoretische
Grundlage der Arbeitsversicherung ist die Theorie des Lebenslaufs.

Bei der Lebensverlaufstheorie werden sozial- und arbeitsmarktpolitische
Fragestellungen aus einer Längsschnittperspektive beantwortet. Damit sind die
Auswirkungen persönlicher Entscheidungen nicht zeitpunktbezogen, wie etwa
bei einer Querschnittsanalyse als Momentaufnahme. Veränderungen werden
vielmehr auf Ebene der Individuen über einen längeren Zeitraum untersucht
(Engelhardt und Prskawetz 2005, 347–348, Schönduwe 2017, 111–115).

Grundlage der Betrachtung von individuellen Lebensverläufen ist die Einteilung in Lebensabschnitte im Sinne von Zuständen und Übergängen, mit denen
die einzelnen Abschnitte im Zeitverlauf gewechselt werden können. Ereignisse
sind als punktförmige Veränderungen während des Lebensverlaufs zu verstehen, ohne das unmittelbar ein Zustandswechsel beobachtet werden muss.
Die Gesamtschau aus den Übergängen zwischen Lebensabschnitten und dem
Verbleiben innerhalb einzelner Zustände ergibt den Verlauf (Elder 1985, 31).
Bezeichnet der Übergang den Prozess von Individuen, Zustände zu wechseln, so
bezieht sich die Übergangsstruktur auf die gesellschaftlichen und ökonomischen

Rahmenbedingungen, in denen die Übergänge eingebettet sind (Kutscha 1991, 117, 129).

Nun zum Arbeitsmarkt. Zu den dominierenden arbeitsmarktrelevanten Zuständen im Lebensverlauf gehören die Erwerbstätigkeit, die Erstaus- und die Weiterbildung, die Arbeitslosigkeit, die Rente sowie die Sorgearbeit (Rössel 2005, 33–36).

In der nachfolgenden Abbildung sind die fünf am Arbeitsmarkt dominierenden Übergangsdimensionen und deren gegenseitige Beziehung dargestellt:

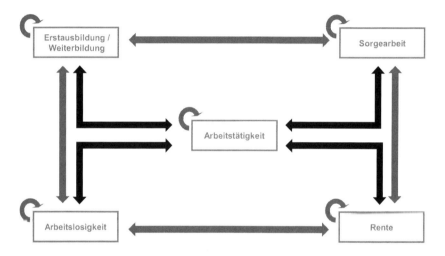

Abbildung 9: Die dominierenden Lebensabschnitte und Übergänge am Arbeitsmarkt aus der Perspektive der Lebensverlaufstheorie.
Quelle: Kruppe (2012, 15).

Die Ausübung einer Arbeitstätigkeit stellt den bedeutendsten arbeitsmarktrelevanten Abschnitt im Lebensverlauf dar. Neben den Formen abhängiger Beschäftigung, hierzu zählen befristete und unbefristete und sozialversicherungspflichtige und geringfügig-entlohnte Arbeitsverhältnisse in Voll- oder Teilzeit, ist die Selbständigkeit einer der Teilarbeitsmärkte. Verlieren Beschäftigte ihren Arbeitsplatz und bleiben erwerbsfähig, so kann ein Übergang in Arbeitslosigkeit als weiterer Lebensabschnitt beobachtet werden. Auch der Wechsel in Sorgearbeit, bspw. zur Pflege eines Familienmitglieds oder zur Betreuung von Kindern, und der Wechsel in die Rente sind relevante Übergänge am Arbeitsmarkt. Mit der Vollendung einer Erstausbildung oder der Realisation einer

Weiterbildung können ebenfalls Übergänge am Arbeitsmarkt beobachtet werden (Kruppe 2012, 15).

Aufbauend auf den Begriffen der Lebensverlaufsforschung und deren Anwendung für den Arbeitsmarkt ist der Einfluss von Institutionen auf Übergangsentscheidungen herauszuarbeiten, wie es bereits in den Kapiteln 4.1.1 und 4.1.2 für die sozialliberalen Gerechtigkeitstheorien von John Rawls und Amartya Sen erfolgt. Grundlage hierfür ist ein Gerüst aus Annahmen, konzipiert von Elder, Kirkpatrick-Johnson und Crosnoe (2003, 3–19), das hier erläutert wird.

Das Prinzip der lebenslangen Entwicklung ist die erste Annahme. Hierunter wird subsumiert, dass Individuen ihre persönlichen Eigenschaften und andere menschliche Merkmale über den kompletten Lebensverlauf aufbauen und weiterentwickeln. Die Entwicklung ist nicht mit dem Abschluss einer Erstausbildung, dem Verlassen des Elternhauses oder dem Erreichen der Volljährigkeit beendet. Auch im höheren Alter können unterschiedliche Einflüsse zu nachhaltigen Veränderungen führen.

Darüber hinaus findet das Prinzip der aktiven Gestaltung als zweite Annahme Berücksichtigung. Mit eigenen Entscheidungen und Handlungen nehmen Menschen aktiv Einfluss auf den Verlauf ihres Lebens, wenn auch viele Veränderungen während des Lebensverlaufs nicht ein Ergebnis der persönlichen Entscheidungsbildung sind, sondern exogen herbeigeführt werden, wie bspw. eine betriebsbedingte Kündigung. Grundlage der persönlichen Entscheidungsbildung sind die in der Vergangenheit entwickelten sozialen Umstände bzw. Möglichkeiten der Individuen.

Ebenfalls unterstellt wird das Prinzip von Ort und Zeit als dritte Annahme. Diese besagt, dass die Entwicklung der Lebensverläufe immer geographisch und temporal einzubetten ist. Das bedeutet, dass der Lebensverlauf im Allgemeinen und die individuelle Entscheidungsbildung im Speziellen Abhängige der gegenwärtigen Rahmenbedingungen sind.

Als vierte Annahme wird das Prinzip des Timings unterstellt. Persönliche Entscheidungen beruhen nicht nur auf den geographischen und temporalen Gegebenheiten, im Sinne des zuvor dargestellten Prinzips von Ort und Zeit, sondern auch darauf, zu welchem Zeitpunkt die individuellen Entscheidungen während des Lebensverlaufs getroffen werden. Auch die Konsequenzen aus der eigenen Entscheidungsbildung können je nach der Lage im Lebensverlauf variieren.

Mit dem Prinzip des verbundenen Lebens wird die Darstellung der Grund-
annahmen der Lebensverlaufstheorie zunächst abgeschlossen. Demnach leben
Individuen nicht isoliert, sondern stehen in einer umfassenden Interaktion mit
anderen Menschen. Das persönliche Beziehungsgeflecht determiniert auch die
eigene Entscheidungsbildung, Übergänge einzugehen.

Zusammenfassend wird mit den fünf Annahmen zur Lebensverlaufstheorie verdeutlicht, dass individuelle Entscheidungen nicht nur durch Präferenzen und Wertevorstellungen geprägt werden, sondern sich immer nur
in dem Bereich der Handlungsmöglichkeiten bewegen. Dies bedeutet, dass
Entscheidungsträger nur die Art von Alternativen auswählen können, die sich
auch im Bereich des persönlich Möglichen befinden (Kohli 1994, 225, Elder,
Kirkpatrick-Johnson und Crosnoe 2003, 3–19, Huinink und Schröder 2008,
294–297).

Werden die Handlungsalternativen, auf der die Entscheidungsbildung beruht,
näher betrachtet, so wird die Notwendigkeit deutlich, dass die fünf Annahmen,
die der Lebensverlaufstheorie zu Grunde liegen, um einen weiteren Aspekt zu
ergänzen sind. Dies ist grundsätzlich darauf zurückzuführen, dass die Handlungsmöglichkeiten der Entscheidungsträger eine Funktion der politischen
Gestaltung darstellen.

Es ist aber nicht nur die Art von persönlichen Entscheidungen, die freiwilli-
ger Natur sind, auf die Institutionen Einfluss nehmen können. Vielmehr ist darüber hinaus zu konstatieren, dass der Staat Veränderungen im Lebensverlauf
erzeugen oder fördern kann, mit denen Individuen unfreiwillig konfrontiert
werden.

Die sechste Annahme bezieht sich deshalb darauf, dass Institutionen den
Lebensverlauf aktiv gestalten können, bezeichnet als Prinzip der aktiven Lebenslaufpolitik. Zu den Institutionen zählen auch die Sozial- und die Arbeitsmarktpolitik, als dass deren konkrete Ausgestaltung maßgeblichen Einfluss darauf hat,
welche Möglichkeiten den Individuen im Rahmen ihrer Entscheidungsbildung
zur Verfügung stehen. Das Prinzip der aktiven Lebenslaufpolitik bezieht sich auf
die staatliche Gestaltung der Übergangsstruktur (Sachverständigenkommission
Gleichstellung 2011, 39–49).

In der nachfolgenden Abbildung werden die bisherigen Überlegungen zur
Lebensverlaufstheorie graphisch zusammengefasst:

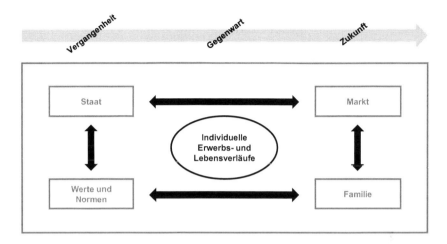

Abbildung 10: Die individuellen Lebensverläufe aus der Perspektive der Lebensverlaufstheorie.

Quelle: Sachverständigenkommission Gleichstellung (2011, 41).

Generell sind vier Dimensionen, hierzu zählen der Staat, die Familie, der Markt und die Werte und die Normen, dafür ausschlaggebend, wann und welche Übergänge von Individuen zu beobachten sind und in welcher Form sich der Verlauf während des Lebens gestaltet. Dies betrifft gleichermaßen den vergangenen, gegenwärtigen und zukünftigen Lebensverlauf (Klammer 2012, 45–48). Die Arbeitsversicherung stellt in diesem Kontext eines der Elemente des Staates dar.

4.2.3 Die einzelnen Reformelemente

Gleichwohl, dass sich die Zielsetzung, selbstgewählte Mobilität am Arbeitsmarkt zu steigern, von dem unterscheidet, wofür die Arbeitsversicherung ursprünglich konzipiert worden ist, sind die theoretischen Grundlagen zur Wirkung der institutionellen Einflussnahme nahezu deckungsgleich. Allein die Reformparameter der Arbeitsversicherung sind an ausgewählten Stellen anzupassen. Grundlage hierfür ist die Ausgestaltung der Arbeitsversicherung in ihrer von Günther Schmid vorgestellten Form. Diese sieht ein Drei-Säulen-Modell vor.

Die erste Säule entspricht im Großen und Ganzen dem SGB II. Erwerbsfähigen Arbeitslosen wird ein armutsfestes einheitliches Niveau an Transferleistungen eingeräumt. Weiterhin gibt es neben der Bedürftigkeit keine zusätzlichen

Voraussetzungen. Auch wird die erste Säule wie die Leistungen aus dem SGB II mit Steuermitteln finanziert.

Mit der zweiten Säule werden Arbeitnehmer gegen das Risiko, Arbeitsplatz- und Einkommensverluste zu erleiden, abgesichert. Dies berücksichtigt auch aktive arbeitsmarktpolitische Maßnahmen. Grundlage für die zweite Säule sind die gegenwärtigen Regelungen aus dem SGB III. Allerdings ist der versicherte Personenkreis in der zweiten Säule der Arbeitsversicherung weitaus größer aus- gelegt als im SGB III, da die Versicherungspflicht für alle Erwerbstätigen mit wenigen Ausnahmen gilt. Für die Finanzierung ist weiterhin vorgesehen, dass sie paritätisch aus Sozialversicherungsbeiträgen der Arbeitnehmer und der -geber erfolgt.

In der dritten Säule sind die persönlichen Entwicklungskonten angesiedelt. Die Regelungen zur Inanspruchnahme der finanziellen Mittel aus den persön- lichen Entwicklungskonten sind identisch mit den Anspruchsvoraussetzungen in der Arbeitslosenversicherung. Mit der Ausübung eines sozialversicherungs- pflichtigen Beschäftigungsverhältnisses, das mindestens zwölf Monate innerhalb der letzten zwei Jahre angedauert hat, können Leistungen der persönlichen Ent- wicklungskonten realisiert werden (Rahner 2014, 13–14, Bundesministerium für Arbeit und Soziales 2017, 124).

Grundsätzlich ist vorgesehen, dass der Umfang der monetären Leistungen aus den persönlichen Entwicklungskonten für alle Anspruchsberechtigten identisch ist, ganz gleich, welchen Bedarf Anspruchsberechtigte haben. Auch verfallen Ansprüche aus dem persönlichen Entwicklungskonto, sofern Arbeitnehmer in die Rente eintreten. Ebenso stellen die persönlichen Entwicklungskonten keine Eigentumsansprüche dar (G. Schmid 2012, 263).

Für die Finanzierung der persönlichen Entwicklungskonten ist neben einem Steuerzuschuss aus dem Bundeshaushalt ein paritätisch finanziertes Beitrags- aufkommen durch die Arbeitnehmer und die -geber angedacht. Dies kann durch einen Aufschlag auf die Beiträge zur Arbeitslosenversicherung erhoben werden. Entspricht die Höhe des Steuerzuschusses dem Beitragsaufkommen und wird ein Beitragssatz von einem Prozent umgesetzt, so ergibt sich ein Aufkommen für die persönlichen Entwicklungskonten von 22.000 Euro, das von jedem Anspruchsberechtigten grundsätzlich über den kompletten Erwerbsverlauf rea- lisiert werden kann. Diese Überschlagsrechnung von Günther Schmid bezieht sich auf das Jahr 2008, so dass die in den letzten Jahren gute konjunkturelle Lage die Anspruchshöhe durchaus höher ausfallen lassen kann.

Die dritte Säule der Arbeitsversicherung umfasst allerdings weitaus mehr arbeitsmarktpolitische Instrumente. Diese werden unter dem Begriff der lebenslauforientierten Arbeitsmarktpolitik zusammengefasst. So soll die

Arbeitsvermittlung um Beratungsdienstleistungen insbesondere zur Qualifizierungs- und Berufswegeplanung erweitert werden. Diese Beratungsangebote gehen über die bisherigen Dienstleistungen hinaus und sollen sowohl der Arbeitsnachfrage- als auch der Arbeitsangebotsseite zur Verfügung stehen. Mit der Weiterentwicklung der Bundesagentur für Arbeit zu einer Bundesagentur für Arbeit und Qualifizierung können die administrativen Aufgaben der Arbeitsversicherung hier angesiedelt werden. Nicht nur, dass hiermit auf vorhandenes Wissen und arbeitsmarktpolitisches Knowhow zurückgegriffen werden kann, sondern auch die Möglichkeit, bestehende Ressourcen kosteneffizient einzusetzen, sind Vorteile einer gemeinsamen Wahrnehmung der Aufgaben. Der zusätzliche finanzielle Aufwand wird durch das Finanzmittelaufkommen aus der Beitragserhebung und dem Steuerzuschuss der Arbeitsversicherung refinanziert (G. Schmid 2008, 32–34, 46, Bosch 2012, 121).

Die bisherigen Überlegungen zu Grunde gelegt, gilt es nun die Arbeitsversicherung auf die Problematik, eigenmotivierte berufliche Mobilitätsbewegungen zu erhöhen, anzupassen. Im Kern wird hierfür nur das persönliche Entwicklungskonto betrachtet und nicht die erste und zweite Säule der Arbeitsversicherung. Dies beruht darauf, dass, wie in Kapitel 4.1 gezeigt wird, die sozial- und arbeitsmarktpolitischen Staatseingriffe darauf zu beschränken sind, Individuen zu befähigen, die Risiken aus ihren beruflichen Mobilitätsentscheidungen besser bewältigen zu können. Der hier entwickelte Reformvorschlag wird als modifizierte bzw. angepasste Arbeitsversicherung bezeichnet.

Hinsichtlich der Ausgestaltung der persönlichen Entwicklungskonten werden drei Dimensionen diskutiert. Hierzu gehören die Anspruchsberechtigung, die -höhe und die -finanzierung sowie die -nutzung. Alle Reformparameter der dritten Säule der Arbeitsversicherung, die an dieser Stelle nicht diskutiert werden, bleiben in ihrer obigen Ausprägung unverändert.

Für die Anspruchsberechtigung ist die Einschränkung vorgesehen, dass der versicherte Personenkreis auf die abhängigen Beschäftigten zu begrenzen ist. Dies ist darauf zurückzuführen, dass sich die selbstgewählten beruflichen Mobilitätsprozesse auf Personen beziehen, die in einem abhängigen Tätigkeitsverhältnis angestellt sind.

Im Vergleich zu den obigen Parametern wird eine Anpassung bei der Anspruchshöhe und der -finanzierung vorgenommen. Es ist eine ausgabenorientierte Einnahmenpolitik vorgesehen (Egle 2009, 282). Dies bedeutet, dass zunächst der Bedarf an Weiterbildungsmitteln bestimmt wird und im Nachgang die Höhe der Lohnbeiträge von Arbeitnehmern und -gebern festgelegt werden. Auch soll der Bedarf an finanziellen Mitteln für die Teilnahme an

Weiterbildungsveranstaltungen nicht beschränkt werden, sondern das Ergebnis einer Bedürftigkeitsprüfung sein.

Letztlich ist für die Anspruchsnutzung der Finanzmittel vorgesehen, dass der Schwerpunkt auf die Förderung von arbeitsmarktrelevanten Bildungsmaßnahmen gelegt wird. Dies ist im Sinne der in Kapitel 4.1 festgelegten Restriktionen staatlicher Einflussnahme zur Förderung der eigenmotivierten Mobilitätsbewegungen am Arbeitsmarkt. Damit sollen die Fähigkeiten, die Kompetenzen, das Wissen sowie die Erfahrungen der Beschäftigten gefördert und ihre Befähigung, Risiken aus den selbstgewählten beruflichen Mobilitätsbewegungen zu bewältigen, verbessert werden.

Grundsätzlich sollen deshalb auch nur Weiterbildungsmaßnahmen mit anerkannten Abschlüssen und Zertifikaten förderungsfähig sein. Hierzu zählen formale und teilweise auch non-formale Weiterbildungsveranstaltungen (Schiersmann 2007, 31–32). Für informelle und non-formale Weiterbildungen, die für den Arbeitsmarkt nicht relevant sind, können die finanziellen Mittel nicht verwendet werden (Schlutz 2007, 30–31, Rahner 2014, 8).

Weiterhin gilt es festzulegen, welche Kostenarten der Weiterbildungsveranstaltungen mit den finanziellen Mitteln gedeckt werden sollen. In diesem Zusammenhang sind zwei Regelungen vorgesehen.

Zunächst besteht eine Möglichkeit darin, dass nur die direkten Kosten einer Weiterbildungsteilnahme durch die modifizierte Arbeitsversicherung erstattet werden. Zu den direkten Kosten gehören neben der Teilnahmegebühr weitere Aufwendungen wie bspw. die Fahrt- und die Übernachtungskosten oder die Ausgaben für Unterrichtsmaterialien.

Andererseits ist es auch vorgesehen, dass zusätzlich zu den direkten Kosten der Weiterbildungsteilnahme auch die indirekten Aufwendungen getragen werden. Zu den indirekten Kosten der Weiterbildungsteilnahme zählen die Ersatzleistungen für den Lohnausfall, sofern die Teilnahme an Weiterbildungen mit Erwerbsunterbrechungen einhergeht (Osiander und Dietz 2015, 21–22). Die Höhe der Lohnersatzleistungen bei der Wahrnehmung von Weiterbildungsveranstaltungen entspricht den Regelungen der Arbeitslosenversicherung hinsichtlich des Arbeitslosengeldes.

4.3 Zu dem Zwischenergebnis der Untersuchung

Als Zwischenergebnis ist zuerst festzuhalten, dass ein Staatseingriff zur Förderung der selbstgewählten Mobilität am Arbeitsmarkt nicht gerechtfertigt ist, sofern die Theorie der Verantwortungsethik von Max Weber zu Grunde gelegt wird. Diese besagt, dass Menschen die Risiken aus beruflichen Mobilitätsbewegungen, die aufgrund der persönlichen Motivation entstanden sind, selbst zu bewerkstelligen haben, wenngleich sie nicht verantwortlich für die Risiken aus beruflicher Mobilität sind, zu denen sie durch äußere Einflüsse gewissermaßen gedrängt worden sind.

Eine weitere Grundlage sind die sozialliberale Gerechtigkeitstheorien von John Rawls und Amartya Sen. Im Kern sehen diese Ansätze vor, Menschen dahingehend zu befähigen, die Konsequenzen beruflicher Mobilitätsprozesse bewältigen zu können, ohne dass die Gesellschaft für die Entscheidungsfolgen vollumfänglich einzutreten hat. Mit der Befähigung ist aber auch die Erwartung verbunden, dass Individuen diejenigen Risiken aus beruflicher Mobilität übernehmen, zu denen sie durch äußere Einflüsse gewissermaßen gedrängt worden sind, eine eigene Lösung aber effizienter ist als durch die Gesellschaft.

Damit ist nicht die Risikoursache, sondern die Effizienz bei der Risikobewältigung das Entscheidungskriterium, ob das Individuum oder die Gemeinschaft, die Risiken aus beruflichen Mobilitätsbewegungen zu tragen hat. Für eine Eingrenzung des Umfangs staatlicher Einflussnahme zur Förderung eigenmotivierter beruflicher Mobilität werden die Risikoformen am Arbeitsmarkt genutzt. Diese beruhen auf der Gegenüberstellung der Risikoursache und der -bewältigung. Generell gibt es vier Kategorien.

Bei der individuellen Verantwortung beruht die Ursache des Risikos auf der persönlichen Entscheidungsbildung und das Individuum ist für die Bewältigung des Risikos verantwortlich. Auch bei der gesellschaftlichen Solidarität besteht die Ursache des Risikos in der eigenen Entscheidung, jedoch ist die Gesellschaft für die Bewältigung der Risiken verantwortlich, da der Einzelne hiermit überfordert ist. Bei der individuellen Solidarität ist die Entstehung des Risikos auf externe Umstände zurückzuführen, allerdings sind Entscheidungsträger bei der Bewältigung der Risiken effizienter als der Staat. Schließlich bezeichnet die staatliche Verantwortung die Art von Risiken, die keine Folge der persönlichen Entscheidungsbildung sind und die durch die Gesellschaft bewältigt werden.

Werden die Risiken aus selbstgewählter beruflicher Mobilität betrachtet, so liegt der Schluss nahe, dass sie vornehmlich im Bereich der individuellen Verantwortung einzuordnen sind, wenngleich auch die gesellschaftliche Solidarität von Relevanz sein kann. Ist die Ursache für die Entstehung dieser Risiken ein Ergebnis der persönlichen Motivation, so ist es nicht eindeutig bzw. abhängig von der jeweiligen Situation, ob das Individuum oder die Gemeinschaft effizienter in der Bewältigung der Risiken ist.

Die Erkenntnis aus den moral-philosophischen Theorien besteht darin, dass sich der Umfang staatlicher Einflussnahme auf eine Stärkung der individuellen Verantwortung im Sinne einer umfassenderen individuellen Befähigung zu beschränken hat, um die selbstgewählten beruflichen Mobilitätsprozesse zu steigern. Hiermit kann aber auch erwartet werden, dass das Ausmaß gesellschaftlicher Solidarität niedriger ausfällt.

Mit den Implikationen aus der Suchtheorie kann der mit den moral-philosophischen Theorien identifizierte Umfang staatlicher Einflussnahme derart bestätigt werden, dass eine Befähigung der Arbeitnehmer, die darauf abzielt, Risiken aus den Stellenwechseln bewältigen zu können, die Anstrengungen im Rahmen der Jobsuche steigert. Dies gilt aber nur für den Fall, dass sich die Befähigung auf eine Steigerung der Fähigkeiten, der Kompetenzen, des Wissens sowie der Erfahrungen beschränkt. Eine Zunahme der Suchbemühungen, einen Job ausfindig zu machen, steigert schließlich die eigenmotivierte berufliche Mobilität.

Eine sozial- und arbeitsmarktpolitische Reformmöglichkeit, die sich in dem Umfang staatlicher Einflussnahme bewegt, ist die Arbeitsversicherung. Auch wenn die Zielsetzung eines Staatseingriffs zur Steigerung eigenmotivierter beruflicher Mobilität von dem abweicht, was ursprünglich angeführt worden ist, um die Umsetzung der Arbeitsversicherung zu motivieren, sind die theoretischen Grundlagen zur Wirkung der institutionellen Einflussnahme nahezu deckungsgleich. Hierzu gehören die sozialliberalen Gerechtigkeitstheorien von John Rawls und Amartya Sen sowie die Theorie des Lebensverlaufs.

Die in ihrer ursprünglichen Form konzipierte Arbeitsversicherung von Günther Schmid sieht ein Drei-Säulen-Modell vor, wobei die ersten beiden Säulen in ihren Grundzügen dem SGB II bzw. SGB III entsprechen. In der dritten Säule sind persönliche Entwicklungskonten, deren finanzielle Mittel für die Wahrnehmung von Weiterbildungen genutzt werden können.

Um die Arbeitsversicherung auf die Problematik, selbstgewählte berufliche Mobilität zu steigern, anzupassen, sind einige Reformparameter der dritten Säule zu verändern, während die erste und zweite Säule irrelevant sind. Der hier entwickelte Reformvorschlag wird als modifizierte bzw. angepasste Arbeitsversicherung bezeichnet.

Hinsichtlich der Anspruchsberechtigung gelten im Wesentlichen dieselben Rahmenbedingungen wie bei der Arbeitslosenversicherung. Damit können alle abhängig Beschäftigten, die mindestens zwölf Monate innerhalb der letzten beiden Jahre sozialversicherungspflichtig angestellt gewesen sind, Leistungen abrufen.

Für die Festlegung der Anspruchshöhe sowie dessen Finanzierung ist zunächst zu berücksichtigen, dass neben Lohnbeiträgen, die identisch gestaltet sind wie bei der Arbeitslosenversicherung, zusätzlich ein Steuerzuschuss aus dem Bundeshaushalt vorgesehen ist. Die Höhe von Lohnbeitrag und Steuerzuschuss orientieren sich anhand einer ausgabenorientierten Einnahmenpolitik.

Dies bedeutet, dass zunächst der Finanzmittelbedarf, beruhend auf den abgerufenen Mitteln der persönlichen Entwicklungskonten, festgestellt und im Nachgang die Beitragssätze und der Steuerzuschuss ermittelt werden. Die Anspruchsnutzung wird auf die Förderung von Bildungsmaßnahmen beschränkt, die eine Steigerung der Fähigkeiten, der Kompetenzen, des Wissens und der Erfahrungen vorsehen. Hierunter fallen Weiterbildungsmaßnahmen mit anerkannten Abschlüssen und arbeitsmarktrelevanten Zertifikaten, formale und teilweise auch non-formale Weiterbildungsveranstaltungen. Zu den deckungsfähigen Kostenarten der Weiterbildungsteilnahme sind zwei Regelungen vorgesehen. Neben einer Zahlung der direkten Aufwendungen einer Weiterbildungsteilnahme ist zusätzlich eine Deckung der direkten und der indirekten Kosten vorgesehen. Die Einführung der modifizierten Arbeitsversicherung soll mit einem Rechtsanspruch auf Weiterbildung abgesichert werden.

Teil III: Empirischer Teil

5 Zu der empirischen Gültigkeit der theoretischen Erkenntnisse

5.1 Die Ausgangslage

In diesem Kapitel gilt es, die bisherigen theoretischen Erkenntnisse als empirisch überprüfbare Hypothesen auszudrücken. Die Bildung der Hypothesen wird in zwei Abschnitte gegliedert. Der erste Teil fasst die theoretischen Ergebnisse zu dem Effekt der Agenda 2010 auf die eigenmotivierte Mobilität am Arbeitsmarkt zusammen. Im zweiten Abschnitt geht es um die Auswirkungen der modifizierten Arbeitsversicherung auf die selbstgewählten beruflichen Mobilitätsentscheidungen von Beschäftigten.

Theoretische Grundlage des ersten Abschnitts ist das in dieser Arbeit entwickelte Suchmodell. Im Rahmen dessen werden die Risiken aus einem Stellenwechsel, die auf eine niedrigere arbeitgeberseitige Kündigungsschwelle während der Probezeit zurückzuführen sind, in die durch Beschäftigte vorgenommene Abwägung über Nutzen und Kosten einer Jobsuche aufgenommen.

Wie gezeigt wird, nehmen die Suchanstrengungen, eine Tätigkeit ausfindig zu machen, mit dem erwarteten Nutzen bei Arbeitslosigkeit ab. Der erwartete Nutzen bei Arbeitslosigkeit ist umso größer, desto höher die erwarteten finanziellen Leistungen bei Arbeitslosigkeit sind. Folgerichtig ist deshalb, dass je niedriger das Arbeitslosengeld ist, desto geringer sind die Suchbemühungen, einen Arbeitsplatz zu finden. Gleiches gilt für die Anwendung von Sanktionen während der Arbeitslosigkeit, sei es in Form eines höheren Betrages, um den das Arbeitslosengeld bei einer Sanktionierung gekürzt wird, oder einer strengeren Anwendung von Sanktionsmaßnahmen.

Nun zur Relevanz der Agenda 2010. Zahlreiche Maßnahmen aus der Agenda 2010 haben darauf abgezielt, die finanziellen Ansprüche bei Arbeitslosigkeit zu begrenzen, sei es aus der Arbeitslosenversicherung oder den Wohlfahrtsleistungen des Staates.

Einige der relevanten Maßnahmen aus der Agenda 2010 können der nachfolgenden Liste entnommen werden:

– Gesetz zu Reformen am Arbeitsmarkt: Begrenzung der Ansprüche auf passive Leistungen aus der Arbeitslosenversicherung durch die Reduktion der maximal möglichen Bezugsdauer des Arbeitslosengeldes auf zwölf, für über 55-Jährige entsprechend auf 18 Monate, während es zuvor möglich gewesen ist, Unterstützungen für bis zu maximal 32 Monate zu beziehen;

– Dritte Gesetz für moderne Dienstleistungen am Arbeitsmarkt: Restriktivere Ausgestaltung der Anspruchsberechtigung zum Erhalt von passiven Leistungen aus der Arbeitslosenversicherung durch die Reduktion der Rahmenfrist von drei auf zwei Jahre, in der ein mindestens zwölf monatiges sozialversicherungspflichtiges Arbeitsverhältnis ausgeübt werden muss, um einen Anspruch auf Arbeitslosengeld zu erwerben;

– Vierte Gesetz für moderne Dienstleistungen am Arbeitsmarkt: Begrenzung der Ansprüche auf Wohlfahrtsleistungen des Staates, d.h. wenn keine Ansprüche aus der Arbeitslosenversicherung bestehen und der Lebensunterhalt nicht aus eigenem Einkommen oder Vermögen bestritten werden kann, durch die Zusammenlegung der Arbeitslosen- und der Sozialhilfe und der Einführung von umfangreichen Sanktionsmöglichkeiten.

Mit der nachfolgenden Hypothese können die bisherigen Überlegungen zusammengefasst werden:

HYPOTHESE A

Durch die Umsetzung der Agenda 2010 hat sich die Suchintensität nach einem Job der Beschäftigten reduziert.

Um den Effekt der Agenda 2010 auf die selbstgewählte berufliche Mobilität zu evaluieren und die Auswirkungen der Reform nicht nur auf die Bemühungen im Rahmen der Jobsuche zu beschränken, sind die Grundlagen der Suchtheorie in die Überlegungen aufzunehmen. So ist festzuhalten, dass mit einer Abnahme der Suchanstrengungen, eine Beschäftigung zu finden, sich die Wahrscheinlichkeit, Jobangebote zu bekommen, reduziert. Mit einer niedrigeren Anzahl an verfügbaren Tätigkeitsangeboten haben Jobsuchende eine geringere Chance, ein passendes Arbeitsverhältnis zu finden. Anders ausgedrückt: Je weniger Anstellungsangebote zur Verfügung stehen, desto niedriger ist die Wahrscheinlichkeit, dass eines dieser Jobangebote eine Entlohnung aufweist, die oberhalb des gegenwärtig erzielten Arbeitsentgelts liegt und einen Stellenwechsel nach sich zieht. Folglich sind weniger eigenmotivierte Stellenwechsel zu beobachten.

Die folgende Hypothese fasst die vorherigen Ausführungen zusammen:

HYPOTHESE B

Durch den Rückgang der Suchintensität nach einem Job von Beschäftigten in Folge der Umsetzung der Agenda 2010 hat sich die eigenmotivierte berufliche Mobilität reduziert.

Zu den theoretischen Grundlagen des zweiten Abschnitts zählen die moral-philosophischen Theorien. Wie dargelegt wird, sind staatliche Eingriffe, deren Zielsetzung darin bestehen, eigenmotivierte Mobilität am Arbeitsmarkt zu steigern, darauf zu beschränken, Arbeitnehmer in dem Umfang zu befähigen, dass sie die Risiken aus selbstgewählten beruflichen Mobilitätsentscheidungen besser bewältigen können. Theoretische Ansätze, die sich in dem Umfang institutioneller Einflussnahme zur Förderung eigenmotivierter beruflicher Mobilität bewegen, sind die sozialliberalen Gerechtigkeitstheorien von John Rawls und Amartya Sen.

Das Suchmodell, bei dem die Risiken aus einem Wechsel des Arbeitsplatzes, die auf eine niedrigere arbeitgeberseitige Kündigungsschwelle während der Probezeit zurückzuführen sind, in die durch Beschäftigte vorgenommene Abwägung über Nutzen und Kosten einer Stellensuche integriert werden, ist eine zusätzliche theoretische Grundlage. Es kann gezeigt werden, dass die Suchintensität nach einer Stelle umso größer ist, desto ausgeprägter die Befähigung der Individuen ist, die eigenen Entscheidungskonsequenzen selbst zu meistern. Eine Steigerung der Fähigkeiten, der Kompetenzen, des Wissens und der Erfahrungen erhöht die Befähigung von Menschen, Entscheidungsfolgen erfolgreich zu bewältigen.

Die bisherigen Überlegungen können mit der nachfolgenden Hypothese zusammengefasst werden:

HYPOTHESE C

Mit einer Erhöhung der Fähigkeiten, der Kompetenzen, des Wissens sowie der Erfahrungen kann die Suchintensität nach einem Job der Beschäftigten erhöht werden.

Eine sozial- und arbeitsmarktpolitische Reformmöglichkeit, die sich in dem Bereich bewegt, innerhalb dessen eine Reform der Sozial- und der Arbeitsmarktpolitik gerechtfertigt ist, ist die Arbeitsversicherung von Günther Schmid. Ganz gleich, dass sich die Zielsetzung, selbstgewählte Mobilität am Arbeitsmarkt zu erhöhen, von dem unterscheidet, was ursprünglich angeführt worden ist, um die Umsetzung der Arbeitsversicherung zu motivieren, sind die theoretischen Grundlagen zur Wirkung der institutionellen Einflussnahme nahezu deckungsgleich. Hierzu zählen die sozialliberalen Gerechtigkeitstheorien von John Rawls und Amartya Sen sowie die Lebensverlaufstheorie.

Um die Arbeitsversicherung auf die Problematik, eigenmotivierte berufliche Mobilität zu erhöhen, anzupassen, wird von dem Drei-Säulen-Modell, d.h. der ursprünglichen Form der Arbeitsversicherung von Günther Schmid, abgewichen. Im Kern sind lediglich ausgewählte Parameter der persönlichen Entwicklungskonten in der dritten Säule zu modifizieren. Dies begründet sich darin, dass sich die erste und zweite Säule der Arbeitsversicherung außerhalb dessen befinden, auf was der Umfang staatlicher Einflussnahme zur Steigerung eigenmotivierter Mobilität am Arbeitsmarkt zu beschränken ist. Der Reformvorschlag wird als modifizierte bzw. angepasste Arbeitsversicherung bezeichnet. Wesentliche Anspruchsvoraussetzungen der modifizierten Arbeitsversicherung sind der folgenden Liste zu entnehmen:

– Anspruchsberechtigung: Geltung der rechtlichen Rahmenbedingungen der Arbeitslosenversicherung;
– Anspruchshöhe und -finanzierung: Bedürftigkeitsprüfung zum Umfang der Mittel und paritätische Finanzierung der Leistungen durch den Lohnbeitrag und dem Steuerzuschuss im Sinne einer ausgabenorientierten Einnahmenpolitik;
– Anspruchsnutzung: Deckung direkter und indirekter Kosten einer Weiterbildungsteilnahme, wobei eine Beschränkung auf Veranstaltungen mit anerkannten Abschlüssen und arbeitsmarktrelevanten Zertifikaten, formale und teilweise non-formale Weiterbildungen, vorgesehen ist.

Die folgende Hypothese fasst die bisherigen Überlegungen zusammen:

HYPOTHESE D
Unter der modifizierten Arbeitsversicherung werden die Fähigkeiten, die Kompetenzen, das Wissen und die Erfahrungen der Beschäftigten erhöht.

5.2 Ein Überblick zur methodischen Grundlage

5.2.1 Zum Evaluationsdesign des Effekts der Agenda 2010 auf die eigenmotivierte berufliche Mobilität

In diesem Kapitel wird ein Evaluationsdesign konzipiert, mit dem die Gültigkeit der ersten beiden Hypothesen überprüft werden kann. Im Kern geht es bei den ersten beiden Hypothesen um die Auswirkungen der Agenda 2010 auf die selbstgewählte Mobilität am Arbeitsmarkt. Im Vordergrund der Untersuchung stehen diejenigen Maßnahmen der Agenda 2010, die den Umfang der monetären Leistungen bei Arbeitslosigkeit begrenzt haben.

Zunächst zur Hypothese A, die unterstellt, dass die Suchintensität nach einem Arbeitsplatz in Folge der Agenda 2010 zurückgegangen ist. Bevor die ökonometrischen Methoden diskutiert werden, die eine Evaluation der Hypothese A ermöglichen, ist zuerst die Operationalisierbarkeit relevanter Variablen zu eruieren. Die Basis hierfür ist das SOEP (SOEP 2017).

Grundlage für die Abbildung der Suchanstrengungen, eine Arbeitsstelle zu finden, ist die Fragestellung aus dem SOEP, wie hoch die Wahrscheinlichkeit ist, dass Befragte von sich aus in den nächsten zwei Jahren einen Arbeitsplatz suchen werden. Die Antwortmöglichkeiten erstrecken sich auf eine Wahrscheinlich-keitsverteilung von Null bis 100 Prozent.

Eine Einschränkung in der Erhebung dieser Variable besteht allerdings darin, dass sie lediglich im zwei Jahresrhythmus verfügbar ist und auch keine anderen Fragen im SOEP existieren, die die Suchanstrengungen, eine Tätigkeit zu finden, abbilden. In diesem Sinne steht sie für die Jahre 1999, 2001, 2003, 2005, 2007 sowie 2009 den Auswertungen zur Verfügung, wenngleich die Jahre vor und nach diesem Zeitraum bei einer Untersuchung der unmittelbaren Umsetzungs-wirkungen der Agenda 2010 vernachlässigt werden können (SOEP-Core 2018).

Zusätzlich zu der Intensität während der Arbeitsplatzsuche werden rele-vante persönliche Merkmale aus dem SOEP in den empirischen Auswertungen berücksichtigt, um der individuellen Heterogenität Rechnung zu tragen. Hierzu zählen das Alter, die Distanz zum Arbeitsort, die Anzahl der Kinder, der Bezie-hungsstatus (insb. Partner), die Berufserfahrung in einer Vollzeittätigkeit, die Anzahl der Bildungsjahre, die Betriebszugehörigkeitsdauer, die Art der ausge-übten Tätigkeit, die Zuordnung zu einem Wirtschaftszweig und die persönli-che Risikoeinstellung (SOEP-Core 2018). Die Hochrechnungsfaktoren aus dem SOEP gewährleisten Repräsentativität der Ergebnisse.

Es sind jedoch einige Besonderheiten der Persönlichkeitsmerkmale aus dem SOEP zu berücksichtigen. So wird der Tätigkeitseinteilung das EPG-Klassen-schema, was bereits in Kapitel 2.3 erläutert wird, zu Grunde gelegt. Für die Wirt-schaftszweigeinteilung werden die 21 Abschnitte der WZ 2008 Klassifizierung verwendet, die nachfolgend aufgeführt sind (Statistisches Bundesamt 2018):

- Abschnitt A – Land- und Forstwirtschaft, Fischerei;
- Abschnitt B – Bergbau und Gewinnung von Steinen und Erden;
- Abschnitt C – Verarbeitendes Gewerbe;
- Abschnitt D – Energieversorgung;
- Abschnitt E – Wasserversorgung, Abwasser- und Abfallentsorgung und Beseitigung von Umweltverschmutzungen;
- Abschnitt F – Baugewerbe;
- Abschnitt G – Handel, Instandhaltung und Reparatur von Kraftfahrzeugen;
- Abschnitt H – Verkehr und Lagerei;
- Abschnitt I – Gastgewerbe;
- Abschnitt J – Information und Kommunikation;
- Abschnitt K – Erbringung von Finanz- und Versicherungsdienstleistungen;
- Abschnitt L – Grundstücks- und Wohnungswesen;
- Abschnitt M – Erbringung von freiberuflichen, wissenschaftlichen und tech-nischen Dienstleistungen;

- Abschnitt N – Erbringung von sonstigen wirtschaftlichen Dienstleistungen;
- Abschnitt O – Öffentliche Verwaltung, Verteidigung, Sozialversicherung;
- Abschnitt P – Erziehung und Unterricht;
- Abschnitt Q – Gesundheits- und Sozialwesen;
- Abschnitt R – Kunst, Unterhaltung und Erholung;
- Abschnitt S – Erbringung von sonstigen Dienstleistungen;
- Abschnitt T – Private Haushalte mit Hauspersonal, Herstellung von Waren und Erbringung von Dienstleistungen durch private Haushalte für den Eigenbedarf ohne ausgeprägten Schwerpunkt;
- Abschnitt U – Exterritoriale Organisationen und Körperschaften.

Eine weitere Besonderheit liegt in der Erhebung der persönlichen Risikoeinstellung im SOEP. Die Basis hierfür ist die Einschätzung von Befragten über ihre eigene Risikoneigung. Das Kontinuum der Antwortmöglichkeiten erstreckt sich auf eine Wahrscheinlichkeitsverteilung von Null bis 100 Prozent. Es gilt: Je höher die Angabe ist, desto risikofreudiger schätzen sich die Entscheidungsträger selbst ein.

Problematisch ist die Abfrage der Risikoeinstellung von Entscheidungsträgern aufgrund deren Zyklus. Es liegen lediglich Befragungen zu den Zeitpunkten 2004, 2006, 2008 sowie 2009 vor. Die Jahre ab 2010 sind an dieser Stelle für die Untersuchung irrelevant, da es vorrangig um die unmittelbaren Umsetzungswirkungen der Agenda 2010 geht (SOEP-Core 2018).

Im nächsten Schritt ist eine methodische Vorgehensweise zu konzipieren, mit der die Gültigkeit der Hypothese A geprüft werden kann. Eine Evaluation der Hypothese A mit Matching-Ansätzen oder vergleichbaren Methoden der Kausalanalyse, bei denen eine Einteilung in eine Behandlungs- und eine Kontrollgruppe vollzogen wird und die Wirkungsunterschiede einer Behandlung anhand dessen bestimmt werden, ist nicht möglich (Gehring und Weins 2004, 20, Eckle-Kohler und Kohler 2017, 16–17). Dies ist darauf zurückzuführen, dass die Umsetzung der für die Höhe der monetären Ansprüche bei Arbeitslosigkeit relevanten Maßnahmen aus der Agenda 2010 zum gleichen Zeitpunkt und bundesweit erfolgt ist. Deshalb sind keine Gruppen von Arbeitnehmern von der Reformumsetzung ausgeschlossen worden, was die Bildung einer Kontrollgruppe voraussetzt.

Mit dieser Einschränkung ist ein alternatives Evaluationsdesign im Vergleich zu den herkömmlichen Methoden im Rahmen der Messung kausaler Effekte zu entwickeln. Eine Idee besteht darin, zu untersuchen, ob der Umfang der finanziellen Ansprüche bei Arbeitslosigkeit einen kausalen Effekt auf die Suchanstrengungen, ein Arbeitsverhältnis zu finden, hat. Anders ausgedrückt: Es ist zu prüfen, ob die Suchbemühungen, eine Tätigkeit zu finden, zwischen Arbeit-nehmern deshalb unterschiedlich sind, weil sie verschieden hohe Ansprüche auf monetäre Unterstützung bei Arbeitslosigkeit haben. Eine der am meisten angewendeten Methoden zur Beantwortung derartiger Fragestellungen sind die random-effects und die fixed-effects Logit Modelle. Die beiden Ansätze stimmen darin überein, dass dieselbe abhängige Variable und die gleichen erklärenden Merkmale aufgenommen werden. In diesem Fall wird für die abhängige Variable eine binäre Ausprägung unterstellt, d.h. sie ist immer eins, wenn die Wahrscheinlichkeit, in den nächsten zwei Jahren aktiv auf Stellen-suche zu gehen, größer als Null ist (Giesselmann und Windzio 2012, 150–159, Dormann 2017, 254).

Erklärende Variable ist neben den persönlichen Merkmalen zur Berücksichti-gung der individuellen Heterogenität der Anspruch von Angestellten auf finan-zielle Leistungen bei Arbeitslosigkeit, die sich grundsätzlich auf den kompletten Erwerbsverlauf beziehen (Hartung, Elpelt und Klösener 2009, 899–913). Die monetären Ansprüche bei Arbeitslosigkeit beschränken sich deshalb nicht nur auf die Arbeitslosenversicherung, sondern berücksichtigen auch die möglichen Wohlfahrtsleistungen nach dem Erreichen der maximalen Bezugsdauer von Transfers aus der Arbeitslosenversicherung.

Anzumerken bleibt, dass es sich bei den finanziellen Ansprüchen bei Arbeits-losigkeit um keine Variable handelt, die durch das SOEP zur Verfügung gestellt wird, sondern um zusätzliche Berechnungen. Grundlage hiervon sind indi-viduelle Merkmale, die den Umfang des Arbeitslosengeldes bzw. der Wohl-fahrtsleistungen bestimmen sowie die zu dem Befragungszeitpunkt gültigen Rechtsnormen.

Zu erwähnen ist außerdem die Abbildung der durch die Agenda 2010 ein-geführten bzw. stetig verschärften Sanktionsmöglichkeiten hinsichtlich der Grundsicherung. Problematisch ist die Einführung der Sanktionierung im Rah-men der Modellierung deshalb, weil hiermit die Möglichkeit besteht, zukünftige Ansprüche auf das Arbeitslosengeld II zu kürzen. Aus diesem Grund besteht Unsicherheit darüber, wie hoch die zukünftige Grundsicherung ausfällt.

Um die Möglichkeit von Sanktionierung, die mit der Agenda 2010 umgesetzt worden ist, dennoch abbilden zu können, werden die gegenwärtigen Suchan-strengungen, eine Tätigkeit zu finden, als Indikator dafür herangezogen, bei einer zukünftigen Phase von Arbeitslosigkeit, bei der das Arbeitslosengeld II bezogen wird, sanktioniert zu werden. Dies bedeutet, dass die monetären Leis-tungen aus dem SGB II zur Sicherung des Lebensunterhalts umso niedriger aus-fallen, je geringer die jetzigen Suchbemühungen, ein Beschäftigungsverhältnis zu finden, sind. Es wird eine maximale Sanktionierung von 30 Prozent in der Modellierung unterstellt.

Hinsichtlich der Schätzmethode besteht der Unterschied zwischen dem random-effects und dem fixed-effects Logit Modell darin, wie die nicht beobachtete Heterogenität von Individuen behandelt wird. Beim fixed-effects Logit Modell werden Selektionsverzerrungen aufgrund von zeitunveränderlichen individuellen Variablen, die nicht zu beobachten sind, eliminiert. Dies bedeutet, dass persönliche Merkmale nicht zu falschen Ergebnissen führen, wenn sich diese im Zeitverlauf nicht ändern und auf Ebene der Individuen variieren (Schroeder 2010, 26–33).

Im Gegensatz hierzu besteht die zentrale Annahme des random-effects Logit Modells darin, dass die zeitunveränderlichen persönlichen Merkmale gar nicht erst mit den erklärenden Variablen des Regressionsmodells korrelieren und deshalb deren Eliminierung nicht notwendig ist. Aus diesem Grund treten auch keine Selektionsverzerrungen aufgrund von individuellen Charakteristika, die sich über den Zeitverlauf nicht ändern, auf (Sahai und Ageel 2000, 6–9, 24–26).

Für die Entscheidung, ob das random-effects oder das fixed-effects Logit Modell besser geeignet ist, um zu evaluieren, ob ein kausaler Effekt der Ansprüche auf monetäre Leistungen bei Arbeitslosigkeit auf die Suchintensität nach einem Job vorliegt, wird ein Hausman-Test operationalisiert. Die Null-Hypothese des Hausman-Tests besagt, dass das random-effects Logit Modell der fixed-effects Logit Regression vorzuziehen ist (Cameron und Trivedi 2005, 717–719).

Für die Kontrolle der Heterogenität von Individuen hinsichtlich des Merkmals der Risikoeinstellung ist zu berücksichtigen, dass die Risikoneigung des Einzelnen nicht als erklärende Variable in die Untersuchung aufgenommen werden kann. Dies ist darauf zurückzuführen, dass die Risikoeinstellung aus dem SOEP ein zeitunveränderliches Persönlichkeitsmerkmal darstellt. Ein Grund hierfür ist, dass Arbeitnehmer ihre Risikoeinstellung im Zeitverlauf geringfügig oder gar nicht ändern. Ein anderer Grund hierfür sind die dargelegten Restriktionen bei der Erhebung dieser Variable.

Um dennoch die Risikoeinstellung von Entscheidungsträgern in die Berechnungen aufnehmen zu können, werden die Regressionen separat für risikoaverse, -neutrale und -freudige Angestellte geschätzt. Hinsichtlich der Einteilung in die drei Gruppen wird angenommen, dass risikoaverse Individuen eine persönliche Risikobereitschaft von weniger als 50 Prozent aufweisen, während risikoneutrale Arbeitnehmer eine persönliche Risikobereitschaft von 50 Prozent haben. In den restlichen Fällen liegt eine risikofreudige Einstellung vor (Pannenberg 2007, 66).

Nun zur Hypothese B. Hierbei geht es darum, die Prüfung eines kausalen Effekts der Maßnahmen aus der Agenda 2010, die im Zusammenhang mit der

Höhe der finanziellen Ansprüche bei Arbeitslosigkeit gestanden haben, auf die selbstgewählte Mobilität am Arbeitsmarkt zu erweitern und nicht nur auf die Suchintensität nach einem Arbeitsplatz zu beschränken, wie bei der Hypothese A. Im Rahmen dessen ist eine Beziehung zwischen der Entwicklung der Bemühungen während der Jobsuche und der eigenmotivierten beruflichen Mobilität herzustellen und um zusätzliche Einflussfaktoren auf die selbstgewählte berufliche Mobilität zu kontrollieren.

Eine Möglichkeit hierfür sind die offenen Stellen als arbeitsnachfrageseitiger Faktor für die durch die Beschäftigten initiierten Stellenwechsel. Das ökonomische Kalkül ist recht einfach. Je höher die Anzahl von Vakanzen innerhalb der Volkswirtschaft ist, desto eher wechseln Jobsuchende ihren Arbeitsplatz, ganz gleich wie hoch deren Suchanstrengungen nach einem Job ausfallen (Cahuc, Carcillo und Zylberberg 2014, 260–264, 271–272, 274).

Mit Daten der Bundesagentur für Arbeit können die offenen Stellen im Zeitverlauf erfasst werden. Diese berücksichtigen alle öffentlich gemeldeten Vakanzen (Statistisches Bundesamt 2017, Bundesagentur für Arbeit, Statistik 2018). Um auch bei dieser Zeitreihe Schwankungen der Erwerbstätigenzahl zu eliminieren, werden sie als Anteil an allen Erwerbstätigen ausgedrückt.

Ferner ist eine methodische Vorgehensweise zu konzipieren, die geeignet ist, die Gültigkeit der Hypothese B zu prüfen. Der Granger-Kausalitätstest ist ein Ansatz, um derartige Fragestellungen ökonometrisch zu modellieren. Diese Art von Testverfahren zur Prüfung der Kausalität zwischen zwei Variablen ist eine der gängigsten Methoden im Bereich der kausalen Zeitreihenanalyse (Neusser 2011, 198–200).

Ausgangssituation des Granger-Kausalitätstests sind zwei Variablen, die zu jedem Zeitpunkt verfügbar sind. Zu klären ist, ob die eine Zeitreihe in dem Sinne granger-kausal hinsichtlich der anderen Variable ist, dass Veränderungen des ersten Merkmals die Entwicklung der zweiten Zeitreihe bedingen.

Operationalisiert wird der Granger-Kausalitätstest mit zwei Regressionsmodellen. Das erste Regressionsmodell ist autoregressiv, in dem allein die vergangenen Ausprägungen der Zeitreihe als erklärende Variable genutzt werden, auf die der Einfluss eines anderen Merkmals zu testen ist. Im zweiten Regressionsmodell werden zusätzlich die vergangenen Werte der Zeitreihe als erklärende Variable verwendet, deren Entwicklung auf die Werte der anderen Zeitreihe zu testen ist.

Die beiden Regressionsmodelle zu Grunde gelegt, ist mit dem Granger-Kausalitätstest zu testen, ob die Berücksichtigung der zusätzlichen Zeitreihe im zweiten Regressionsmodell eine bessere Prognose liefert als wenn nur die vergangenen Ausprägungen für die Prognose des anderen Merkmals genutzt werden. Die Null-Hypothese des Granger-Kausalitätstests besagt, dass keine

Granger-Kausalität vorliegt (Stier 2001, 83–86, Kirchgässner und Wolters 2006, 83–98).

Für die vorliegende Prüfung der Hypothese B wird der Granger-Kausalitätstest folgendermaßen angewendet. Der Anteil der eigenmotivierten Mobilitätsbewegungen am Arbeitsmarkt an den Erwerbstätigen ist das zu erklärende Merkmal. Im Anschluss werden zwei Granger-Kausalitätstests durchgeführt, je für die Zeitreihen der Jobsuchenden und der offenen Stellen, beides ausgedrückt als Anteil an den Erwerbstätigen. Dies bedeutet, dass beide Zeitreihen als Variable für die Erklärung der selbstgewählten beruflichen Mobilität separat Berücksichtigung finden. Ein Vergleich der Signifikanzniveaus der beiden Granger-Kausalitätstests ist die Grundlage für die Prüfung der Hypothese B. Aus Zeitreihenrestriktionen ist die Anzahl der Lags, d.h. der vergangenen Zeitpunkte zur Erklärung jetziger Ausprägungen, auf eins beschränkt.

5.2.2 Zum Evaluationsdesign des Effekts der modifizierten Arbeitsversicherung auf die eigenmotivierte berufliche Mobilität

In diesem Kapitel wird ein Evaluationsdesign entwickelt, das geeignet ist, die Gültigkeit der Hypothesen C und D zu prüfen. Bei diesen beiden Hypothesen geht es um die Auswirkungen der modifizierten Arbeitsversicherung auf die eigenmotivierten beruflichen Mobilitätsbewegungen von Beschäftigten.

Für die Evaluation der Hypothese C, die annimmt, dass die Suchanstrengungen, eine Arbeitsstelle zu finden, umso größer ausfallen, desto ausgeprägter die Fähigkeiten, die Kompetenzen, das Wissen sowie die Erfahrungen sind, wird das SOEP genutzt (SOEP 2017). Die dargelegte Operationalisierung der Variablen aus dem SOEP im Rahmen der Hypothese A ist an dieser Stelle um die Abbildung der Weiterbildungsteilnahme zu ergänzen.

Grundlage für die Variable hinsichtlich der Belegung von Fortbildungsveranstaltungen ist die Fragestellung im SOEP, wie viele Stunden pro Werktag für Aus- und Weiterbildungen im letzten Jahr aufgewendet worden sind. Im Rahmen dessen sind zwei Besonderheiten zu berücksichtigen.

Erstens erlauben es die Daten des SOEP nicht, die Teilnahme an einer Weiterbildung nach deren Charakter, d.h. informeller, non-formaler oder formaler Art, zu differenzieren. Alle Arten von Weiterbildungen werden damit in der Analyse gleichbehandelt.

Eine weitere Einschränkung besteht in der Erhebung der Variable zu der Belegung von Weiterbildungen, weil sie nur für die Jahre 2013, 2014 und 2015 verfügbar ist. Da die Befragungen zur Suchintensität nach einer Stelle für keine

Zeitpunkte nach dem Jahr 2013 im SOEP erhoben werden, beschränkt sich die Analyse auf eine Querschnittsbetrachtung des Jahres 2013, da dies der einzige Zeitpunkt ist, in dem eine Überschneidung beider Zeitreihen zu beobachten ist (SOEP-Core 2018).

Nun ist eine Methodik zu entwickeln, mit der die Gültigkeit der Hypothese C geprüft werden kann. Für die Evaluation der Hypothese C bietet sich ein Matching-Ansatz an, bei der eine Einteilung in eine Behandlungs- und eine Kontrollgruppe erfolgt und die Wirkungsunterschiede einer Behandlung anhand dessen determiniert werden. In dem vorliegenden Kontext heißt das, dass diejenigen mit einer Weiterbildungsteilnahme zu der Behandlungsgruppe gehören und diejenigen ohne eine Belegung von Fortbildungen der Kontrollgruppe zugerechnet werden. Ein Vergleich der Wirkungsvariablen, d.h. der Suchanstrengungen, einen Job ausfindig zu machen, zwischen den beiden Gruppen ergibt den Behandlungseffekt (Bortz und Döring 2003, 548–554).

Ist der Behandlungseffekt grob spezifiziert, so ist ferner der ATT zu definieren, der in den weiteren Überlegungen Verwendung findet. Der ATT ist als die Differenz der Wirkungsvariablen zwischen Personen, die eine Behandlung erfahren haben und zur Behandlungsgruppe gehören, und denjenigen, die keine Behandlung zugewiesen bekommen haben und ebenfalls der Behandlungsgruppe zugehörig sind, definiert. Wie ersichtlich wird, besteht die Herausforderung darin, den kontrafaktischen Zustand zu bestimmen. Dieser ist nicht zu beobachten und bezieht sich auf die Veränderung der Wirkungsvariablen von Personen, die zur Behandlungsgruppe gehören, ohne dass sie eine Behandlung erfahren haben (Morgan und Winship 2015, 226–227).

Eine Modellierungsmöglichkeit zur Bestimmung des ATT ist der propensity-score-matching Ansatz. Die Schätzung des propensity-score-matching Modells beruht auf einem Querschnittsdesign, dem der identifizierte Datensatz aus dem SOEP für das Jahr 2013 zu Grunde liegt.

Operationalisiert werden kann der propensity-score-matching Ansatz anhand von zwei Berechnungsschritten. Im ersten Schritt wird die persönliche Wahrscheinlichkeit geschätzt, dass ein Arbeitnehmer an einer Fortbildungsmaßnahme teilnimmt. Das probistische Wahrscheinlichkeitsmodell ist hierfür die ökonometrische Grundlage. Auch werden persönliche Merkmale genutzt, um die individuelle Heterogenität zu kontrollieren.

Im zweiten Schritt werden anhand der ermittelten Chance, an einer Weiterbildungsmaßnahme teilzunehmen, die Beobachtungen aus der Behandlungs- und der Kontrollgruppe zusammengeführt. Dies beruht auf der Erkenntnis, dass es unerheblich ist, welcher von zwei Beschäftigten, die beide dieselbe

Wahrscheinlichkeit gehabt haben, die Weiterbildung zu belegen, einer sich jedoch in der Behandlungs- und der andere in der Kontrollgruppe befindet, an der Fortbildung teilgenommen hat (Caliendo 2006, 71–80, Caliendo und Kopeinig 2008, 31–33).

Die Zielsetzung besteht darin, dass sich die persönlichen Merkmale zwischen der Behandlungs- und der Kontrollgruppe nach dem Matching, d.h. das Zusammenführen von statistisch ähnlichen Beobachtungen aus den beiden Gruppen, nicht signifikant voneinander unterscheiden. Entsprechende t-Tests, deren Null-Hypothese aussagt, dass sich die Behandlungs- und die Kontrollgruppe hinsichtlich eines ausgewählten Merkmals nicht statistisch signifikant voneinander unterscheiden, werden hierzu vor und nach dem Matching durchgeführt (Khandker, Koolwal und Samad 2010, 63–66).

Auch für die Hypothese C werden die Berechnungen separat für risikoaverse, -neutrale und -freudige Entscheidungsträger operationalisiert. Es gilt dieselbe Einteilung in die drei Kategorien wie bei der Hypothese A.

Abschließend gilt es, ein Evaluationsdesign für die Hypothese D zu konzipieren. Problematisch ist die Prüfung der Hypothese D deshalb, weil es darum geht, Verhaltensänderungen hinsichtlich der Weiterbildungsteilnahme, die auf die modifizierte Arbeitsversicherung zurückzuführen sind, zu prognostizieren. Da weder die modifizierte Arbeitsversicherung noch vergleichbare sozial- und arbeitsmarktpolitische Projekte bisher umgesetzt worden sind, gibt es hierzu auch keine Daten zu deren Auswirkungen auf die persönliche Entscheidungsbildung.

Um dennoch belastbare und verlässliche Ergebnisse generieren zu können, soll sich das Untersuchungsdesign an den in der Vergangenheit beobachteten Änderungen der Teilnahme an Weiterbildungen nach einer Einführung von externen Unterstützungsleistungen orientieren. Anders ausgedrückt: Die Umsetzungswirkungen der angepassten Arbeitsversicherung werden durch die Umsetzungswirkungen von arbeitgeberseitigen Fortbildungsleistungen approximiert. Hierzu gehören maßgeblich die durch Unternehmen bereitgestellten Mittel für die Teilnahme an Weiterbildungen. Wichtig ist in diesem Zusammenhang, dass die im Datensatz identifizierten externen Unterstützungen hinsichtlich der Weiterbildungsteilnahme in ihrem Charakter den durch die angepasste Arbeitsversicherung bereitgestellten Leistungen entsprechen. Eine ähnliche Herangehensweise ist bereits in Hans, et al. (2017, 32–36) verwendet worden.

Bevor die ökonometrischen Methoden diskutiert werden, mit denen die Hypothese D evaluiert werden kann, muss zunächst die Operationalisierbarkeit relevanter Variablen eruiert werden. Wie sich zeigt, ist das SOEP ungeeignet, um umfangreiche Informationen zu einem möglichen Weiterbildungsbesuch von Befragten zu erhalten, da die relevanten Variablen in den Fragebögen nicht enthalten sind.

Eine Alternative zum SOEP stellt das NEPS dar. Das NEPS ist eine seit 2007 jährlich wiederholende Personenbefragung (NEPS 2018). Die Besonderheit des NEPS besteht darin, dass es einen Schwerpunkt auf bildungsrelevanten Fragestellungen legt.

Zunächst ist die Art der Weiterbildungsveranstaltungen, d.h. formal, non-formal oder informell, mit dem NEPS zu charakterisieren. Grundlage ist die Fragestellung, ob die Personen, die im letzten Jahr an einer Weiterbildung teilgenommen haben, eine Bescheinigung oder ein Zertifikat erhalten haben (NEPS 2017, 2457, 3045). Es wird angenommen, dass formale und teilweise non-formale Veranstaltungen vorliegen, sofern ein Zertifikat oder eine Teilnahmebescheinigung ausgestellt worden ist.

Für die Messung des Umfangs der belegten Fortbildungen werden Angaben aus dem NEPS verwendet, bei denen Teilnehmer von Weiterbildungsveranstaltungen angegeben haben, wie viele Stunden ihre Fortbildung angedauert hat (NEPS 2017, 148, 225, 2179, 2186, 2195, 2204, 2293–2300, 2412, 2465).

Außerdem gilt es mit dem NEPS, Förderleistungen von Arbeitgebern für die Teilnahme an Weiterbildungen zu identifizieren, die in ihrem Charakter den durch die angepasste Arbeitsversicherung bereitgestellten Leistungsumfang entsprechen. Zunächst zu den finanziellen Förderleistungen.

Einerseits ist es möglich im NEPS festzustellen, ob der Arbeitgeber die Kosten einer Weiterbildung ganz, teilweise oder gar nicht getragen hat. Andererseits kann mit den Daten des NEPS bestimmt werden, ob Unternehmen ihren Mitarbeitern die Möglichkeit eingeräumt haben, finanzielle Unterstützung zur Weiterbildungsteilnahme wahrzunehmen, obgleich diese nicht zwangsläufig abgerufen werden mussten.

Andere Fragen, die sich auf nicht monetäre Leistungen der Arbeitgeber im Rahmen der Teilnahme an Fortbildungen beziehen und ihrem Charakter nach der durch die angepasste Arbeitsversicherung bereitgestellten Unterstützungen entsprechen, sind nachfolgend aufgeführt (NEPS 2017, 2324–2329, 2453):

- Hat Ihnen Ihr derzeitiger Arbeitgeber angeboten, Sie für den Besuch von Lehrgängen und Kursen von der Arbeitszeit freizustellen?
- Gibt es in Ihrem Betrieb eine Betriebsvereinbarung über Weiterbildung?
- Gibt es dort eine regelmäßige Weiterbildungsplanung für die Mitarbeiter?
- Gibt es dort eine für Bildung oder Weiterbildung zuständige Person, Einheit oder Abteilung?

Auch von Relevanz für die Charakterisierung des Weiterbildungsbesuchs ist das Merkmal, ob die Teilnahme an der Fortbildung verpflichtend oder freiwillig gewesen ist. Es sind nur die Veranstaltungen aufzunehmen, die der freien Entscheidungsbildung zuzuordnen sind (NEPS 2017, 1800–1808, 1937).

Zusätzlich zu den Variablen aus dem NEPS, die die Belegung von Weiterbildungsveranstaltungen der Befragten charakterisieren, werden persönliche Merkmale in den empirischen Auswertungen berücksichtigt, um der individuellen Heterogenität Rechnung zu tragen. Hierzu zählen eigene Finanzierungsmöglichkeiten zur Belegung von Fortbildungsveranstaltungen, das Alter, das Geschlecht, der Beziehungsstatus (insb. verheiratet), die Anzahl der Kinder im Haushalt, das Nettohaushaltseinkommen, die Anzahl der Bildungsjahre sowie die Betriebszugehörigkeitsdauer (NEPS 2017, 9, 14, 27–30, 34, 37, 233, 2299, 2452). Mit Hochrechnungsfaktoren aus einer Sonderabfrage wird die Repräsentativität der Ergebnisse gewährleistet.

Neben der Datensatzverfügbarkeit ist auch zu diskutieren, welche methodische Vorgehensweise für die Prüfung der Gültigkeit der Hypothese D verwendet werden kann. Wie bereits für die Hypothese C bietet sich auch für die Hypothese D das propensity-score-matching Modell an, weil eine Einteilung in eine Behandlungs- und eine Kontrollgruppe möglich ist. Damit beruhen die Berechnungen auf einer Querschnittserhebung des NEPS aus dem Erhebungszeitpunkt der Jahre 2014 und 2015. Da die methodische Vorgehensweise beim propensity-score-matching bereits detailliert im Rahmen der Hypothese C dargelegt wird, ist an dieser Stelle nicht hierauf einzugehen.

5.3 Die Diskussion der Ergebnisse und deren sozial- und arbeitsmarktpolitische Implikation

5.3.1 Der Effekt der Agenda 2010 auf die eigenmotivierte berufliche Mobilität

In diesem Kapitel werden die Ergebnisse zu den ersten beiden Hypothesen erläutert. Im Kern geht es bei den Hypothesen A und B um die Auswirkungen derjenigen Maßnahmen aus der Agenda 2010, die die Höhe der finanziellen Leistungen bei Arbeitslosigkeit begrenzt haben, auf die selbstgewählte Mobilität am Arbeitsmarkt.

Zuerst zur Hypothese A. Diese unterstellt, dass die Suchanstrengungen, eine Arbeitsstelle ausfindig zu machen, in Folge der Agenda 2010 zurückgegangen sind. Methodische Grundlage hierfür ist entweder das random-effects oder das fixed-effects Logit Modell.

Entscheidend für die Wahl zwischen den beiden Modellen ist ein Hausman-Test. Die Null-Hypothese des Hausman-Tests besagt, dass das random-effects dem fixed-effects Logit Modell vorzuziehen ist. Im Rahmen des Hausman-Tests werden zunächst beide Modelle, d.h. die random-effects und die fixed-effects Logit Regression, separat geschätzt.

Nachfolgend sind die Ergebnisse des Hausman-Tests für die beiden Zeiträume, d.h. vor und nach der Umsetzung der Agenda 2010, in denen die random-effects und die fixed-effects Logit Modelle geschätzt werden, dargestellt:

Tabelle 3: Die Schätzergebnisse des Hausman-Tests zur Auswahl zwischen dem random-effects und dem fixed-effects Logit Modell bei der Schätzung zu dem Einfluss der finanziellen Ansprüche bei Arbeitslosigkeit auf die Suchintensität, ein Arbeitsverhältnis zu finden, in den Jahren 1999 bis 2003 und 2005 bis 2009. Quelle: Eigene Berechnungen.

Zeitraum	Prob > chi2
1999 bis 2003	1,0000
2005 bis 2009	0,6619
Beobachtungszahl	137.120

Anmerkung: Hausman-Test zur Modellauswahl zwischen dem random-effects und dem fixed-effects Logit Modell, je mit der binären Variable, in den nächsten zwei Jahren aktiv auf Stellensuche zu gehen, als abhängiges Merkmal. Erklärende Variablen sind der Anspruch auf finanzielle Leistungen bei Arbeitslosigkeit, das Alter, die Distanz zum Arbeitsort, die Anzahl der Kinder, der Beziehungsstatus (insb. Partner), die Berufserfahrung in einer Vollzeittätigkeit, die Anzahl der Bildungsjahre, die Betriebszugehörigkeitsdauer, die Art der ausgeübten Tätigkeit und die Zuordnung zu einem Wirtschaftszweig.

Sowohl für die Regression für den Zeitraum vor der Umsetzung der Agenda 2010 als auch für das Modell mit den Jahren ab einschließlich 2005 werden die Null-Hypothesen des Hausman-Tests nicht abgelehnt, weil der p-Wert des Hausman-Tests oberhalb des zehn Prozent Signifikanzniveaus liegt. Dies bedeutet, dass das random-effects Logit Modell die präferierte Panelmethode für die Schätzung des kausalen Effekts der finanziellen Ansprüche bei Arbeitslosigkeit auf die Suchanstrengungen, einen Arbeitsplatz zu finden, darstellt.

In der nachfolgenden Tabelle sind die beiden random-effects Logit Modelle, d.h. für den Zeitraum vor und nach der Umsetzung der Agenda 2010, dargestellt:

Tabelle 4: Die Schätzergebnisse des random-effects Logit Modells zu dem Einfluss der finanziellen Ansprüche bei Arbeitslosigkeit auf die Suchintensität, ein Arbeitsverhältnis zu finden, in den Jahren 1999 bis 2003 und 2005 bis 2009. Quelle: Eigene Berechnungen.

Variable	1999 bis 2003		2005 bis 2009	
	Koeffizient	Prob > t	Koeffizient	Prob > t
Panel A: Variable zu den Ansprüchen auf finanzielle Leistungen bei Arbeitslosigkeit				
Arbeitslosenversicherung und Wohlfahrtsleistungen	9,22E-07***	2,14E-07	3,93E-06***	4,00E-07
Panel B: Kontrollvariable				
Alter	✓		✓	
Distanz zum Arbeitsort	✓		✓	
Kinder	✓		✓	
Partnerschaft	✓		✓	
Berufserfahrung	✓		✓	
Bildungsjahre	✓		✓	
Betriebszugehörigkeitsdauer	✓		✓	
Tätigkeiten nach dem EPG-Klassenschema (Referenzkategorie: Oberschicht)	✓		✓	
Wirtschaftszweige nach den Abschnitten der WZ 2008 (Referenzkategorie: Abschnitt A = Land- und Forstwirtschaft, Fischerei)	✓		✓	
Prob > chi2	0,0000		0,0000	
Beobachtungszahl	5.679		4.153	
Anzahl an Gruppen	3.068		1.907	
*10%, **5%, ***1%				

Anmerkung: Random-effects Logit Modell mit der binären Variable, in den nächsten zwei Jahren aktiv auf Stellensuche zu gehen, als abhängiges Merkmal.

Zunächst ist festzuhalten, dass die erklärenden Variablen in beiden Regressionsmodellen grundsätzlich geeignet sind, um die Varianz der Suchanstrengungen nach einer Stelle zu erklären. Dies ist darauf zurückzuführen, dass die Null-Hypothese des chi2-Tests auf dem ein Prozent Signifikanzniveau in beiden Regressionsmodellen abgelehnt wird. Die Null-Hypothese des chi2-Tests bezieht sich darauf, dass die Koeffizienten der in den Schätzgleichungen berücksichtigten erklärenden Variablen nicht statistisch signifikant von Null zu unterscheiden sind und das Regressionsmodell keine Erklärung für die Variation der abhängigen Variable bietet.

Weiterhin sind die Koeffizienten des Anspruchs auf finanzielle Leistungen bei Arbeitslosigkeit, die sich auf den kompletten Lebensverlauf beziehen, in beiden Regressionsmodellen auf dem ein Prozent Niveau statistisch signifikant. Dies bedeutet, dass die Höhe der monetären Ansprüche bei Arbeitslosigkeit außerordentlich relevant ist, um die Varianz der Suchanstrengungen nach Tätigkeitsverhältnissen erklären zu können. Anders ausgedrückt: Die im Falle von zukünftiger Arbeitslosigkeit durch den Staat gezahlten Finanzmittel bestimmen die gegenwärtige Entscheidungsbildung hinsichtlich der Auswahl von eigenen Bemühungen für die Suche nach einem Job.

Ebenfalls kann den Schätzergebnissen entnommen werden, dass die Koeffizienten der Ansprüche auf monetäre Unterstützung bei Arbeitslosigkeit positiv sind. Damit ist die Suchintensität, ein Tätigkeitsverhältnis zu finden, umso geringer, je niedriger die Versicherungs- bzw. die Wohlfahrtsleistungen bei Arbeitslosigkeit ausfallen.

Für die Kontrolle individueller Heterogenität innerhalb des Entscheidungsproblems, ein Anstrengungsniveau für die Suche nach einem Beschäftigungsverhältnis auszuwählen, werden neun Kontrollvariablen berücksichtigt. Hierzu gehören das Alter, die Distanz zum Arbeitsort, die Anzahl der Kinder, der Beziehungsstatus (insb. Partner), die Berufserfahrung in einer Vollzeittätigkeit, die Anzahl der Bildungsjahre, die Betriebszugehörigkeitsdauer, die Art der ausgeübten Tätigkeit sowie die Zuordnung zu einem Wirtschaftszweig.

Als Ergänzung zu den bisherigen Schätzergebnissen wird nachfolgend der Umfang der finanziellen Ansprüche bei Arbeitslosigkeit nach den beiden Anspruchsarten, d.h. aus der Arbeitslosenversicherung oder den Wohlfahrtleistungen, als separate erklärende Variablen innerhalb des random-effects Logit Modells differenziert:

Tabelle 5: Die Schätzergebnisse des random-effects Logit Modells zu dem Einfluss der finanziellen Ansprüche bei Arbeitslosigkeit, differenziert nach dem Rechtskreis, auf die Suchintensität, ein Arbeitsverhältnis zu finden, in den Jahren 1999 bis 2003 sowie 2005 bis 2009.
Quelle: Eigene Berechnungen.

Variable	1999 bis 2003		2005 bis 2009	
	Koeffizient	Prob > t	Koeffizient	Prob > t
Panel A: Variable zu den Ansprüchen auf finanzielle Leistungen bei Arbeitslosigkeit				
Arbeitslosenversicherung	9,21E-07***	2,14E-07	4,94E-07	9,60E-07
Wohlfahrtsleistungen	9,30E-07*	5,10E-07	4,60E-06***	4,32E-07
Panel B: Kontrollvariable				
Alter	✓		✓	
Distanz zum Arbeitsort	✓		✓	
Kinder	✓		✓	
Partnerschaft	✓		✓	
Berufserfahrung	✓		✓	
Bildungsjahre	✓		✓	
Betriebszugehörigkeitsdauer	✓		✓	
Tätigkeiten nach dem EPG-Klassenschema (Referenzkategorie: Oberschicht)	✓		✓	
Wirtschaftszweige nach den Abschnitten der WZ 2008 (Referenzkategorie: Abschnitt A – Land- und Forstwirtschaft, Fischerei)	✓		✓	
Prob > chi2	0,0000		0,0000	
Beobachtungszahl	5.679		4.153	
Anzahl an Gruppen	3.068		1.907	
*10%, **5%, ***1%				

Anmerkung: Random-effects Logit Modell mit der binären Variable, in den nächsten zwei Jahren aktiv auf Stellensuche zu gehen, als abhängiges Merkmal.

Auch bei dieser Modellvariante wird die Null-Hypothese des chi2-Tests auf dem ein Prozent Signifikanzniveau abgelehnt. Dies bedeutet, dass die beiden Regressionsmodelle und die darin berücksichtigten erklärenden Variablen grundsätzlich geeignet sind, um die Variation der Suchbemühungen, ein Beschäftigungsverhältnis ausfindig zu machen, erklären zu können.

Eine Besonderheit der Schätzergebnisse zeigt sich in den Signifikanzniveaus der Koeffizienten der Ansprüche auf das Arbeitslosengeld und der Arbeitslosen- und der Sozialhilfe bzw. der Grundsicherung. Sind die Koeffizienten der beiden Anspruchsarten auf finanzielle Unterstützung bei Arbeitslosigkeit im Regressionsmodell für den Zeitraum von 1999 bis 2003 auf dem ein bzw. zehn Prozent Niveau statistisch signifikant und positiv, so ist für das zweite Modell festzuhalten, dass die Höhe der Leistungen aus der Arbeitslosenversicherung nicht mehr relevant für die Erklärung der Varianz der Suchintensität nach einem Arbeitsplatz ist. Der Koeffizient der Wohlfahrtsleistungen des Staates ist weiterhin statistisch signifikant auf dem ein Prozent Niveau.

Ferner wird die Risikoeinstellung als weitere Möglichkeit, individuelle Heterogenität zu kontrollieren, in die Analyse aufgenommen. Zur Vereinfachung wird keine Unterscheidung nach der Art der Ansprüche auf monetäre Leistungen bei Arbeitslosigkeit, d.h. aus der Arbeitslosenversicherung oder der Arbeitslosenhilfe- und der Sozialhilfe bzw. der Grundsicherung, vorgenommen.

Die Koeffizienten der relevanten erklärenden Variablen aus dem separat für die drei Risikoeinstellungen geschätzten random-effects Logit Modellen sind in der nachfolgenden Tabelle dargestellt:

Tabelle 6: Die Schätzergebnisse des random-effects Logit Modells zu dem Einfluss der finanziellen Ansprüche bei Arbeitslosigkeit, differenziert nach der Risikoeinstellung, auf die Suchintensität, ein Arbeitsverhältnis zu finden, in den Jahren 1999 bis 2003 sowie 2005 bis 2009. Quelle: Eigene Berechnungen.

Variable	1999 bis 2003		2005 bis 2009	
	Koeffizient	Prob > t	Koeffizient	Prob > t
Panel A: Variable zu den Ansprüchen auf finanzielle Leistungen bei Arbeitslosigkeit				
Arbeitslosenversicherung und Wohlfahrtsleistungen, Risikoaversion	8,86E-07**	4,10E-07	4,76E-06***	7,02E-07
Arbeitslosenversicherung und Wohlfahrtsleistungen, Risikoneutralität	8,17E-07	5,06E-07	5,14E-06***	9,40E-07
Arbeitslosenversicherung und Wohlfahrtsleistungen, Risikofreude	8,63E-07**	3,53E-07	3,08E-06***	5,88E-07
Panel B: Kontrollvariable				
Alter	✓		✓	
Distanz zum Arbeitsort	✓		✓	
Kinder	✓		✓	
Partnerschaft	✓		✓	
Berufserfahrung	✓		✓	
Bildungsjahre	✓		✓	
Betriebszugehörigkeitsdauer	✓		✓	

(fortgeführt)

Tabelle 6: Fortsetzung

Variable	1999 bis 2003		2005 bis 2009	
	Koeffizient	Prob > t	Koeffizient	Prob > t
Tätigkeiten nach dem EPG-Klassenschema (Referenzkategorie: Oberschicht)	✓		✓	
Wirtschaftszweige nach den Abschnitten der WZ 2008 (Referenzkategorie: Abschnitt A – Land- und Forstwirtschaft, Fischerei)	✓		✓	
Prob > chi2	0,0000		0,0000	
Beobachtungszahl	1.977 | 1.131 | 1.687		1.720 | 928 | 1.481	
Anzahl an Gruppen	984 | 563 | 839		786 | 422 | 683	
*10%, **5%, ***1%				

Anmerkung: Random-effects Logit Modell mit der binären Variable, in den nächsten zwei Jahren aktiv auf Stellensuche zu gehen, als abhängiges Merkmal.

Weiterhin wird die Null-Hypothese des chi2-Tests in allen Modellspezifikationen auf dem ein Prozent Signifikanzniveau abgelehnt, so dass die Regressionsmodelle für die drei Risikoeinstellungen grundsätzlich geeignet sind, um die Variation der Suchintensität im Rahmen der Jobsuche zu erklären. Auch für die Koeffizienten der finanziellen Ansprüche bei Arbeitslosigkeit gilt überwiegend, dass sie statistisch signifikant sind und damit für das Entscheidungsproblem, eine Intensität für die Jobsuche auszuwählen, von Relevanz sind. Allein im Untersuchungszeitraum 1999 bis 2003 ist der Koeffizient für das Modell mit risikoneutralen Entscheidungsträgern statistisch insignifikant.

Nun zur Bedeutung der Risikoeinstellung von Beschäftigten hinsichtlich des Rückgangs der Suchanstrengungen, eine Stelle ausfindig zu machen, in Folge der Realisation der Agenda 2010. Für den Untersuchungszeitraum der Jahre 1999 bis 2003 kann gezeigt werden, dass der Koeffizient des Umfangs der finanziellen Ansprüche bei Arbeitslosigkeit in dem Modell, bei dem nur risikoaverse Arbeitnehmer aufgenommen werden, am größten ist. Dies bedeutet, dass die Suchbemühungen von risikoaversen Angestellten, einen Arbeitsplatz zu finden, in einer stärkeren Abhängigkeit zu den monetären Leistungen bei Arbeitslosigkeit stehen als bei den anderen beiden Arten der Risikoeinstellung. Es muss aber auch einschränkend festgehalten werden, dass sich die Koeffizienten der Ansprüche auf das Arbeitslosengeld und der Arbeitslosen- bzw. der Sozialhilfe zwischen den beiden Modellen der risikoaversen und risikofreudigen Entscheidungsträger, absolut betrachtet, nur marginal voneinander unterscheiden.

Für den Untersuchungszeitraum der Jahre 2005 bis 2009 zeigt sich, dass die risikoneutralen Arbeitnehmer die höchste Ausprägung des Koeffizienten der Höhe der monetären Ansprüche bei Arbeitslosigkeit aufweisen, gefolgt von den risikoaversen Beschäftigten. An dritter Stelle befinden sich die risikofreudigen Angestellten. Alle drei Koeffizienten sind statistisch signifikant auf dem ein Prozent Niveau.

Werden die Überlegungen zusammengefasst, so liegen ausreichend Indizien vor, dass die Hypothese A nicht abgelehnt werden kann. Beruhend auf dem positiven Zusammenhang zwischen dem Umfang finanzieller Ansprüche bei Arbeitslosigkeit und der Suchintensität nach einem Job liegt der Schluss nahe, dass die Umsetzung der Agenda 2010 den Rückgang der Suchanstrengungen nach einem Job initiiert hat.

Im nächsten Schritt ist die Hypothese B näher zu betrachten. Hierbei wird unterstellt, dass die Abnahme der Suchanstrengungen, einen Arbeitsplatz zu finden, in Folge der Umsetzung der Agenda 2010 den Rückgang der selbstgewählten beruflichen Mobilität initiiert hat. Die methodische Basis ist der Granger-Kausalitätstest.

Für die Prüfung der Hypothese B werden zwei Granger-Kausalitätstests operationalisiert. Der erste Granger-Kausalitätstest testet die Null-Hypothese, dass die Suchintensität nach einer Tätigkeit als arbeitsangebotsseitige Determinante die Entwicklung der eigenmotivierten beruflichen Mobilität vor, während und nach der Umsetzung der Agenda 2010 nicht bestimmt hat. Bei dem zweiten Granger-Kausalitätstest wird die Anzahl offener Stellen zu Grunde gelegt.

In der folgenden Tabelle sind die beiden Granger-Kausalitätstests dargestellt:

Tabelle 7: Die Schätzergebnisse des Granger-Kausalitätstests zu dem Einfluss der Suchintensität, ein Arbeitsverhältnis zu finden, sowie der offenen Stellen auf die eigenmotivierte berufliche Mobilität in den Jahren 1999 bis 2009. Quelle: Eigene Berechnungen.

Modell	Prob > F
Anteil der aktiv Jobsuchenden an den Erwerbstätigen	0,0411**
Anteil der offenen Stellen an den Erwerbstätigen	0,0986*

Anmerkung: Granger-Kausalitätstests mit den eigenmotivierten beruflichen Mobilitätsbewegungen als abhängiges Merkmal.

Wie den Ergebnissen zu entnehmen ist, kann die Null-Hypothese des Granger-Kausalitätstests für die Suchbemühungen, eine Stelle zu finden, auf dem fünf Prozent Signifikanzniveau abgelehnt werden. Dies bedeutet, dass die Vorhersage der eigenmotivierten Mobilität am Arbeitsmarkt durch die Berücksichtigung der Suchanstrengungen, eine Tätigkeit zu finden, verbessert wird. Hieraus kann abgeleitet werden, dass der Rückgang der Suchintensität nach Tätigkeitsverhältnissen, der in Folge der Agenda 2010 zu beobachten gewesen ist, die Abnahme der eigenmotivierten beruflichen Mobilität bedingt hat.

Außerdem kann gezeigt werden, dass die Null-Hypothese des Granger-Kausalitätstests für die Anzahl offener Stellen auf dem zehn Prozent Signifikanzniveau abgelehnt wird. Damit ist festzuhalten, dass auch die arbeitsnachfrageseitigen Determinanten der eigenmotivierten beruflichen Mobilität, die durch die Anzahl offener Stellen approximiert werden, für die Abnahme der selbstgewählten beruflichen Wechsel in den Jahren nach der Umsetzung der Agenda 2010 verantwortlich gewesen sind.

Werden die bisherigen Überlegungen zusammengefasst, legen die Ergebnisse aus der empirischen Evaluation nahe, die Hypothese B nicht abzulehnen. Die Verfügbarkeit offener Stellen hat auch die Entwicklung der eigenmotivierten beruflichen Mobilität in den Jahren nach der Realisation der Agenda 2010 bestimmt. Diese hat jedoch eine weniger statistisch signifikante Bedeutung als die Suchintensität nach einem Arbeitsplatz.

Dieses Kapitel gilt es damit abzuschließen, die sozial- und arbeitsmarktpolitische Implikation der Ergebnisse aufzuzeigen. Den Überlegungen vorwegzunehmen ist, dass die mit der Agenda 2010 verbundene Zielsetzung, die berufliche Mobilität von Arbeitsuchenden zu erhöhen, als erreicht bewertet werden kann. Die vorliegenden Auswertungen zeigen jedoch, dass die Agenda 2010 mit erheblichen Nebenwirkungen verbunden gewesen ist. Hierzu zählt, dass die eigenmotivierte berufliche Mobilität aufgrund der Kürzung der finanziellen Ansprüche bei Arbeitslosigkeit im Rahmen der Agenda 2010, sei es aus der Arbeitslosenversicherung oder den Wohlfahrtsleistungen, rückläufig gewesen ist.

5.3.2 Der Effekt der modifizierten Arbeitsversicherung auf die eigenmotivierte berufliche Mobilität

In diesem Kapitel erfolgt die Diskussion der Ergebnisse zu den Hypothesen C und D. Im Kern geht es bei den beiden Hypothesen um die Auswirkungen der modifizierten Arbeitsversicherung auf die selbstgewählte Mobilität am Arbeitsmarkt.

Die Hypothese C unterstellt zunächst, dass die Suchanstrengungen, einen Job ausfindig zu machen, umso größer ausfallen, desto umfangreicher die Fähigkeiten, die Kompetenzen, das Wissen sowie die Erfahrungen sind. Methodische Grundlage ist das propensity-score-matching Modell.

Nachfolgend sind die Ergebnisse des propensity-score-matching Ansatzes dargestellt:

Tabelle 8: Die Schätzergebnisse des propensity-score-matching Modells zu dem Einfluss der persönlichen Arbeitsfähigkeit auf die Suchintensität, ein Arbeitsverhältnis zu finden, in dem Jahr 2013. Quelle: Eigene Berechnungen.

Variable	Koeffizient	Prob > t	Prob > t	
			Vor dem Matching	Nach dem Matching
Panel A: Kontrollvariable				
Alter	-0,0002***	0,0001	0,0000	0,2520
Distanz zum Arbeitsort	0,0007*	0,0004	0,0460	0,8580
Kinder	0,0521**	0,0209	0,0200	0,7030
Partnerschaft	-0,1689***	0,0470	0,0030	0,3420
Berufserfahrung	-0,0002	0,0031	0,0170	0,7210
Bildungsjahre	0,0081	0,0083	0,0000	0,6320
Betriebszugehörigkeitsdauer	-0,0058*	0,0033	0,5300	0,6600
Tätigkeiten nach dem EPG-Klassenschema (Referenzkategorie: Oberschicht)				
Obere Mittelschicht	-0,3039***	0,0867	0,0940	0,9331
Mittlere Mittelschischt	-0,6428***	0,1066	0,0000	0,5440
Untere Mittelschicht	-0,2941***	0,0926	0,0022	0,8411
Unterschicht	-0,8858***	0,1273	0,0000	0,5851
Wirtschaftszweige nach den Abschnitten der WZ 2008 (Referenzkategorie: Abschnitt A – Land- und Forstwirtschaft, Fischerei)				
Abschnitt B – Bergbau und Gewinnung von Steinen und Erden	*ausgelassen*			
Abschnitt C – Verarbeitendes Gewerbe	0,0369	0,3561	0,0000	0,9291
Abschnitt D – Energieversorgung	0,0492	0,3685	0,1250	0,6405
Abschnitt E – Wasservers., Abwasser- und Abfallents., etc.	-0,0457	0,4024	0,2655	0,4366
Abschnitt F – Baugewerbe	0,0412	0,3728	0,0341	0,7020
Abschnitt G – Handel, Instand. und Rep. von Kraftfahrzeugen	0,2403	0,3608	0,3160	0,5900
Abschnitt H – Verkehr und Lagerei	-0,0439	0,4076	0,0142	0,2560
Abschnitt I – Gastgewerbe	0,1447	0,3823	0,0811	0,4444
Abschnitt J – Information und Kommunikation	-0,0086	0,3704	0,0450	1,0000
Abschnitt K – Erbringung von Finanz- und Versicherungsdienst.	*ausgelassen*			
Abschnitt L – Grundstücks- und Wohnungswesen	0,1659	0,3569	0,5460	0,6570

(*fortgeführt*)

Tabelle 8: Fortsetzung

Variable	Koeffizient	Prob > t	Prob > t	
			Vor dem Matching	Nach dem Matching
Abschnitt M – Erbringung von freibe., wissen. und techn. Dienstl.	0,5829	0,3597	0,0000	0,4300
Abschnitt N – Erbringung von sonst. Wirtschaftl. Dienstl.		*ausgelassen*		
Abschnitt O – Öffentl. Verwaltung, Verteid., Sozialvers.	0,5325	0,3572	0,0000	0,4610
Abschnitt P – Erziehung und Unterricht		*ausgelassen*		
Abschnitt Q – Gesundheits- und Sozialwesen	0,3854	0,3725	0,2822	1,0000
Abschnitt R – Kunst, Unterhaltung und Erholung	-0,3157	0,5501	0,1260	0,3180
Abschnitt S – Erbringung von sonstigen Dienstleistungen	-0,1270	0,4253	0,1430	0,7051
Abschnitt T – Aktivitäten in und von privaten Haushalten	0,1667	0,4719	0,2400	0,1571
Abschnitt U – Exterritoriale Organisationen und Körperschaften		*ausgelassen*		
KONSTANTE	-1,2193***	0,4719		
Panel B: Behandlungseffekt				
Average Treatment Effect on the Treated (ATT)	0,0562*	0,0305		
Pseudo-R2		0,0790		-
Prob > chi2		0,0000		-
Beobachtungszahl		6.531		-

*10%, **5%, ***1%

Anmerkung: Propensity-score-matching Modell mit der Wahrscheinlichkeit, in den nächsten zwei Jahre aktiv auf Stellensuche zu gehen, als abhängiges Merkmal und die Teilnahme an Weiterbildungen als Grundlage für die Einteilung in die Behandlungs- und die Kontrollgruppe.

Zuerst kann festgestellt werden, dass sich die zugeordneten Beobachtungen aus der Behandlungs- und der Kontrollgruppe vor dem Matching hinsichtlich zahlreicher Merkmale statistisch signifikant voneinander unterscheiden. Die Null-Hypothesen des t-Tests werden für die persönlichen Charakteristika des Alters, der Distanz zum Arbeitsort, der Anzahl der Kinder, der Existenz eines Partners, der Berufserfahrung in Vollzeit, der Anzahl der Bildungsjahre, den berücksichtigten Tätigkeitsarten sowie den Wirtschaftszweigen abgelehnt.

Mit der Zuordnung im Rahmen des propensity-score-matching Modells werden die Unterschiede zwischen den zugeordneten Beobachtungen aus der

Behandlungs- und der Kontrollgruppe derart aufgehoben, dass sich beide Gruppen nicht mehr statistisch signifikant voneinander unterscheiden. Die Null-Hypothesen der t-Tests können nach der Zuordnung für alle in der Analyse aufgenommenen persönlichen Merkmale nicht abgelehnt werden. Grundlage der Zuordnung von Arbeitnehmern aus der Behandlungs- und der Kontrollgruppe ist die Modellierung des probistischen Wahrscheinlichkeitsmodells, eine Weiterbildungsveranstaltung zu besuchen. Zur Beurteilung der Güte und der Qualität des Regressionsmodells bei der Erklärung der binären Weiterbildungsentscheidung ist zuerst das Pseudo-R2 von 0,0790 anzuführen. Dies deutet auf einen tendenziell geringen Erklärungsgehalt hin.

Gleichwohl ist zu berücksichtigen, dass die Null-Hypothese des chi2-Tests, bei der unterstellt wird, dass die erklärenden Variablen grundsätzlich nicht geeignet sind, um die Fortbildungsteilnahme zu erklären, auf dem ein Prozent Signifikanzniveau abgelehnt wird. Deshalb kann die hier vorgestellte Modellspezifikation als angemessen verstanden werden, um die binäre Fortbildungsentscheidung von Beschäftigten zu erklären.

Auf dieser Grundlage wird der ATT geschätzt, der die Änderung der Intensität im Rahmen der Stellensuche als Konsequenz aus der Belegung einer oder mehrerer Fortbildungsmaßnahmen quantifiziert. Es kann gezeigt werden, dass sich die Wahrscheinlichkeit, auf Jobsuche zu gehen, um etwa 5,6 Prozent erhöht, wenn eine Weiterbildungsveranstaltung erfolgreich abgeschlossen wird. Der ATT ist auf dem zehn Prozent Niveau statistisch signifikant.

Ergänzend zu den dargelegten Schätzergebnissen wird der Effekt der Weiterbildungsteilnahme auf das Anstrengungsniveau während der Jobsuche in Beziehung zu der individuellen Risikobereitschaft gesetzt. Dies ist eine weitere Möglichkeit, persönliche Heterogenität zu kontrollieren.

Die ATT's der drei Schätzmodelle sind in der nachfolgenden Tabelle dargestellt:

Tabelle 9: Die Schätzergebnisse des propensity-score-matching Modells zu dem Einfluss der persönlichen Arbeitsfähigkeit auf die Suchintensität, ein Arbeitsverhältnis zu finden, differenziert nach der Risikoeinstellung, in dem Jahr 2013. Quelle: Eigene Berechnungen.

Modell	Average Treatment Effect on the Treated (ATT)	
	Koeffizient	Prob > t
Risikoaversion	0,1681***	0,0673
Risikoneutralität	-0,0691	0,1198
Risikofreude	0,0943	0,0726

Anmerkung: Propensity-score-matching Modell mit der Wahrscheinlichkeit, in den nächsten zwei Jahre aktiv auf Stellensuche zu gehen, als abhängiges Merkmal und die Teilnahme an Weiterbildungen als Grundlage für die Einteilung in die Behandlungs- und die Kontrollgruppe.

Hinsichtlich des Zusammenhangs zwischen dem Effekt der Teilnahme an Weiterbildungen auf die Suchanstrengungen nach einer Stelle und deren Risikoeinstellung kann gezeigt werden, dass der ATT allein für die risikoaversen Beschäftigten statistisch signifikant ist. So haben Beschäftigte, die risikoavers sind, nach einer Weiterbildungsteilnahme eine 16,8 Prozent höhere Wahrscheinlichkeit, auf Stellensuche zu gehen. Der ATT ist für die Modellspezifikationen der risikoneutralen und -freudigen Angestellten statistisch insignifikant.

Die vorgestellten Ergebnisse legen die Schlussfolgerung nahe, dass die Hypothese C nicht abgelehnt werden kann. Die Indizien sind derart eindeutig, dass eine Steigerung der Fähigkeiten, der Kompetenzen, des Wissens sowie der Erfahrungen der Entscheidungsträger zu einer höheren Suchanstrengung nach einer Arbeitsstelle führt.

Schließlich ist die Hypothese D näher zu betrachten. Unter der Hypothese D wird unterstellt, dass die Fähigkeiten, die Kompetenzen, das Wissen sowie die Erfahrungen durch die Umsetzung der modifizierten Arbeitsversicherung gesteigert werden. Die methodische Basis ist das propensity-score-matching Modell.

Die Ergebnisse des propensity-score-matching Ansatzes sind in der folgenden Tabelle aufgeführt:

Tabelle 10: Die Schätzergebnisse des propensity-score-matching Modells zu dem Einfluss der Möglichkeit, auf externe Unterstützungen während der Weiterbildungsteilnahme zurückgreifen zu können, auf den Umfang der Weiterbildungsteilnahme in dem Jahr 2014.
Quelle: Eigene Berechnungen.

Modell	Koeffizient	Prob > t	Prob > t	
			Vor dem Matching	Nach dem Matching
Panel A: Kontrollvariable				
Eigene Finanzierung von Weiterbildungen	-0,0739	0,1101	0,4310	0,7860
Alter	0,0097*	0,0060	0,0101	0,3744
Geschlecht: Männlich	0,0666	0,1061	0,4050	0,1280
Beziehungsstatus: Verheiratet	-0,0843	0,1260	0,3471	0,6791
Kinder	0,0961*	0,0581	0,1410	0,7300
Nettohaushaltseinkommen	0,0001	0,0001	0,1161	0,7322
Bildungsjahre	-0,0295	0,0232	0,3260	0,2800
Betriebszugehörigkeitsdauer	0,0010**	0,0005	0,0033	0,1560
KONSTANTE	0,1935	0,4488		

Tabelle 10: Fortsetzung

Modell	Koeffizient	Prob > t	Prob > t	
			Vor dem Matching	Nach dem Matching
Panel B: Behandlungseffekt				
Average Treatment Effect on the Treated (ATT)	7,0201**	3,2773		
Pseudo-R2		0,0235		-
Prob > chi2		0,0139		-
Beobachtungszahl		690		-
*10%, **5%, ***1%				

Anmerkung: Propensity-score-matching Modell mit der Wahrscheinlichkeit, an einer Weiterbildung teilzunehmen, als abhängiges Merkmal und die Möglichkeit, auf externe Unterstützungsleistungen durch die Arbeitgeber im Rahmen der Weiterbildungsteilnahme zurückgreifen zu können, als Grundlage für die Einteilung in die Behandlungs- und die Kontrollgruppe.

Erstens ist anzuführen, dass sich die Arbeitnehmer aus der Behandlungs- und der Kontrollgruppe vor der Zuordnung von Beobachtungen aus den beiden Gruppen hinsichtlich zweier Merkmale statistisch signifikant voneinander unterscheiden. Die Null-Hypothese des t-Tests, dass sich die Behandlungs- und die Kontrollgruppe bezogen auf das Alter und der Betriebszugehörigkeitsdauer nicht systematisch voneinander unterscheiden, muss abgelehnt werden.

Nach der Zuordnung unterscheiden sich die Behandlungs- und die Kontrollgruppe in keinem der persönlichen Merkmale statistisch signifikant voneinander. Die Null-Hypothese des t-Tests wird für alle erklärenden Variablen nicht abgelehnt.

Grundlage für die Zuordnung der Beobachtungen aus der Behandlungs- und der Kontrollgruppe ist die Modellierung der Wahrscheinlichkeit, Unterstützungsleistungen des Arbeitgebers zur Verfügung gestellt zu bekommen. Für die Beurteilung der Güte des Regressionsmodells ist zuerst ein Pseudo-R2 von 0,0235 anzuführen, was auf einen tendenziell eher geringen Erklärungsgehalt der Wahrscheinlichkeit, arbeitgeberseitige Unterstützungen während der Fortbildungsteilnahme nutzen zu können, durch die im Modell berücksichtigten erklärenden Variablen hinweist.

Dennoch wird die Null-Hypothese des chi2-Tests, dass die erklärenden Variablen nicht geeignet sind, um die Weiterbildungsteilnahme zu erklären, auf dem fünf Prozent Signifikanzniveau abgelehnt. Dies bedeutet, dass die Modellspezifikation grundsätzlich als angemessen verstanden werden kann, um die

Existenz von Weiterbildungsunterstützungen durch die Arbeitgeber zu erklären, wenngleich das Pseudo-R2 eher niedrig ausfällt.

Nun zum ATT, der die Unterschiede des Umfangs der Weiterbildungsteilnahme zwischen Arbeitnehmern mit und ohne Möglichkeit auf arbeitgeberseitige Unterstützung bei der Weiterbildungsteilnahme quantifiziert. Als Ergebnis ist festzuhalten, dass sich die Weiterbildungsteilnahme um etwa 7,0 Stunden pro Jahr erhöht, wenn Beschäftigte die Möglichkeit haben, auf Unterstützungen durch ihre Arbeitgeber wie finanzielle Leistungen, Freistellungsmöglichkeiten, Betriebsvereinbarungen, Planungen oder personelle Betreuungen zurückzugreifen. Der ATT ist auf dem fünf Prozent Niveau statistisch signifikant.

Mit den diskutierten Ergebnissen ist die Hypothese D nicht abzulehnen. Die in diesem Kapitel vorgestellten Indizien legen den Schluss nahe, dass Arbeitnehmer unter der in dieser Arbeit gestalteten Arbeitsversicherung ihre Teilnahme an Fortbildungen ausdehnen und die Akkumulation von den Fähigkeiten, den Kompetenzen, dem Wissen und den Erfahrungen steigern.

Zum Abschluss dieses Kapitels ist die sozial- und arbeitsmarktpolitische Implikation der Ergebnisse aufzuzeigen. Grundsätzlich gilt: Die angepasste Arbeitsversicherung ist ein sozial- und arbeitsmarktpolitisches Instrumentarium, mit dem die negativen Konsequenzen der Agenda 2010 in Gestalt rückläufiger selbstgewählter beruflicher Mobilität behoben werden können. Dies bedeutet, dass die modifizierte Arbeitsversicherung eine sozial- und arbeitsmarktpolitische Reformmöglichkeit ist, um Nebenwirkungen einer früheren Reform der Sozial- und der Arbeitsmarktpolitik, das ist die Agenda 2010, zu beheben.

Die Anhebung der eigenmotivierten beruflichen Mobilität durch die Umsetzung der modifizierten Arbeitsversicherung ist aber keineswegs auf das Niveau vor der Agenda 2010 begrenzt. Nicht nur die Funktionsfähigkeit des Arbeitsmarktes, sondern auch die wirtschaftliche Dynamik und der Wohlstand sind Profiteure der Arbeitsmarktmobilität, so dass auch eine höhere Ausprägung der selbstgewählten beruflichen Mobilität als die vor der Agenda 2010 volkswirtschaftlich sinnvoll ist.

6 Eine Betrachtung von Nutzen und Kosten der modifizierten Arbeitsversicherung als Ergänzung der empirischen Ergebnisse

6.1 Zur Notwendigkeit einer Gegenüberstellung der Wirkungseffekte

Wie gezeigt wird, können mit der in dieser Arbeit ausgestalteten Arbeitsversicherung die eigenmotivierten beruflichen Mobilitätsbewegungen erhöht werden. Die Zunahme der selbstgewählten beruflichen Mobilität ist nicht darauf beschränkt, ein Niveau zu erreichen, das vor der Agenda 2010 existiert hat und erst durch die Umsetzung der Agenda 2010 niedriger ausgefallen ist. Vielmehr kann die Steigerung der eigenmotivierten Mobilität am Arbeitsmarkt auch darüber hinaus Nutzen stiften, weil sie die Funktionsfähigkeit des Arbeitsmarktes, die wirtschaftliche Dynamik und den Wohlstand fördert.

Unberücksichtigt bleiben in der bisherigen Untersuchung die Kosten, die unter der angepassten Arbeitsversicherung deshalb anfallen, weil zusätzliche Finanzmittel für die Ausdehnung der Weiterbildungsteilnahme bereitgestellt werden. Gleichermaßen wird die Zunahme der selbstgewählten beruflichen Mobilität nach der Umsetzung der modifizierten Arbeitsversicherung nicht quantifiziert und monetisiert. Hierunter ist zu verstehen, dass zwar gezeigt wird, dass die eigenmotivierte berufliche Mobilität unter der angepassten Arbeitsversicherung ansteigt, nicht aber in welcher Höhe und welcher finanzielle Wert der Zunahme der selbstgewählten beruflichen Mobilität beizumessen ist.

Nur wenn die zusätzlichen Einnahmen aus der Umsetzung der modifizierten Arbeitsversicherung deren Ausgaben übersteigen, ist die Realisation des Reformvorhabens für die Förderung der eigenmotivierten beruflichen Mobilität ökonomisch sinnvoll. Da die Umsetzung der modifizierten Arbeitsversicherung zuerst eine politische Entscheidung darstellt, sind allein der Nutzen und die Kosten aus der Perspektive des Staates zu betrachten.

An dieser Stelle ist anzumerken, dass sich der Nutzen der modifizierten Arbeitsversicherung nicht nur auf die Steigerung der selbstgewählten Mobilität am Arbeitsmarkt bezieht. Vielmehr geht es generell um den Nutzen aus einer Weiterbildungsteilnahme. Dies ist damit zu begründen, dass eine Ausdehnung der Fortbildungsteilnahme selbst dann Nutzen stiften kann, wenn keine selbstgewählte berufliche Mobilitätsbewegung eintritt. Die Aufwendungen für Weiterbildungen werden ebenfalls ungeachtet dessen berücksichtigt, ob sich in Folge der Teilnahme an Fortbildungsveranstaltungen eigenmotivierte Mobilität am Arbeitsmarkt initiieren.

6.2 Ein Überblick zur methodischen Grundlage

6.2.1 Zum Evaluationsdesign der Quantifizierung von Verhaltensänderungen unter der modifizierten Arbeitsversicherung

Die Überlegungen aus Hans et al. (2017, 32–36) sind die Basis für die Methodik in diesem Kapitel. Ausgangspunkt ist die Fragestellung, in welchem Ausmaß sich die Weiterbildungsteilnahme unter der angepassten Arbeitsversicherung verändert. Zunächst wird angenommen, dass zwei Verhaltenseffekte, der Initialisierungs- und der Substitutionseffekt, unter der modifizierten Arbeitsversicherung eintreten können.

Der Initialisierungseffekt bezieht sich darauf, ob und in welchem Umfang die Weiterbildungsteilnahme nach der Umsetzung der angepassten Arbeitsversicherung ausgedehnt wird, wobei grundsätzlich drei Fallkonstellationen denkbar sind, die in der nachfolgenden Liste aufgeführt sind:

– Durch die Einführung der modifizierten Arbeitsversicherung nehmen Angestellte an Weiterbildungen teil, obwohl sie im Status quo keine Fortbildung besuchen;
– Beschäftigte, die bereits im Status quo an einer Weiterbildung teilnehmen, dehnen ihre Weiterbildungsnachfrage unter der modifizierten Arbeitsversicherung aus;
– Arbeitnehmer lassen unter der modifizierten Arbeitsversicherung ihre Weiterbildungsnachfrage unverändert.

Nun zur methodischen Basis, die eine Quantifizierung des Initialisierungseffekts erlaubt. Grundlage ist die ökonometrische Schätzung eines diskreten Präferenzauswahlmodells. Im Rahmen dessen steht jeder Beschäftigte vor der Entscheidung, aus einer diskreten Anzahl an Alternativen hinsichtlich der Höhe der jährlichen Fortbildungsteilnahme, einen Zeitumfang auszuwählen. Die diskreten Kategorien sind auf acht Möglichkeiten begrenzt. Dies erstreckt sich auf den Bereich zwischen Null und 50 in zehner Schritten sowie die beiden Möglichkeiten von 75 und 150 Stunden Veranstaltungen pro Jahr.

Über die Alternativen der Höhe der jährlichen Weiterbildungsteilnahme wird mit dem diskreten Präferenzauswahlmodell eine Wahrscheinlichkeitsverteilung ermittelt. Per Annahme wird diejenige Kategorie durch Entscheidungsträger ausgewählt, bei der der Nutzen über alle möglichen Alternativen maximal ist (Train 2009, 14–17).

Ökonometrisch operationalisiert wird das diskrete Präferenzauswahlmodell mit einer konditionalen Logit Regression. Abhängiges Merkmal ist die Auswahlentscheidung für eine Alternative der Weiterbildungsteilnahme, d.h. eine binäre Ausprägung, die bei derjenigen Fortbildungsalternative eins ist, die im Status quo durch den Arbeitnehmer belegt wird.

Erklärende Variablen sind persönliche Merkmale, die die Auswahlentscheidung von Beschäftigten hinsichtlich des Umfangs der Fortbildungsteilnahme bestimmen können. Die arbeitgeberseitigen Weiterbildungsleistungen werden ebenfalls als ein erklärendes Merkmal in die konditionale Logit Regression aufgenommen. Dies ist darauf zurückzuführen, dass die Umsetzungswirkungen der angepassten Arbeitsversicherung durch die Umsetzungswirkungen betrieblicher Fortbildungsleistungen approximiert werden. Zu den betrieblichen Unterstützungen gehören monetäre Leistungen, Möglichkeiten, freigestellt zu werden, Betriebsvereinbarungen, Planungen oder personelle Betreuungen.

Die erklärenden Variablen sind als Interaktionsterme mit alternativ-unabhängigen Variablen zu modellieren, da die konditionale Logit Regression für fixed-effects kontrolliert. Deshalb können zeitunveränderliche, persönliche Merkmale die Schätzergebnisse nicht verzerren. Die abhängige Variable des konditionalen Logit Modells ist bei dem Umfang der Inanspruchnahme von Weiterbildungsstunden pro Jahr eins, die im Status quo durch Individuen gewählt wird (Urban 1993, 120–130, Giesselmann und Windzio 2012, 153–155).

Damit ergeben sich zwei Wahrscheinlichkeitsverteilungen über die Kategorien zum Umfang der Weiterbildungsteilnahme. Die erste Verteilung bezieht sich auf den Status quo. Hiermit werden die Wahrscheinlichkeiten der Kategorien zum Umfang der Fortbildungsteilnahme unter den gegenwärtigen Rahmenbedingungen abgebildet. Die zweite Verteilung berücksichtigt die zu erwartenden Umsetzungswirkungen der angepassten Arbeitsversicherung. Dies erfolgt dahingehend, dass der Koeffizient arbeitgeberseitiger Weiterbildungsleistungen für alle Beobachtungen in die Wahrscheinlichkeitsberechnung des konditionalen Logit Modells aufgenommen wird (Hilbe 2009, 483–486).

Die Differenz der durchschnittlichen Weiterbildungsteilnahme aus dem Status quo und unter der modifizierten Arbeitsversicherung ergibt den Initialisierungseffekt. Der durchschnittliche Umfang an belegten Fortbildungen ist als die Gewichtung der Kategorien mit deren Auswahlwahrscheinlichkeiten definiert. Um Rechnung zu tragen, dass die Modellprognose des Status quo von dem in der Realität beobachteten Umfang der besuchten Fortbildungen abweichen kann, wird der Initialisierungseffekt durch den im Modell prognostizierten Gesamtumfang der Fortbildungsteilnahme dividiert.

Die zweite Verhaltensänderung ist der Substitutionseffekt. Dieser bezieht sich darauf, ob und in welchem Ausmaß Angestellte die im Status quo eingesetzten Eigen- und Fremdmittel für die Teilnahme an Weiterbildungen durch die Finanzmittel aus der modifizierten Arbeitsversicherung ersetzen.

Als methodische Basis dient ein Logit Modell. Abhängiges Merkmal ist die binäre Ausprägung, ob eine Weiterbildung aus eigenen Mitteln finanziert wird. Da die Umsetzungswirkungen der angepassten Arbeitsversicherung durch die Umsetzungswirkungen von arbeitgeberseitigen Fortbildungsleistungen approximiert werden, beziehen sich die Eigenmittel nur auf die monetären Aufwendungen für Weiterbildungen, die aus dem persönlichen Einkommen und Vermögen entstammen. Fremdmittel sind in diesem Zusammenhang die durch den Betrieb für die Fortbildungsteilnahme zur Verfügung gestellten Finanzmittel.

Erklärende Variablen sind persönliche Merkmale, die die individuelle Entscheidungsbildung, die Weiterbildungsteilnahme aus dem eigenen Finanzmittelaufkommen zu finanzieren, determinieren können. Als weiteres erklärendes Merkmal wird die Möglichkeit, finanzielle Leistungen der Arbeitgeber für die Weiterbildungsteilnahme zu bekommen, in die Regression aufgenommen, um die Umsetzungswirkungen der modifizierten Arbeitsversicherung zu simulieren (Menard 2010, 83–96).

Damit ergeben sich zwei Wahrscheinlichkeitsverteilungen über den binären Ereigniseintritt, die Weiterbildungen aus eigenen monetären Mitteln zu finanzieren. Mit der ersten Verteilung wird der Status quo abgebildet. In der zweiten Verteilung finden die zu erwartenden Umsetzungswirkungen der angepassten Arbeitsversicherung Berücksichtigung. Dies erfolgt dahingehend, dass der Koeffizient unternehmensseitiger finanzieller Unterstützungen für die Belegung von Fortbildungen für alle Beobachtungen in die Wahrscheinlichkeitsermittlung des Logit Modells aufgenommen wird.

Die Differenz der Auswahlwahrscheinlichkeiten zur Finanzierung der Weiterbildungsteilnahme aus eigenen Finanzmitteln zwischen dem Status quo und unter der modifizierten Arbeitsversicherung ist der Substitutionseffekt. Wird der Substitutionseffekt mit dem Ausmaß der Weiterbildungsteilnahme aus dem Status quo multipliziert, ergibt sich der absolute Umfang an Stunden, der durch das Finanzmittelaufkommen der angepassten Arbeitsversicherung zu tragen ist, aber bereits im Status quo existiert.

Sowohl die Schätzung des Initialisierungs- wie auch des Substitutionseffekts beruhen auf dem NEPS. Relevant ist der Querschnitt aus den Jahren 2014 und

2015 (NEPS 2018). Die Erläuterungen zu dem NEPS bei der Hypothese D sind hierzu abschließend, so dass keine weiteren Ergänzungen notwendig sind.

6.2.2 Zum Evaluationsdesign der Monetisierung von Verhaltensänderungen unter der modifizierten Arbeitsversicherung

In diesem Kapitel sind die Nutzen- und die Kostenbestandteile aus einer ausgedehnten Weiterbildungsteilnahme unter der angepassten Arbeitsversicherung zu operationalisieren und anschließend gegenüberzustellen. Hierzu ist ein passendes Evaluationsdesign zu konzipieren, das sich an den Überlegungen aus Hans et al. (2017, 37–45) orientiert.

Zunächst zu der Operationalisierung der Nutzendimensionen. Es ist empirisch erwiesen, dass eine Erhöhung der Fortbildungsteilnahme mit einem Anstieg des Arbeitsentgelts einhergeht. Auch ist es empirisch nachgewiesen, dass zusätzliches Humankapital den Kontakt mit Arbeitslosigkeit reduziert. Haben Beschäftigte hinreichend Bildung akkumuliert, können sie die Gefahr, zukünftig arbeitslos zu werden, sei es durch eine mangelnde Passgenauigkeit der betrieblichen Anforderungen und des eigenen Leistungsvermögens oder einer schlechten Auslastung des Arbeitgebers, frühzeitig abwenden (Stingl 2013, 336, Knuth und Kaps 2014, 177).

Zunächst zu der Schätzung der kausalen Bruttolohneffekte aus einer Weiterbildungsteilnahme. Hierzu ist ein grundlegendes Selektionsproblem zu diskutieren, das zu falschen Schätzergebnissen führen kann. Haben beobachtete und unbeobachtete Merkmale der Angestellten sowohl einen Einfluss auf die Höhe ihres Bruttogehalts wie auch auf ihren Umfang der Fortbildungsteilnahme, sind die geschätzten Effekte in dem Sinne verzerrt, dass sie über- oder unterschätzt werden.

Ein Beispiel ist die Motivation der Beschäftigten, die grundsätzlich unbeobachtet ist und deshalb in den Berechnungen keine Berücksichtigung finden kann. Arbeitnehmer, die eine ausgeprägte persönliche Motivation haben, weisen tendenziell nicht nur eine höhere Weiterbildungsbeteiligung auf, sondern erzielen möglicherweise auch wegen ihrer Motivation ein höheres Arbeitsentgelt (Wolter und Schiener 2009, 102–104, 106–107).

Sowohl das random-effects wie auch das fixed-effects Modell können für die Schätzung derartiger Effekte anhand von Paneldaten genutzt werden. Welche der beiden Modellspezifikationen besser geeignet ist, wird anhand eines Hausman-Tests evaluiert (Hartung, Elpelt und Klösener 2009, 899–913, Giesselmann und Windzio 2012, 150–159, Dormann 2017, 254).

Abgesehen von der Methodenwahl ist in beiden Spezifikationen die abhängige Variable der Regression der logarithmierte Bruttostundenlohn. Zu den erklärenden Variablen gehören persönliche Merkmale, denen gemein ist, dass sie einen Einfluss auf die Höhe der individuellen Bruttostundenlöhne haben und den Umfang der Weiterbildungsteilnahme (Menard 2010, 26–27). Weitere Methodendetails können den Erläuterungen zur Hypothese A entnommen werden.

Die Datengrundlage ist wiederum das NEPS. Allerdings ist die Darstellung zu dem NEPS im Rahmen der Hypothese D um die Befragungen zur Bruttoentlohnung zu erweitern. Es werden die Paneldaten verwendet (NEPS 2017, 2365, NEPS 2018).

Die Steigerung des Bruttostundenlohnes unter der modifizierten Arbeitsversicherung ergibt sich aus der Multiplikation des marginalen Lohneffekts aus dem Regressionsmodell und der Summe des Initialisierungs- und des Substitutionseffekts. Obwohl die Gehaltsteigerung aufgrund des Substitutionseffekts auch ohne die angepasste Arbeitsversicherung zu beobachten ist, sind sie in die Betrachtung der Nutzen und der Kosten aufzunehmen, um alle Bestandteile des monetären Nutzens aus der Reformumsetzung zu erfassen.

Nun zu der Schätzung der kausalen Effekte einer Erhöhung des Umfangs, Fortbildungen zu belegen, nach der Einführung der modifizierten Arbeitsversicherung auf die Wahrscheinlichkeit, zukünftig arbeitslos zu werden. Hierfür bietet sich das propensity-score-matching Modell an, weil eine Einteilung in eine Behandlungs- und eine Kontrollgruppe bereits vorliegt. Auf die Methodik wird hier nicht näher eingegangen, da deren Grundlagen bei der Hypothese C ausführlich dargelegt werden (Caliendo 2006, 71–80, Caliendo und Kopeinig 2008, 31–33, Khandker, Koolwal und Samad 2010, 63–66).

Auch hierfür ist der Querschnitt des NEPS mit dem Erhebungszeitpunkt der Jahre 2014 und 2015 die Datenbasis. Die Ausführungen zu dem NEPS im Rahmen der Hypothese D sind um die Erwerbshistorie zu ergänzen (NEPS 2017, 2868–2874, NEPS 2018).

Hinsichtlich der Operationalisierung der Kostendimensionen werden die direkten und indirekten Teilnahmekosten der Fortbildung ermittelt. Zu den direkten Aufwendungen der Fortbildungsteilnahme gehören vornehmlich die Kursgebühr, die Lehrmaterialien, die Verpflegungs- und die Unterbringungskosten. Indirekte Ausgaben sind die Lohnersatzleistungen, die darauf zurückzuführen sind, dass die Teilnahme an Weiterbildungsveranstaltungen möglicherweise mit einer Abwesenheit von der Arbeitstätigkeit einhergehen.

Für die Schätzung der direkten Weiterbildungskosten werden Sekundärstatistiken betrieblicher Fortbildung genutzt, in denen die Ausgaben von Arbeitgebern für die Belegung von Weiterbildungen ihrer Angestellten aufgeführt sind. Der indirekte Fortbildungsaufwand orientiert sich an den rechtlichen Vorgaben des SGB III, d.h. der Höhe der Ansprüche aus der Arbeitslosenversicherung.

Die mit der modifizierten Arbeitsversicherung anfallenden Verwaltungskosten fließen anhand der Aufwendungen vergleichbarer Fondsstrukturen in die Berechnungen ein. Relevant für die Bemessung der Verwaltungsaufwendungen der angepassten Arbeitsversicherung ist der Anteil der Verwaltungsausgaben an dem Leistungsumfang einer vergleichbaren Institution. Ähnliche Fondsstrukturen hinsichtlich dem Leistungsspektrum und der Organisation weist der SOKA-Bau auf (Bosch 2010, 19).

Ferner sind die Nutzen- und die Kostendimensionen gegenüberzustellen. Auf der einen Seite erhalten Arbeitnehmer ein höheres Bruttogehalt, sofern sie unter der Arbeitsversicherung, deren Reformparameter darauf abgestimmt sind, selbstgewählte berufliche Wechsel zu initiieren, ihre Weiterbildungsteilnahme ausdehnen. Auch haben sie eine niedrigere Wahrscheinlichkeit, ihren Arbeitsplatz zu verlieren, wenn sie sich dazu entscheiden, die finanziellen Mittel aus der modifizierten Arbeitsversicherung für Fortbildungen einzusetzen. Auf der anderen Seite werden die Lohnnebenkosten der Beschäftigten in dem Umfang erhöht, der notwendig ist, um die Ausgaben der angepassten Arbeitsversicherung zu refinanzieren.

Auch der Zuschuss des Staates trägt zur Finanzierung bei. Um die politische Umsetzbarkeit zu prüfen, sind die Ausgaben des Staates in Form des Zuschusses den zusätzlichen Einnahmen, d.h. Steuereinnahmen und Sozialversicherungsbeiträgen, sowie vermiedenen Transferleistungen im SGB II und SGB III gegenüberzustellen.

Eine Methode, die eine Gegenüberstellung von Nutzen und Kosten der angepassten Arbeitsversicherung ermöglicht, ist die Mikrosimulation. Grundsätzlich besteht das Mikrosimulationsmodell aus zwei Modulen: Die Steuer-, die Transfer- und die Sozialversicherungssimulation und das Arbeitsangebotsmodell. Der Aufbau der beiden Abschnitte wird in diesem Kapitel separat erläutert.

Der Modellierung vorwegzunehmen ist, dass der Querschnitt aus den Jahren 2014 und 2015 des NEPS die Datengrundlage ist. Die Erläuterungen zu dem NEPS bei der Hypothese D sind hierzu abschließend, so dass keine weiteren Ergänzungen notwendig sind (NEPS 2018).

Zielsetzung des Steuer-, des Transfer- und des Sozialversicherungsmodells ist die Simulation des deutschen Abgabensystems. Da sich der verfügbare Datensatz aus dem NEPS auf die Jahre 2014 und 2015 bezieht, werden die rechtlichen Regelungen hinsichtlich des deutschen Abgabensystems aus dem Jahr 2014 angewendet. Als Grundlage der Steuermodellierung werden die Einkommens-steuer und der Solidaritätszuschlag genutzt.

Relevant für die Berechnung der Einkommenssteuerlast sind nur Einkünfte, die aus selbständiger (§18 ESt) sowie nicht-selbständiger Tätigkeit (§19 ESt) generiert werden. Bei den Werbungskosten wird ein Arbeitnehmerpauschalbe-trag in Höhe von 1.000 Euro (§9a ESt) unterstellt. Da die anderen Einkunftsarten irrelevant für die Umsetzung der angepassten Arbeitsversicherung sind, bleiben sie in dieser Arbeit bei der Ermittlung des Nettolohns unberücksichtigt.

Die Summe der Einkünfte wird um den Altersentlastungsbetrag (§24a ESt) und dem Entlastungsbetrag für Alleinerziehende (§24b ESt) reduziert, um den Gesamtbetrag der Einkünfte zu bestimmen. Erstes Element wird für alle Steu-erpflichtigen über 65 Jahren gewährt und beträgt 25,6 Prozent der Einkünfte aus nicht-selbständiger Arbeit. Begrenzt ist die Abzugsfähigkeit auf 1.216 Euro. Gemeinsam veranlagte Ehepaare können den doppelten Betrag ansetzen. Der Entlastungsbetrag für Alleinerziehende beträgt 1.908 Euro für das erste Kind und 240 Euro für jedes weitere Kind, das dem Haushalt des Alleinerziehenden zuzuordnen wird.

Außergewöhnliche Belastungen umfassen neben dem Behindertenpauschal-betrag (§33 Abs. 1–3 ESt) den Hinterbliebenenpauschalbetrag (§33b Abs. 4 ESt). Letzterer ermöglicht einen Abzug von 370 Euro für Hinterbliebene. Mit dem Behindertenpauschalbetrag können Einkommensteuerpflichtige, die eine körperliche Behinderung haben, 720 Euro vom Gesamtbetrag der Einkünfte abziehen. Nach dem Abzug der außergewöhnlichen Belastungen ergibt sich das Einkommen.

Für die Abbildung der Einkommensteuer wird auch die Günstigerprüfung zwischen dem Kinderfreibetrag (§32 Abs. 6 EStG) und dem Kindergeld (§§62 ff. EStG) durchgeführt. Für den Kinderfreibetrag wird ein jährlicher Betrag von 2.184 Euro zzgl. 1.320 Euro angesetzt. Bei verheirateten gemeinsam veranlag-ten Einkommensteuerpflichtigen wird der Betrag entsprechend verdoppelt. Das Kindergeld umfasst 184 Euro für das erste, 190 Euro für das zweite und 215 Euro für jedes weitere Kind, jeweils pro Monat. Nach Abzug des Kinderfreibetrags ergibt sich das zu versteuernde Einkommen.

Die Einkommensteuerlast ist das Ergebnis aus der Anwendung des Einkom-mensteuertarifs (§32a ESt) auf das zu versteuernde Einkommen. Zu berücksich-tigen ist hierbei das Ehegattensplitting (§31 ESt), bei dem das zu versteuernde Einkommen der beiden gemeinsam veranlagten Partner halbiert, die Einkom-mensteuerlast berechnet und diese wiederum verdoppelt wird.

Die zweite Steuerart des Steuermodells ist der Solidaritätszuschlag. Der Soli-daritätszuschlag beträgt 5,5 Prozent der Einkommensteuerlast (§§3–4 SolZG).

Freibeträge der abzuführenden Einkommensteuer in Höhe von 972 Euro bei einzeln bzw. 1.044 Euro bei gemeinsam veranlagten Haushalten sind außerdem zu berücksichtigen (Peichl, Schneider und Siegloch 2010, 3–5).

Des Weiteren dient das Sozialversicherungsmodell zur Simulation der Höhe der Sozialversicherungsbeiträge der Beschäftigten. Die Beitragslast zur Unfallversicherung wird nicht abgebildet, weil diese allein durch die Arbeitgeber finanziert wird, der vorgestellte Modellrahmen der Mikrosimulation aber arbeitsangebotsseitig ist.

Den Berechnungen liegen für die vier relevanten Sozialversicherungszweige nachfolgende Beiträge zu Grunde:

– Rentenversicherung: Beitragssatz von 9,45 Prozent, Beitragsbemessungsgrenze von 60.000 Euro (Ost) bzw. 71.400 Euro (West);
– Krankenversicherung: Beitragssatz 8,2 Prozent (Arbeitnehmer) bzw. 7,3 Prozent (Arbeitgeber), Beitragsbemessungsgrenze von 48.600 Euro;
– Pflegeversicherung: Beitragssatz 1,025 Prozent – Zuschlag von 0,25 Prozentpunkten für kinderlose nach Vollendung des 23. Lebensjahres, Beitragsbemessungsgrenze von 48.600 Euro;
– Arbeitslosenversicherung: Beitragssatz von 1,5 Prozent, Beitragsbemessungsgrenze von 60.000 Euro (Ost) bzw. 71.400 Euro (West).

Der dritte Bestandteil des Steuer-, des Transfer- und des Sozialversicherungsmodells umfasst die Simulation von Transferleistungen aus dem SGB II und dem SGB III. Das Kindergeld, was per Definition auch eine Transferleistung ist, wird bereits bei der Abbildung der Einkommensteuer im Rahmen der Günstigerprüfung mit dem Kinderfreibetrag abgebildet.

Für das SGB III gelten die folgenden Regelungen:

– Anspruchsberechtigung: Personen, die kein Arbeitsverhältnis haben, bei der Bundesagentur für Arbeit als arbeitslos gemeldet sind und die Anwartschaftszeit erfüllen (§137 Abs. 1 Nr. 1–3 SGB III), die ein mindestens zwölf monatiges sozialversicherungspflichtiges Beschäftigungsverhältnis innerhalb der letzten zwei Jahre vorsieht (§142 Abs. 1 S. 1 i.V.m. §143 Abs. 1 SGB III);
– Anspruchsdauer: Orientierung an der Dauer des vorherigen Beschäftigungsverhältnisses, wobei die maximale Bezugsdauer von 24 Monaten gilt, sofern das vorherige sozialversicherungspflichtige Anstellungsverhältnis mehr als 48 Monate angedauert hat und das 58. Lebensjahr vollendet worden ist (§147 Abs. 1 S. 1 SGB III);
– Anspruchshöhe: 60 bzw. 67 Prozent für Anspruchsberechtigte ohne bzw. mit mindestens einem Kind in dem gleichen Haushalt von dem pauschalierten

Leistungsentgelt (§149 SGB III), das als das um pauschalierte Abzüge, hierzu gehören die Sozialversicherungspauschale in Höhe von 21 Prozent, die Einkommensteuer und der Solidaritätszuschlag, reduzierte Bemessungsentgelt, d.h. das beitragspflichtige Arbeitsentgelt innerhalb des letzten Jahres vor Arbeitslosigkeit, definiert ist (§153 Abs. 1 S. 2 Nr. 1–3 SGB III).

Für die Modellierung der Ansprüche aus dem SGB II gelten die nachfolgenden Regelungen:

– Anspruchsberechtigung: Personen, deren Alter zwischen 15 und 65 bzw. mit schrittweiser Anhebung auf 67 liegt, die erwerbsfähig sowie hilfsbedürftig sind, so dass sie ihren Lebensunterhalt nicht aus dem persönlichen Einkommen und Vermögen bestreiten können, und deren gewöhnlicher Aufenthalt in der Bundesrepublik Deutschland liegt (§7 Abs. 1 S. 1 Nr. 1–3 SGB II, auch zu berücksichtigen §§11–12 SGB II);

– Anspruchshöhe: Regelbedarf, d.h. ohne Leistungen für Wohnung und Heizung, in Höhe von 391 Euro für Alleinstehende, 353 Euro pro Person bei Paaren in der Bedarfsgemeinschaft, 313 Euro für Erwachsene in anderen Haushalten, 296 Euro für Kinder zwischen 14 und 18 Jahren, 261 Euro für Kinder zwischen sechs und 14 Jahren und 229 Euro für Kinder jünger als 6 Jahre (§20 Abs. 2 S. 1, S. 2 Nr. 1–2 SGB II) sowie die Möglichkeit eines Mehrbedarfs von bis zu maximal 60 Prozent des Regelbedarfs für Bedarfsgemeinschaften, in denen minderjährige Kinder in einem Haushalt leben (§21 Abs. 3 Nr. 1–2 SGB II).

Das zweite Modul des Mikrosimulationsmodells ist die Operationalisierung der Arbeitsangebotsentscheidung von privaten Haushalten. Im Kern geht es hierbei darum, zu prüfen, ob sich das Arbeitsangebot deshalb ändert, weil sich das Nettoeinkommen von privaten Haushalten durch die Umsetzung der modifizierten Arbeitsversicherung erhöht oder reduziert. Dies soll hier kurz verdeutlicht werden.

Die Umsetzung der modifizierten Arbeitsversicherung zeigt sich zunächst darin, dass eine Beitragserhebung von den Bruttoeinkünften der Beschäftigten, die neben dem Steuerzuschuss zur Finanzierung der Ausgaben der Reform beiträgt, eingeführt wird. Dies reduziert den Nettolohn.

Andererseits führt die Umsetzung der angepassten Arbeitsversicherung zu einer Erhöhung der Bruttoentlohnung und geringeren Wahrscheinlichkeit, arbeitslos zu werden, soweit die finanziellen Mittel für die Belegung von Fortbildung genutzt werden. Hiermit kann eine Steigerung des Nettolohns erreicht werden.

Um die Auswirkungen dieser beiden Effekte gegenüberzustellen und deren Konsequenzen für das Verhalten von Beschäftigten am Arbeitsmarkt zu evaluieren, bietet sich wiederum das diskrete Präferenzauswahlmodell an. Dessen genereller Aufbau ist den Erläuterungen zum Initialisierungseffekt zu entnehmen, so dass hierauf nicht näher eingegangen wird. Hinsichtlich der Modellspezifika sind jedoch einige Besonderheiten zu erwähnen.

Das Entscheidungsproblem von Arbeitnehmern wird über die Höhe des Arbeitsangebots modelliert. Die aus dem Steuer-, dem Transfer- und dem Sozialversicherungsmodell berechneten Nettogehälter stellen die Basis der Konsummöglichkeiten in den unterschiedlichen Arbeitszeitalternativen dar. Der Betrachtung liegen sechs Arbeitszeitalternativen zwischen Null und 50 Stunden pro Woche zu Grunde, die in zehner Abstände unterteilt sind (Urban 1993, 120–130, Hilbe 2009, 483–486, Giesselmann und Windzio 2012, 153–155).

Eine Erweiterung zu dem obigen Modell besteht in der Abbildung des unbeobachtbaren Teils der Arbeitsangebotsentscheidung. Mit den erklärenden Variablen in der konditionalen Logit Regression wird nämlich nur die beobachtbare Komponente der Entscheidung, ein Arbeitsangebot auszuwählen, modelliert. Hinsichtlich der Abbildung des unbeobachtbaren Teils des Optimierungsproblems, d.h. der Einflussfaktoren auf die Arbeitszeitauswahl, die nicht erfasst werden, ist eine Ziehung von Fehlertermen aus der Extremwertverteilung des ersten Typs vorgesehen. Dieser Prozess erfolgt in zwei Schritten.

Erstens wird die Wahrscheinlichkeitsverteilung der Arbeitszeiten aus dem Status quo genutzt und der lineare Wahrscheinlichkeitswert quantifiziert. Danach werden solange aus der Extremwertverteilung des ersten Typs Fehlerterme gezogen, bis die Summe des linearen Wahrscheinlichkeitswerts und des gezogenen Fehlerterms bei der Kategorie maximal ist, die in der Realität tatsächlich zu beobachten ist. Es werden aber je Ziehungsprozess von Fehlertermen nur 100 Versuche zugelassen, um eine erfolgreiche Ziehung zu erhalten. Andernfalls wird die Beobachtung vernachlässigt. Ziel ist es, dass 100 Fehlterme nach den Ziehungen vorliegen.

Zweitens wird die Wahrscheinlichkeitsverteilung über die Arbeitszeiten unter der angepassten Arbeitsversicherung verwendet und die 100 erfolgreich gezogenen Fehlerterme aus dem ersten Schritt separat addiert. Die beobachtete Verteilung ist die Grundlage für die Bestimmung der nutzenmaximalen Arbeitszeit (Jacobebbinghaus 2006, 28–64, 91–120, 121–125, Struch 2012, 3–24, Bonin, Schnabel und Stichnoth 2014, 33–34).

6.3 Die Diskussion der Ergebnisse und deren sozial- und arbeitsmarktpolitische Implikation

6.3.1 Die Schätzergebnisse für die Quantifizierung und die Monetisierung von Verhaltensänderungen unter der modifizierten Arbeitsversicherung

Die Ergebnisse dieses Abschnitts sind die Grundlage für die monetären Umsetzungswirkungen der modifizierten Arbeitsversicherung in Gestalt von Nutzen und Kosten aus der Perspektive des Staates. Aus diesem Grund werden hier lediglich die wichtigsten ökonometrischen Schätzungen präsentiert.

Zunächst zum Initialisierungseffekt, bei dem es darum geht, in welchem Umfang die modifizierte Arbeitsversicherung die Inanspruchnahme von Weiterbildungen ausdehnt. Methodische Grundlage ist die konditionale Logit Regression.

Die Ergebnisse der konditionalen Logit Regression werden in der folgenden Tabelle dargestellt:

Tabelle 11: Die Schätzergebnisse des konditionalen Logit Modells zu dem Einfluss der Möglichkeit, auf externe Unterstützungen während der Weiterbildungsteilnahme zurückgreifen zu können, auf den Umfang der Weiterbildungsteilnahme in dem Jahr 2014.
Quelle: Eigene Berechnungen.

Variable	Koeffizient	Prob > t
Panel A: Variable zu den Merkmalen betrieblicher Weiterbildungsunterstützung		
Betriebliche Weiterbildungsunterstützungen * Weiterbildungsstunden	0,0247***	0,0095
Panel B: Kontrollvariable		
Weiterbildungsstunden	✓	
Angestellter * Weiterbildungsstunden	✓	
Berufserfahrung * Weiterbildungsstunden	✓	
Informelle Weiterbildung: Kongress * Weiterbildungsstunden	✓	
Informelle Weiterbildung: Fachvorträge * Weiterbildungsstunden	✓	
Informelle Weiterbildung: Lesen * Weiterbildungsstunden	✓	
Informelle Weiterbildung: Medien * Weiterbildungsstunden	✓	
Nettoeinkommen * Weiterbildungsstunden	✓	
Kinder * Weiterbildungsstunden	✓	
Lebensstandard: Zufrieden * Weiterbildungsstunden	✓	

Tabelle 11: Fortsetzung

Variable	Koeffizient	Prob > t
Anforderungsniveau der ausgeübten Tätigkeit: Kein * Weiterbildungsstunden	✓	
Anforderungsniveau der ausgeübten Tätigkeit: Anlernausbildung * Weiterbildungsstunden	✓	
Anforderungsniveau der ausgeübten Tätigkeit: Berufliche Ausbildung * Weiterbildungsstunden	✓	
Anforderungsniveau der ausgeübten Tätigkeit: Studium * Weiterbildungsstunden	✓	
Pseudo-R2	0,6332	
Prob > chi2	0,0000	
Beobachtungszahl	137.120	
*10%, **5%, ***1%		

Anmerkung: Konditionales Logit Modell mit der tatsächlich realisierten Weiterbildungsteilnahme anhand von acht Alternativen hinsichtlich des Fortbildungsumfangs (0, 10, 20, 30, 40, 50, 75 und 100 Stunden pro Jahr) als abhängiges Merkmal.

Dass die vorgestellte Modellspezifikation grundsätzlich geeignet ist, um das Entscheidungsproblem von Angestellten hinsichtlich des Umfangs der Fortbildungsteilnahme zu erklären, wird anhand des Pseudo-R2 deutlich. Die Ausprägung von 0,6332 deutet darauf hin, dass die in der Regression berücksichtigten persönlichen Merkmale zu den relevanten Faktoren des Optimierungsproblems der Beschäftigten, einen Umfang der Weiterbildungsteilnahme zu bestimmen, gehören.

Für die Modellierung des Initialisierungseffekts ist der Koeffizient der Dummyvariable betriebliche Weiterbildungsunterstützung von Relevanz. Hierzu gehören arbeitgeberseitige Unterstützungen wie die monetären Leistungen, die Möglichkeit, freigestellt zu werden, die Betriebsvereinbarungen, die Planungen oder die personellen Betreuungen.

Da der Koeffizient statistisch signifikant ist, ist die Existenz betrieblicher Weiterbildungsunterstützungen für die persönliche Entscheidungsbildung über die Höhe der Teilnahme an Weiterbildungsveranstaltungen von hoher Bedeutung. Das positive Vorzeichen des Koeffizienten kann folgendermaßen interpretiert werden. Je höher der Umfang an realisierten Fortbildungsveranstaltungen ist, desto relevanter ist die Existenz der betrieblichen Weiterbildungsleistungen. Dies bedeutet, dass die Umsetzung der modifizierten Arbeitsversicherung die

Fortbildungsbelegung generell steigert und diese Zunahme umso höher ist, desto ausgeprägter die bestehende Weiterbildungsteilnahme ist.

Für die Kontrolle individueller Heterogenität innerhalb des Entscheidungsproblems, eine Höhe der Fortbildungsteilnahme auszuwählen, werden 14 Kontrollvariablen berücksichtigt. Hierzu gehören u.a. die Berufserfahrung, das Nettoeinkommen oder das Anforderungsniveau der ausgeübten Tätigkeit.

Nun zu den Schätzergebnissen des Substitutionseffekts. Dieser gibt an, in welchem Ausmaß die modifizierte Arbeitsversicherung mit der Verdrängung bestehender privater Finanzmittel im Rahmen der Fortbildungsteilnahme einhergeht. Die methodische Basis ist das Logit Modell.

Die nachfolgende Tabelle enthält die Ergebnisse des Logit Modells:

Tabelle 12: Die Schätzergebnisse des Logit Modells zu dem Einfluss der Möglichkeit, auf externe Finanzmittel während der Weiterbildungsteilnahme zurückgreifen zu können, auf den Umfang der Weiterbildungsteilnahme in dem Jahr 2014. Quelle: Eigene Berechnungen.

Variable	Koeffizient	Prob > t
Panel A: Variable zu den finanziellen Merkmalen betrieblicher Weiterbildungsunterstützung		
Betriebliche Finanzierung	-1,1962***	0,0745
Panel B: Kontrollvariable		
Informelle Weiterbildung: Kongress		✓
Informelle Weiterbildung: Fachvorträge		✓
Informelle Weiterbildung: Lesen		✓
Informelle Weiterbildung: Medien		✓
Kinder		✓
Lebensstandard: Zufrieden		✓
Arbeit: Zufrieden		✓
Gehaltsanstieg: Erwartet		✓
Aufstieg: Erwartet		✓
Anforderungsniveau der ausgeübten Tätigkeit: Referenzkategorie Studium		
Kein		✓
Anlernausbildung		✓
Berufliche Ausbildung		✓
Betriebsgröße: Klein		✓
Pseudo-R2	0,0776	
Beobachtungszahl	3.821	

*10%, **5%, ***1%

Anmerkung: Logit Modell mit der binären Variable, Weiterbildungen aus dem eigenen Einkommen oder Vermögen zu finanzieren, als abhängiges Merkmal.

Generell ist die Ausprägung des Pseudo-R2 mit 0,0776 niedrig, so dass neben den in dem Regressionsmodell aufgeführten persönlichen Merkmalen weitere Aspekte relevant sind, um die binäre Entscheidung, Fortbildungen aus eigenen Mitteln zu finanzieren, abschließend zu erklären. Dennoch ist das Pseudo-R2 nicht derart gering, dass die obige Spezifikation gar nicht geeignet ist.

Grundlage für die Berechnung des Substitutionseffekts ist der Koeffizient der Variable betriebliche Finanzierung, die angibt, ob Beschäftigte betriebliche Finanzmittel für deren Weiterbildungsteilnahme nutzen. Dass der Koeffizient statistisch signifikant und negativ ist, wird dahingehend interpretiert, dass eine Einführung betrieblicher Finanzmittel mit einer Substitution privater monetärer Weiterbildungsmittel verbunden ist.

Zur Kontrolle der Heterogenität von Entscheidungsträgern werden 13 Kontrollvariablen aufgenommen. Neben dem Anforderungsniveau der ausgeübten Tätigkeit, den Kindern im eigenen Haushalt und den informellen Weiterbildungsaktivitäten ist auch ein Dummy zur Betriebsgröße in der Schätzgleichung enthalten.

Im nächsten Schritt sind die beiden Nutzendimensionen näher zu betrachten. Zunächst zu der Schätzung der kausalen Bruttolohneffekte aus einer Weiterbildungsteilnahme. Entweder das random-effects oder das fixed-effects Modell ist die methodische Grundlage.

Entscheidend für die Wahl zwischen den beiden Modellen ist ein Hausman-Test. Die Null-Hypothese des Hausman-Tests besagt, dass das random-effects dem fixed-effects Modell vorzuziehen ist. Im Rahmen des Hausman-Tests werden zunächst beide Modelle, d.h. die random-effects und die fixed-effects Regression, separat geschätzt.

Der nachfolgenden Tabelle sind die Ergebnisse des Hausman-Tests zu entnehmen:

Tabelle 13: Die Schätzergebnisse des Hausman-Tests zur Auswahl zwischen dem random-effects und dem fixed-effects Modell bei der Schätzung zu dem Einfluss der Teilnahme an Fortbildungen auf den Bruttostundenlohn in den Jahren 2007 bis 2014. Quelle: Eigene Berechnungen.

Zeitraum	Prob > chi2
2007 bis 2014	0,0000
Beobachtungszahl	37.615

Anmerkung: Hausman-Test zur Modellauswahl zwischen dem random-effects und dem fixed-effects Logit Modell, je mit dem logarithmierten Bruttostundenlohn als abhängiges Merkmal. Erklärende Variablen sind die Vollzeittätigkeit, die Arbeitszeit, die Abschlussnoten in der Schule und dem Studium, die informellen Weiterbildungsaktivitäten wie Lesen und Medien, die eigene Gesundheitseinschätzung als positiv, die Tätigkeit in einem Großunternehmen, das Anforderungsniveau der ausgeübten Tätigkeit (Referenzkategorie: Studium), die Anzahl der Kinder und die berufliche Motivation zur Weiterbildungsteilnahme.

Da die Null-Hypothese des Hausman-Tests auf dem ein Prozent Signifikanz-niveau abgelehnt werden kann, ist das fixed-effects Modell für die Schätzung der Auswirkungen der Weiterbildungsteilnahme auf den Bruttolohn zu verwenden. Das random-effects Modell ist deshalb zu verwerfen.

Die Ergebnisse des fixed-effects Modells sind der folgenden Tabelle dargestellt:

Tabelle 14: Die Schätzergebnisse des fixed-effects Modells zu dem Einfluss der Teilnahme an Fortbildungen auf den Bruttostundenlohn in den Jahren 2007 bis 2014. Quelle: Eigene Berechnungen.

Variable	Modellspezifikation (i)		Modellspezifikation (ii)	
	Koeffizient	Prob > t	Koeffizient	Prob > t
Panel A: Variable zu der Weiterbildungsteilnahme				
Weiterbildungsteilnahme (in Stunden)	0,0011***	0,0003	0,0018***	0,0007
Panel B: Kontrollvariable				
Vollzeit	✓		✓	
Arbeitszeit	✓		✓	
Abschlussnote (Schule)	✓		✓	
Abschlussnote (Studium)	✓		✓	
Informelle Weiterbildung: Lesen	✓		✓	
Informelle Weiterbildung: Medien	✓		✓	
Gesundheitseinschätzung: Positiv	✓		✓	
Betriebsgröße: Groß	✓		✓	
Anforderungsniveau der ausgeübten Tätigkeit: Referenzkategorie Studium				
Kein	✓		-	
Anlernausbildung	✓		-	
Berufliche Ausbildung	✓		-	
Kinder	✓		✓	
Motivation zur Weiterbildungsteilnahme: Beruflich	✓		✓	
Welle 1	✓		✓	
Welle 2	✓		✓	
Welle 3	✓		✓	
Welle 4	✓		✓	
R2 (within)	0,1322		0,0622	
Prob > F	0,0000		0,0000	
Beobachtungszahl	37.615		9.300	
*10%, **5%, ***1%				

Anmerkungen: Fixed-effects Modell mit dem logarithmierten Bruttostundenlohn als abhängiges Merkmal. Regressionsmodell mit allen Beobachtungen aus dem Datensatz in (i), während das Regressionsmodell in (ii) nur für Personen mit einem geringen Anforderungsniveau der ausgeübten Tätigkeit (Kein oder Anlernausbildung) geschätzt wird.

Dass die Null-Hypothese des F-Tests in beiden Modellen abgelehnt wird, bedeutet, dass die erklärenden Variablen des Regressionsmodells geeignet sind, um die Variation der Gehälter zu erklären. Dies ist gerade vor dem Hintergrund relevant, dass das $R2$ (within) tendenziell niedrig ausfällt mit einer Ausprägung von 0,1322 in dem Modell mit allen Beobachtungen bzw. 0,0622 in der Alternative, bei der nur Beschäftigte in Tätigkeiten mit keinen Anforderungen oder einer Anlernausbildung enthalten sind.

Mit der ökonometrischen Schätzung kann ferner gezeigt werden, dass jede Stunde Weiterbildung mit einem statistisch signifikanten Anstieg des Brutto-stundenlohns von 0,11 Prozent verbunden ist, wie es in der Modellspezifikation (i) dargestellt ist. Für Angestellte in Tätigkeiten mit niedrigem Anforderungs-niveau, was in Modellspezifikation (ii) abgebildet wird, erhöht sich der Brutto-stundenlohn gar um 0,18 Prozent je Weiterbildungsstunde.

Für die Kontrolle der Heterogenität von Arbeitnehmern werden 18 persön-liche Merkmale in die Schätzung aufgenommen. Hierzu gehören auch Perioden-dummies, die für zeitveränderliche persönliche Eigenschaften kontrollieren, um Selektionseffekte zu vermeiden.

Ferner sind die Ergebnisse zu dem Einfluss der Weiterbildungsteilnahme auf die Wahrscheinlichkeit, zukünftig in Arbeitslosigkeit zu wechseln, darzulegen. Die methodische Basis ist das propensity-score-matching Modell.

Die nachfolgende Tabelle enthält die Ergebnisse des propensity-score-mat-ching Modells:

Tabelle 15: Die Schätzergebnisse des propensity-score-matching Modells zu dem Ein-fluss der Teilnahme an Fortbildungen auf die Wahrscheinlichkeit, zukünftig arbeitslos zu werden, in dem Jahr 2014.
Quelle: Eigene Berechnungen.

Variable	Koeffizient	Prob > t	Prob > t	
			Vor dem Matching	Nach dem Matching
Panel A: Kontrollvariable				
Alter	0,0009	0,0018	0,80	0,50
Gesundheitseinschätzung: Positiv	0,0585	0,0420	0,00	0,16
Kinder	0,0412**	0,0160	0,00	0,26
Abschlussnote (Schule)	-0,0795***	0,0183	0,00	0,50
Abschlussnote (Studium)	0,0618***	0,0197	0,00	0,15
Informelle Weiterbildung: Kongress	0,0222	0,0401	0,00	0,44
Informelle Weiterbildung: Fachvorträge	0,1710***	0,0391	0,00	0,65

(*fortgeführt*)

Tabelle 15: Fortsetzung

Variable	Koeffizient	Prob > t	Prob > t	
			Vor dem Matching	Nach dem Matching
Informelle Weiterbildung: Lesen	0,3752***	0,0455	0,00	0,45
Informelle Weiterbildung: Medien	0,0127	0,0388	0,00	0,40
Lebensstandard: Zufrieden	-0,0096	0,0104	0,00	0,91
Arbeit: Zufrieden	0,0559***	0,0073	0,00	0,72
Aufstieg: Erwartet	-0,0547	0,2385	0,59	0,16
Gehaltsanstieg: Erwartet	0,2624	0,1733	0,41	0,71
Arbeitszeit	0,0005**	0,0002	0,00	0,14
Männlich	-0,3231***	0,0350	0,00	0,68
Bruttostundenlohn	0,0020***	0,0004	0,00	0,05
Verheiratet	0,1519***	0,0536	0,04	0,24
Geschieden	0,2054**	0,0893	0,73	0,63
Angestellter	0,0876**	0,0412	0,05	0,97
Selbständiger	-0,0615	0,0647	0,44	0,71
West	-0,0252	0,0393	0,00	0,62
Anforderungsniveau der ausgeübten Tätigkeit: Kein	-0,2731***	0,0763	0,00	0,23
Anforderungsniveau der ausgeübten Tätigkeit: Berufliche Ausbildung	0,1479***	0,0449	0,02	0,68
Anforderungsniveau der ausgeübten Tätigkeit: Studium	0,2463***	0,0528	0,00	0,56
Deutsch	1,0556***	0,0651	0,00	0,91
Befristung	0,0351	0,0531	0,05	0,75
KONSTANTE	-3,1397***	0,1471	-	-
Panel B: Behandlungseffekt				
Average Treatment Effect on the Treated (ATT)	-0,0342**	0,0166		
Pseudo-R2		0,0776		-
Prob > chi2		0,0000		
Beobachtungszahl		3.821		-
*10%, **5%, ***1%				

Anmerkung: Propensity-score-matching Modell mit der Wahrscheinlichkeit, zukünftig in Arbeitslosigkeit zu wechseln, als abhängiges Merkmal und die Teilnahme an Weiterbildungen als Grundlage für die Einteilung in die Behandlungs- und die Kontrollgruppe.

Zuerst kann festgehalten werden, dass sich die zugeordneten Beobachtungen aus der Behandlungs- und der Kontrollgruppe vor der Zuordnung hinsichtlich zahlreicher Variablen statistisch signifikant voneinander unterscheiden. Die Null-Hypothese des t-Tests, dass die zugeordneten Beobachtungen aus der Behandlungs- und der Kontrollgruppe nicht systematisch voneinander zu differenzieren sind, wird für die Vielzahl der individuellen Merkmale abgelehnt.

Mit der Zuordnung durch den propensity-score-matching Ansatz sind fast alle Unterschiede zwischen der Behandlungs- und der Kontrollgruppe eliminiert. Lediglich für das persönliche Merkmal Bruttostundenlohn muss die Null-Hypothese des t-Tests, dass sich Entlohnung zwischen Personen mit und ohne Weiterbildungsteilnahme nicht statistisch signifikant voneinander unterscheidet, abgelehnt werden. Dies ist als Einschränkung der Gültigkeit des ATT zu verstehen.

Die Grundlage für die Zuordnung von Beschäftigten aus der Behandlungs- und der Kontrollgruppe ist das probistische Wahrscheinlichkeitsmodell, zukünftig in Arbeitslosigkeit zu wechseln. Die Güte und die Qualität des Regressionsmodells bei der Erklärung des Übergangs in Arbeitslosigkeit ist das Pseudo-R2 von 0,0776 anzuführen. Dies deutet auf einen tendenziell geringen Erklärungsgehalt hin.

Dennoch wird die Null-Hypothese des chi2-Tests, dass die erklärenden Variablen der Modellspezifikation grundsätzlich nicht geeignet sind, um die Fortbildungsteilnahme zu erklären, auf dem ein Prozent Signifikanzniveau abgelehnt. Aus diesem Grund ist das vorgestellte Modell grundsätzlich angemessen, um die Wahrscheinlichkeit, arbeitslos zu werden, zu erklären, obgleich das Pseudo-R2 eher gering ist.

Mit dieser Basis wird der ATT geschätzt. Es kann gezeigt werden, dass sich die Gefahr, arbeitslos zu werden, um etwa 3,42 Prozent reduziert, wenn eine Weiterbildungsveranstaltung erfolgreich abgeschlossen wird.

Die Kostendimensionen werden anhand folgender Annahmen modelliert. Für die direkten Aufwendungen, d.h. die Personal- und die Sach- sowie die Fahrt- und die Übernachtungskosten, werden 34,9 Euro je Weiterbildungsstunde angesetzt. Dies entspricht dem durchschnittlichen Kostensatz für betriebliche Weiterbildungen in der Bundesrepublik Deutschland (Statistische Bundesamt 2013, 49).

Hinsichtlich der Aufwendungen für die Verwaltung und die Organisation der angepassten Arbeitsversicherung wird die Verwaltungskostenpauschale der SOKA-Bau angesetzt. Diese sieht eine Höhe von 5,9 Prozent des Leistungsumfangs als Verwaltungskosten vor (Deutscher Bundestag 2002, SOKA-Bau 2016).

Schließlich sind die Ergebnisse zum Mikrosimulationsmodell zu erörtern. Im Vordergrund stehen die Schätzergebnisse für die Arbeitsangebotssimulation. Für die Simulation der Arbeitsangebotsentscheidung ist die konditionale Logit Regression die methodische Grundlage.

In der folgenden Tabelle sind die Ergebnisse der konditionalen Logit Regression aufgeführt:

Tabelle 16: Die Schätzergebnisse des konditionalen Logit Modells zu dem Einfluss von Konsummöglichkeiten, der Freizeit sowie anderen persönlichen Merkmalen auf die Höhe der Arbeitszeit in dem Jahr 2014.
Quelle: Eigene Berechnungen.

Variable	Modellspezifikation (i)		Modellspezifikation (ii)		Modellspezifikation (iii)	
	Koeffizient	Prob > t	Koeffizient	Prob > t	Koeffizient	Prob > t
Nettoeinkommen	0,0003***	0,0001	0,0002***	0,0001	0,0002***	0,0001
Nettoeinkommen2	-0,0001***	0,0001	0,0001***	0,0001	-0,0001***	0,0001
Freizeit: 40 Stunden pro Woche	2,1016***	0,5510	1,4640***	0,2746	1,0175***	0,2989
Freizeit: 50 Stunden pro Woche	0,2883	0,9855	-0,5761	0,4909	0,4901	0,5242
Freizeit: 60 Stunden pro Woche	1,4791	1,3250	0,2343	0,6537	0,3986	0,5192
Freizeit: 70 Stunden pro Woche	2,7819*	1,6122	1,1364	0,7943	-0,0055	0,8727
Freizeit: 80 Stunden pro Woche	-14,4777**	5,9605	1,0721	1,5345	-4,3221***	1,5918
Freizeit: 40 Stunden pro Woche (Partner)	2,2706***	0,3307	-	-	-	-
Freizeit: 50 Stunden pro Woche (Partner)	2,4511***	0,5556	-	-	-	-
Freizeit: 60 Stunden pro Woche (Partner)	3,7899***	0,7424	-	-	-	-
Freizeit: 70 Stunden pro Woche (Partner)	3,3494***	0,9059	-	-	-	-
Freizeit: 80 Stunden pro Woche (Partner)	2,8062**	1,1982	-	-	-	-
Nettoeinkommen * Freizeit	-0,0001	0,0001	0,0001***	0,0001	-0,0001	0,0001
Nettoeinkommen * Freizeit (Partner)	0,0001	0,0001	-	-	-	-
Fixe Kosten der Erwerbstätigkeit: Alter	-0,0521	0,0876	0,1179*	0,0729	-0,1671**	0,0793
Fixe Kosten der Erwerbstätigkeit: Alter (Partner)	0,1300*	0,0802	-	-	-	-
Fixe Kosten der Erwerbstätigkeit: Kinder	0,9726	0,7734	2,5497***	0,6954	-5,1874***	0,7847
Fixe Kosten der Erwerbstätigkeit: Kinder (Partner)	0,3057	0,7342	-	-	-	-

Tabelle 16: Fortsetzung

Variable	Modellspezifikation (i)		Modellspezifikation (ii)		Modellspezifikation (iii)	
	Koeffizient	Prob > t	Koeffizient	Prob > t	Koeffizient	Prob > t
Freizeit * Alter	-0,0161	0,0333	-0,0190	0,0219	0,0175	0,0227
Freizeit * Alter (Partner)	-0,0312*	0,0190	-	-	-	-
Nettoeinkommen * Alter	0,0001	0,0001	-0,0001***	0,0001	-0,0001	0,0001
Nettoeinkommen * Alter (Partner)	0,0001**	0,0001	-	-	-	-
Freizeit * Kinder	-0,1495	0,1758	-0,4484***	0,1507	1,3814***	0,1724
Freizeit * Kinder (Partner)	0,0418	0,1824	-	-	-	-
Freizeit * Alter (31 bis 40)	-2,8212*	1,6444	-0,3299*	0,1729	-0,1202	0,1871
Freizeit * Alter (41 bis 50)	-1,8950	1,7417	-0,4924*	0,2657	0,4155	0,2793
Freizeit * Alter (51 bis 60)	-1,5467	1,7767	-0,4784	0,3642	0,6221*	0,3637
Freizeit * Alter (älter als 61)	-1,3626	1,8013	-0,4514	0,4839	0,5589	0,4543
Freizeit * Alter (31 bis 40, Partner)	-0,0571	0,7805	-	-	-	-
Freizeit * Alter (41 bis 50, Partner)	-0,5919	1,0344	-	-	-	-
Freizeit * Alter (51 bis 60, Partner)	-0,6698	1,1139	-	-	-	-
Freizeit * Alter (älter als 61, Partner)	-0,7587	1,1476	-	-	-	-
Freizeit * Hauptschule	-0,1358	0,1775	0,2823***	0,0960	-0,2797**	0,1280
Freizeit * Realschule	-0,1978	0,1696	0,0645	0,1291	-0,3302***	0,0865
Freizeit * Gymnasium	-0,1545	0,1693	-0,0475	0,1026	-0,1978**	0,0944
Freizeit * Hauptschule (Partner)	0,0019	0,1730	-	-	-	-
Freizeit * Realschule (Partner)	-0,2522**	0,0997	-	-	-	-
Freizeit * Gymnasium (Partner)	0,1616	0,1878	-	-	-	-
Nettoeinkommen * West	-0,0001	0,0001	-0,0001***	0,0001	-0,0001***	0,0001

(*fortgeführt*)

Tabelle 16: Fortsetzung

Variable	Modellspezifikation (i)		Modellspezifikation (ii)		Modellspezifikation (iii)	
	Koeffizient	Prob > t	Koeffizient	Prob > t	Koeffizient	Prob > t
Nettoeinkommen * Freizeit * Kinder	0,0001	0,0001	-0,0001*	0,0001	-0,0001	0,0001
Nettoeinkommen * Freizeit * Kinder (Partner)	-0,0001	0,0001	-	-	-	-
Pseudo-R2		0,2446		0,3456		0,1498
Prob > chi2		0,0000		0,0000		0,0000
Beobachtungszahl		46.800		13.188		13.296
*10%, **5%, ***1%						

Anmerkungen: Konditionales Logit Modell mit der tatsächlich realisierten Arbeitszeit anhand von sechs Alternativen hinsichtlich des Arbeitsumfangs (0, 10, 20, 30, 40, 50 Stunden pro Woche) als abhängiges Merkmal. Regressionsmodell mit Paaren in (i), mit männlichen Alleinstehenden in (ii) sowie weiblichen Singles in (iii).

Für alle drei Modellspezifikationen, d.h. für Paare, männliche Alleinstehende sowie weiblichen Singles, ist festzuhalten, dass sie grundsätzlich geeignet sind, um deren Arbeitsangebotsentscheidung zu erklären, da die Null-Hypothese des chi2-Tests auf dem ein Prozent Signifikanzniveau abgelehnt wird. Diese unterstellt, dass die erklärenden Variablen des Regressionsmodells nicht ausreichen, um die Variation des abhängigen Merkmals zu determinieren.

Des Weiteren beträgt das Pseudo-R2 für das Modell mit Paaren 0,2446, mit männlich Alleinstehenden 0,3456 und weiblichen Singles 0,1498. Diese Ausprägungen bewegen sich damit in einem angemessenen Spektrum. Dies verdeutlicht sich auch daran, wenn andere Studien und Modelle dem Vergleich zu Grunde gelegt werden (Jacobebbinghaus 2006, 110–111, Struch 2012, 21–23).

6.3.2 Eine Übersicht zu den monetären Umsetzungswirkungen aus der Perspektive des Staates

Beruhend auf den obigen Schätzergebnissen werden der Nutzen und die Kosten der Arbeitsversicherung, die auf die Erhöhung selbstgewählter beruflicher Mobilität angepasst ist, auf aggregierter Ebene, d.h. für den Staat, in diesem Kapitel diskutiert. Der Nutzen und die Kosten der angepassten Arbeitsversicherung sind monetisiert.

Zunächst zu den Komponenten des Bruttolohnanstiegs aufgrund einer intensiveren Weiterbildungsteilnahme unter der modifizierten Arbeitsversicherung, die nachfolgend abgebildet sind:

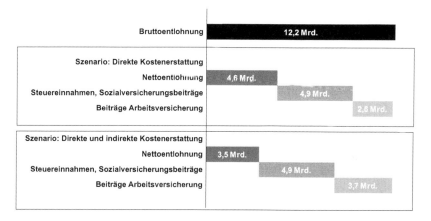

Abbildung 11: Die Zusammensetzung des Bruttolohnanstiegs unter der modifizierten Arbeitsversicherung in dem Jahr 2014.

Quelle: Eigene Berechnungen.

Unter der modifizierten Arbeitsversicherung steigt die Bruttoentlohnung um 12,2 Mrd. Euro. Unberücksichtigt bleiben in dieser Darstellung die Lohnzahlungen, die auf eine niedrigere Wahrscheinlichkeit, in Arbeitslosigkeit zu wechseln, zurückzuführen sind. Auf diese wird im weiteren Verlauf dieses Kapitels eingegangen.

Unter dem Szenario, bei dem nur direkte Kosten einer Weiterbildungsteilnahme erstattet werden, setzt sich der Bruttolohnanstieg folgendermaßen zusammen: 4,6 Mrd. Euro Nettolohnzunahme, 4,9 Mrd. Euro Erhöhung der Steuereinnahmen und der Sozialversicherungsbeiträge sowie 2,6 Mrd. Euro für die Beiträge zur angepassten Arbeitsversicherung.

Unter dem Szenario der direkten und indirekten Kostenerstattung reduziert sich der Nettolohnanstieg auf 3,5 Mrd. Euro, während der Anstieg der Steuereinnahmen bei 4,9 Mrd. Euro verbleibt und sich die Beiträge zur modifizierten Arbeitsversicherung entsprechend auf 3,7 Mrd. Euro erhöhen.

In der folgenden Abbildung werden darüber hinaus die prognostizierten Ausgaben der angepassten Arbeitsversicherung dargelegt:

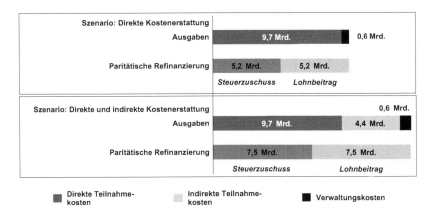

Abbildung 12: Die Ausgaben und deren Refinanzierung unter der modifizierten Arbeitsversicherung in dem Jahr 2014.
Quelle: Eigene Berechnungen.

Unter dem Szenario der direkten Kostenerstattung werden 9,7 Mrd. Euro direkte Teilnahmekosten sowie 0,6 Mrd. Euro Verwaltungskosten anfallen. Paritätisch aufgeteilt auf den Steuerzuschuss und den Lohnbeitrag sind 5,2 Mrd. Euro aus dem öffentlichen Haushalt für die Finanzierung der Reform beizutragen.

Werden zusätzlich die indirekten Kosten der Weiterbildungsteilnahme erstattet, steigen die Ausgaben um 4,4 Mrd. Euro. Damit erhöht sich der Steuerzuschuss aus dem öffentlichen Haushalt sowie das Beitragsaufkommen aus paritätisch erhobenen Lohnnebenkosten auf 7,5 Mrd. Euro.

Um die Betrachtung von Nutzen und Kosten aus der Perspektive des Staates abzuschließen, werden die zusätzlichen Einnahmen und Ausgaben unter der modifizierten Arbeitsversicherung in der nachfolgenden Abbildung gegenübergestellt:

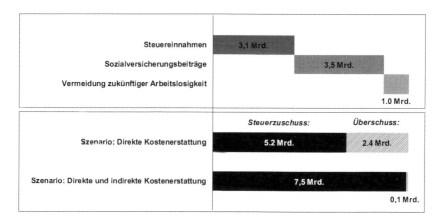

Abbildung 13: Die Gegenüberstellung der zusätzlichen Einnahmen und Ausgaben, differenziert nach der direkten und indirekten Kostenerstattung, unter der modifizierten Arbeitsversicherung in dem Jahr 2014.

Quelle: Eigene Berechnungen.

Neben den zusätzlichen Steuereinnahmen in Höhe von 3,1 Mrd. Euro stehen der Anstieg der Sozialversicherungsbeiträge um 3,5 Mrd. Euro sowie der monetäre Wert aus der Vermeidung zukünftiger Arbeitslosigkeit von 1,0 Mrd. Euro für die Finanzierung des Steuerzuschusses der öffentlichen Haushalte zur Verfügung.

Unter dem Szenario, bei dem nur die direkten Kosten einer Weiterbildungsteilnahme refinanziert werden, ist unter diesen Rahmenbedingungen ein Finanzierungsüberschuss von 2,4 Mrd. Euro zu verzeichnen. Mit der zusätzlichen Erstattung indirekter Kosten von Weiterbildungen reduziert sich der Überschuss auf 0,1 Mrd. Euro.

Abschließend sind in der folgenden Abbildung die einzelnen Bestandteile aus der Vermeidung zukünftiger Arbeitslosigkeit dargestellt:

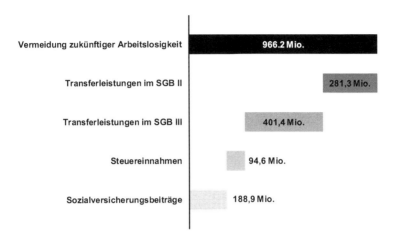

Abbildung 14: Die Zusammensetzung der Vermeidung zukünftiger Arbeitslosigkeit unter der modifizierten Arbeitsversicherung in dem Jahr 2014.
Quelle: Eigene Berechnungen.

Die Gesamtsumme von 966,2 Mio. Euro aus der Vermeidung zukünftiger Arbeitslosigkeit teilt sich in fünf Beträge auf. Neben der Vermeidung von Transferleistungen im SGB II in Höhe von 281,3 Mio. Euro bzw. 401,4 Mio. Euro im SGB III können Steuereinnahmen in Höhe von 94,6 Mio. Euro sowie Sozialversicherungsbeiträge von 188,9 Mio. Euro aufrechterhalten werden.

Schließlich gilt es zu diskutieren, welche sozial- und arbeitsmarktpolitischen Implikationen damit verbunden sind, dass der Nutzen der in dieser Arbeit konzipierten Arbeitsversicherung die Kosten für die Finanzierung der Ausgaben aus der Perspektive der öffentlichen Haushalte übersteigt.

Im Grundsatz wird gezeigt, dass für die Behebung der negativen Konsequenzen der Agenda 2010 in Gestalt einer reduzierten selbstgewählten beruflichen Mobilität bzw. der generellen Steigerung dieser Art von Mobilität, was grundsätzlich als volkswirtschaftlich sinnvoll anzusehen ist, durch die angepasste Arbeitsversicherung keine zusätzlichen Nettobelastungen für den Staat anfallen. Die Einnahmenüberschüsse aus der Zunahme bzw. dem Aufrechterhalten von Steuereinnahmen und Sozialversicherungsbeiträgen sowie der Vermeidung von Transferleistungen im SGB II und SGB III sind ausreichend hoch, um den Steuerzuschuss zur Deckung eines Teils der Ausgaben der modifizierten Arbeitsversicherung zu tragen.

Teil IV: Zusammenfassung

7 Ein Überblick zu den zentralen Ergebnissen

Dieser Arbeit liegen zwei Fragestellungen zu Grunde. Die erste Fragestellung bezieht sich darauf, ob der Rückgang eigenmotivierter beruflicher Mobilität ab Beginn der 2000er Jahre auf die Umsetzung der Agenda 2010 zurückzuführen ist. Bei der zweiten Fragestellung geht es darum, wie die Sozial- und die Arbeitsmarktpolitik ausgestaltet sein muss, damit wieder mehr selbstgewählte berufliche Mobilitätsbewegungen initiiert werden. Unter eigenmotivierten bzw. selbstgewählten Mobilitätsprozessen am Arbeitsmarkt werden alle Wechsel bezeichnet, die aufgrund der persönlichen Motivation entstehen.

Zu der ersten Fragestellung legen die theoretischen und empirischen Erkenntnisse den Schluss nahe, dass die Umsetzung der Agenda 2010 den Rückgang der selbstgewählten beruflichen Mobilität initiiert hat. Dies kann als eine Art unerwünschter Nebenwirkung der Agenda 2010 verstanden werden. Bei der Reformumsetzung im Bereich der Arbeitsmarktmobilität ist es vorrangig darum gegangen, die berufliche Mobilität von Arbeitslosen zu erhöhen, was auch erreicht worden ist, wie die bestehende empirische Literatur zeigt.

Zunächst zu den theoretischen Implikationen aus der Suchtheorie. Grundlage ist ein Optimierungsproblem, in dem Beschäftigte durch die Wahl eines Niveaus, wie intensiv sie nach einem Job suchen, ihren erwarteten Nutzen aus einem Beschäftigungsverhältnis maximieren. Nutzenmindernd sind einerseits ein möglicher Wechsel in Arbeitslosigkeit und andererseits die Kosten aus der Stellensuche. Nutzensteigernd ist ein potenzieller Lohngewinn nach einem Wechsel der Arbeitsstelle. Eine Ausdehnung der Suchbemühungen nach einem Arbeitsplatz erhöht die Chance, ein Stellenangebot zu bekommen, ist aber auch mit höheren Kosten verbunden.

Mit dem Suchmodell aus der bestehenden Literatur kann gezeigt werden, dass die Maßnahmen aus der Agenda 2010, die sich auf die finanziellen Ansprüche bei Arbeitslosigkeit beziehen, keine Auswirkungen auf die optimale Intensität während der Jobsuche haben. Intuitiv ist dies darauf zurückzuführen, dass eine Variation des Niveaus an Suchanstrengungen, eine Tätigkeit zu finden, keine Konsequenzen auf die Gefahr, in Arbeitslosigkeit zu wechseln, oder den Umfang der monetären Ansprüche bei Arbeitslosigkeit hat.

Ein anderes Ergebnis zeigt sich, sofern die Risiken aus einem Stellenwechsel, die auf die niedrigere arbeitgeberseitige Kündigungsschwelle während der Probezeit zurückzuführen sind, in dem Suchmodell Berücksichtigung finden, wie es mit einer in dieser Arbeit entwickelten Modellerweiterung vorgesehen ist. Wird das Arbeitslosengeld reduziert oder die Sanktionen strenger ausgelegt, sei es in Gestalt eines höheren Betrages, um den das Arbeitslosengeld bei Sanktionierung reduziert wird, oder einer höheren Wahrscheinlichkeit, sanktioniert zu werden, nimmt die Suchintensität nach einer Arbeitsstelle ab. Dies begründet sich darin, dass die Risiken aus einem Stellenwechsel, die auf der Probezeit beruht, nach derartigen Änderungen ansteigen. Ein niedrigeres Niveau an Bemühungen während der Jobsuche senkt die Wahrscheinlichkeit, ein Stellenangebot zu bekommen, und damit schließlich auch die eigenmotivierte Mobilität am Arbeitsmarkt.

Nun zur empirischen Gültigkeit der theoretischen Implikationen aus dem erweiterten Suchmodell. Mit dem random-effects Logit Modell kann gezeigt werden, dass die Höhe der finanziellen Ansprüche bei Arbeitslosigkeit, sei es aus der Arbeitslosenversicherung oder den Wohlfahrtsleistungen, einen positiven Effekt auf die Wahrscheinlichkeit, sich auf Jobsuche zu begeben, haben. Dass im Rahmen der Agenda 2010 die Höhe der monetären Ansprüche bei Arbeitslosigkeit reduziert worden sind, ist ein Indiz dafür, dass die Suchintensität nach einer Stelle in Folge der Reformumsetzung rückläufig gewesen ist. Wie dargelegt wird, ist eine klassische Kausalanalyse, bei der eine Behandlungs- und eine Kontrollgruppe differenziert werden, nicht möglich.

Weiterhin kann gezeigt werden, dass die Höhe der Suchintensität nach einer Tätigkeit als arbeitsangebotsseitige Determinante den Rückgang der selbstgewählten beruflichen Mobilität nach der Umsetzung der Agenda 2010 maßgeblich herbeigeführt hat. Anhand eines Granger-Kausalitätstests kann nachgewiesen werden, dass arbeitsnachfrageseitige Indikatoren, hierzu gehört maßgeblich die Verfügbarkeit offener Stellen, einen weniger starken Einfluss auf die Entwicklung eigenmotivierter beruflicher Mobilität gehabt haben.

Zu der zweiten Fragestellung kann als erstes Ergebnis festgehalten werden, dass Staatseingriffe, die eine Steigerung der eigenmotivierten beruflichen Mobilität zum Ziel haben, auf eine Stärkung der Befähigung von Arbeitnehmern, die Konsequenzen beruflichen Mobilitätsprozessen zu bewerkstelligen, zu begrenzen sind. Die theoretischen und empirischen Erkenntnisse zeigen, dass diese Art von sozial- und arbeitsmarktpolitischen Reformen die selbstgewählte berufliche Mobilität steigert.

Theoretische Basis sind die Suchtheorie und die moral-philosophischen Theorien. Zu letzteren gehört die Theorie der Verantwortungsethik von Max Weber. Hiernach ist die Ursache für die Entstehung von beruflichen Mobilitätsbewegungen dafür ausschlaggebend, ob der Einzelne oder die Gesellschaft für die Konsequenzen einzutreten hat. Bei den sozialliberalen Gerechtigkeitstheorien von John Rawls und Amartya Sen steht die Effizienz bei der Risikobewältigung im Vordergrund der Überlegungen. Dies bedeutet, dass grundsätzlich der effizientere Marktakteur die Folgen der persönlichen Mobilitätsbewegungen zu tragen hat.

Werden die beiden Dimensionen gegenübergestellt, so gibt es vier Kategorien. Bei der individuellen Verantwortung ist die Ursache des Risikos auf die eigene Motivation zurückzuführen und der Entscheidungsträger ist effizienter als der Staat, um die Konsequenzen zu bewältigen. Auch bei der gesellschaftlichen Solidarität besteht die Ursache des Risikos in der persönlichen Motivation. Da jedoch der Einzelne bei der Risikobewältigung überfordert ist, hat die Gesellschaft diese Aufgabe zu übernehmen. Bei der individuellen Solidarität ist die Entstehung des Risikos auf externe Umstände zurückzuführen, allerdings erfolgt die Bewältigung durch den Einzelnen. Schließlich werden die Risiken der staatlichen Verantwortung durch die Gesellschaft bewältigt und beruhen auf Umständen außerhalb des individuellen Einflusses.

Damit liegt der Schluss nahe, dass die Risiken aus selbstgewählter Mobilität am Arbeitsmarkt im Bereich der individuellen Verantwortung einzuordnen sind, obgleich auch die gesellschaftliche Solidarität von Relevanz sein kann. Während die Ursache für die Entstehung dieser Risiken ein Ergebnis der persönlichen Motivation ist, ist es nicht eindeutig, bzw. abhängig von der jeweiligen Situation, ob das Individuum oder die Gesellschaft effizienter in der Bewältigung der Risiken ist.

Ein Staatseingriff zur Förderung selbstgewählter Mobilität am Arbeitsmarkt ist damit auf die Stärkung der individuellen Verantwortung zu begrenzen. Basis hierfür sind die sozialliberalen Gerechtigkeitstheorien von John Rawls und Amartya Sen, die eine Erhöhung der individuellen Befähigung, eigene Entscheidungsfolgen zu meistern, vorsehen. Es ist außerdem möglich, dass hiermit das Ausmaß gesellschaftlicher Solidarität niedriger ausfällt.

Die suchtheoretischen Implikationen zu Grunde gelegt, so kann der mit den moral-philosophischen Theorien identifizierte Umfang staatlicher Einflussnahme derart bestätigt werden, dass eine Befähigung der Angestellten, die darauf abzielt, Risiken aus den Stellenwechseln bewältigen zu können, die Bemühungen im Rahmen der Jobsuche steigert. Eine Einschränkung besteht allerdings darin, dass dies nur zu beobachten ist, wenn sich die Befähigung auf eine Erhöhung der Fähigkeiten, der Kompetenzen, des Wissens sowie der Erfahrungen beschränkt. Mit dem Anstieg der Suchanstrengungen, eine Stelle ausfindig zu machen, steigert sich die selbstgewählte Mobilität am Arbeitsmarkt.

Im nächsten Schritt ist die empirische Gültigkeit der theoretischen Erkenntnisse darzulegen. Anhand eines propensity-score-matching Modells kann gezeigt werden, dass die Suchintensität nach einer Arbeitsstelle mit einer Teilnahme an Fortbildungen höher ist als die der Beschäftigten ohne Belegung von

Weiterbildungsveranstaltungen. Anders ausgedrückt: Die Suchanstrengungen, eine Arbeitsstelle zu finden, fallen umso höher aus, je umfangreicher Individuen an Weiterbildungen teilnehmen.

Für die zweite Fragestellung kann als weiteres Ergebnis festgehalten werden, dass sich die Arbeitsversicherung in dem Umfang bewegt, wie eine sozial- und arbeitsmarktpolitische Reform ausgestaltet sein muss, um die eigenmotivierte berufliche Mobilität zu steigern. Dies kann derart verstanden werden, dass die Arbeitsversicherung ein sozial- und arbeitsmarktpolitisches Instrumentarium ist, mit dem die negativen Konsequenzen der Agenda 2010 in Gestalt rückläufiger selbstgewählter beruflicher Mobilität behoben werden können.

Damit dies zu beobachten ist, muss die Arbeitsversicherung auf die Problemstellung, eigenmotivierte Mobilität am Arbeitsmarkt zu steigern, angepasst werden. Die Basis hierfür ist das von Günther Schmid entwickelte Drei-Säulen-Modell, wobei die ersten beiden Säulen vernachlässigt werden können. Dies begründet sich darin, dass sich die erste und zweite Säule der Arbeitsversicherung außerhalb dessen befinden, auf was das Ausmaß institutioneller Einflussnahme zur Steigerung eigenmotivierter Mobilität am Arbeitsmarkt zu beschränken ist. Allein die Anspruchsberechtigung, die -höhe und die -finanzierung sowie die -nutzung der dritten Säule, d.h. den persönlichen Entwicklungskonten, deren Finanzmittel zur Weiterbildungsteilnahme genutzt werden können, sind zu verändern. Der Reformvorschlag wird als modifizierte bzw. angepasste Arbeitsversicherung bezeichnet.

Hinsichtlich der Empirie kann anhand eines propensity-score-matching Modells dargelegt werden, dass die Teilnahme an Weiterbildungen von Arbeitnehmern, die die Möglichkeit haben, betriebliche Förderinstrumente zu nutzen, höher ausfällt als die der Angestellten, die keinen Zugriff auf arbeitgeberseitige Förderung im Rahmen der Fortbildungsteilnahme haben. Die betrieblichen Weiterbildungsleistungen werden als Indikator herangezogen, die Umsetzungswirkungen der modifizierten Arbeitsversicherung zu evaluieren, da keine Daten zur Wirkung vergleichbarer sozial- und arbeitsmarktpolitischer Reformen existieren.

In diesem Zusammenhang wird auch bewiesen, dass keine zusätzlichen Nettobelastungen für den Staat entstehen. Die Einnahmenüberschüsse liegen oberhalb der zusätzlichen Ausgaben für die modifizierte Arbeitsversicherung. Aus finanzpolitischer Sichtweise ist die angepasste Arbeitsversicherung kein Hindernis.

Abbildungsverzeichnis

Tabellenverzeichnis

Literaturverzeichnis

Allmendinger, Jutta, Werner Eichhorst, und Ulrich Walwei. IAB Handbuch Arbeitsmarkt: Analysen, Daten, Fakten. Frankfurt: Campus Verlag, 2005.

Aristoteles. Die Ethik des Aristoteles, in zehn Büchern. Danzig: Ferdinand Trofchel Verlag, 1791.

Arndt, Christian, Sabine Dann, Rolf Kleimann, Harald Strotmann, und Jürgen Volkert. „Das Konzept der Verwirklichungschancen (A. Sen) - Empirische Operationalisierung im Rahmen der Armuts- und Reichtumsmessung." Endbericht, Berlin, 2006.

Bäcker, Gerhard. „Chronologie gesetzlicher Neuregelungen: Arbeitsförderung/ SGB III & Arbeitsrecht 1998-2016." Sozialpolitik Aktuell / IAQ Duisburg-Essen, 2017.

Barron, John, und Stephen McCafferty. „Job Search, Labor Supply, and the Quit Decision: Theory and Evidence." The American Economic Review, 1977, 683-691.

Bauer, Anja, und Ian King. „The Hartz Reforms, the German Miracle, and Labor Reallocation." European Economic Review, 2018: 1-17.

Bayer, Michael, und Gabriele Mordt. Einführung in das Werk Max Webers. Wiesbaden: Springer VS Verlag für Sozialwissenschaften, 2008.

Becher, Claus, Andreas Brand, und Alfons Schmid. Koordination auf Arbeitsmärkten: Bedeutung und Funktionsweise elektronischer Teilarbeitsmärkte. München: Rainer Hampp Verlag, 2007.

Bender, Gerd, Daniel Bieber, Volker Hielscher, Jörg Marschall, Peter Ochs, und Simon Vaut. „Organisatorischer Umbau der Bundesagentur für Arbeit: Evaluation der Maßnahmen zur Umsetzung der Vorschläge der Hartz-Kommission." Endbericht, Saarbrücken, 2006.

Beutel, Jörg. Mikroökonomie. München/Wien: Oldenbourg Verlag, 2006.

Biesecker, Adelheid, und Stefan Kesting. Mikroökonomik: Eine Einführung aus sozial-ökologischer Perspektive. München/Wien: Oldenbourg Verlag, 2003.

Black, Matthew. „An Empirical Test of the Theory of On-The-Job Search." The Journal of Human Resources, 1981: 129-140.

Boeri, Tito, und Jan van Ours. The Economics of Imperfect Labor Markets. New Jersey: Princeton University Press, 2013.

Bolvig, Iben, Ines Hardoy, Merja Kauhanen, Reija Lilja, Marianne Roed, und Nina Smith. The Labour Supply of Low-Skilled: Incentives in the Unemployment

Insurance – A Comparative Description based on Nordic Countries. Kopenhagen: Tema Nord Verlag, 2007.

Bonin, Holger, Reinhold Schnabel, und Holger Stichnoth. „Zur Effizienz der ehe- und familienbezogenen Leistungen in Deutschland im Hinblick auf soziale Sicherungs- und Beschäftigungsziele." Vierteljahreshefte zur Wirtschaftsforschung, 2014: 29–48.

Bortz, Jürgen, und Nicola Döring. Forschungsmethoden und Evaluation: für Human- und Sozialwissenschaftler. Berlin/Heidelberg: Springer Verlag, 2003.

Bosch, Gerhard. „Berufliche Weiterbildung in Deutschland 1969 bis 2010:." In Arbeitsmarktpolitik in der sozialen Marktwirtschaft, von Silke Bothfeld, Werner Sesselmeier und Claudia Bogedan, 106–125. Wiesbaden: Springer Verlag, 2012.

—. „In Qualifizierung investieren: Ein Weiterbildungsfonds für Deutschland." WISO Diskurs, 2010.

Brenke, Karl, und Klaus Zimmermann. „Reformagenda 2010: Strukturreformen für Wachstum und Beschäftigung." DIW Wochenbericht, 2008: 117–124.

Breyer, Friedrich, und Wolfgang Buchholz. Ökonomie des Sozialstaats. Berlin/ Heidelberg: Springer Verlag, 2009.

Büchel, Felix, und Markus Pannenberg. „Berufliche Weiterbildung in West- und Ostdeutschland: Teilnehmer, Struktur und individueller Ertrag." Zeitschrift für Arbeitsmarktforschung, 2004: 73–126.

Bundesagentur für Arbeit. „Amtliche Nachrichten der Bundesagentur für Arbeit: Arbeitsmarkt 2014." Laufende Bericherstattung, Nürnberg, 2014.

—. Anspruch, Höhe, Dauer – Arbeitslosengeld. 2018. https://www.arbeitsagentur.de/arbeitslos-arbeit-finden/anspruch-hoehe-dauer-arbeitslosengeld. (Zugriff am 10. Juli 2018).

—. Beschäftigungsstatistik. 2017. https://statistik.arbeitsagentur.de/Navigation/ Statistik/Statistik-nach-Themen/Beschaeftigung/Beschaeftigung-Nav.html. (Zugriff am 2. Mai 2017).

Bundesagentur für Arbeit, Statistik. Arbeitslose und Arbeitslosenquoten – Deutschland und Länder (Zeitreihe Jahreszahlen ab 1950). 2017. https:// statistik.arbeitsagentur.de/nn_31892/SiteGlobals/Forms/Rubrikensuche/ Rubrikensuche_Form.html?view=processForm&resourceId=210368&input_=&pageLocale=de&topicId=17588&year_month=aktuell&year_month. GROUP=1&search=Suchen. (Zugriff am 27. November 2017).

—. Gemeldete Arbeitsstellen – Deutschland und Westdeutschland (Zeitreihe Monats-/ Jahreszahlen ab 1950). 2018. https://statistik.arbeitsagentur.de/ nn_31894/SiteGlobals/Forms/Rubrikensuche/Rubrikensuche_Form.html? view=processForm&resourceId=210368&input_=&pageLocale=de&topicI

d=17574&year_month=aktuell&year_month.GROUP=1&search=Suchen. (Zugriff am 12. März 2018).

Bundesministerium für Arbeit und Soziales. „Sozialbericht 2017." Endbericht, Berlin/Bonn, 2017.

Bundesministerium für Arbeit und Soziales. „Weißbuch Arbeiten 4.0." Endbericht, Berlin/Bonn, 2017.

Burdett, Kenneth. „A Theory of Employee Job Search and Quit Rates." The American Economic Review, 1978: 212–220.

Cahuc, Pierre, Stephane Carcillo, und Andre Zylberberg. Labor Economics. Cambridge: MIT University Press, 2014.

Caliendo, Marco. Microeconometric Evaluation of Labour Market Policies. Berlin/Heidelberg: Springer Verlag, 2006.

Caliendo, Marco, und Sabine Kopeinig. „Some Practical Guidance for the Implementation of Propensity Score Matching." Journal of Economic Surveys, 2008: 31–72.

Cameron, Colin, und Pravin Trivedi. Microeconometrics: Methods and Applications. New York: Cambridge University Press, 2005.

Cezanne, Wolfgang. Allgemeine Volkswirtschaftslehre. München/Wien: Oldenbourg Verlag, 2005.

Charness, Gary, und Peter Kuhn. „Lab Labor: What can Labor Economists learn from the Lab?" In Handbook of Labor Economics, von Orley Ashenfelter und David Card, 229–330. Amsterdam: Elsevier Verlag, 2011.

Chiang, Alpha, Kevin Wainwright, und Harald Nitsch. Mathematik für Ökonomen: Grundlagen, Methoden und Anwendungen. München: Vahlen Verlag, 2012.

Chow, Gregory. „Tests of Equality between Sets of Coefficients in Two Linear Regressions." Econometrica, 1960: 591–605.

Christoph, Gerd, und Horst Hackel. Starthilfe Stochastik: Studium. Stuttgart/Leipzig/Wiesbaden: Teubner Verlag, 2002.

Conrad, Christian. Wirtschaftspolitik: Eine praxisorientierte Einführung. Wiesbaden: Gabler Verlag, 2017.

Crößmann, Anja, und Frank Schüller. „Arbeitsmarkt und Verdienste." In Datenreport 2016, von Statistisches Bundesamt und Wissenschaftszentrum Berlin für Sozialforschung, 125–138. Wiesbaden, 2016.

Deutscher Bundestag. Antwort der Bundesregierung auf die Kleine Anfrage der Abgeordneten Maritta Böttcher, Rolf Kutzmutz, Dr. Christa Luft, weiterer Abgeordneter und der Fraktion der PDS. 2002. http://dip21.bundestag.de/dip21/btd/14/098/1409871.pdf. (Zugriff am 10. August 2016).

Deutscher Bundestag. „Stenografischer Bericht, 32. Sitzung, 15. Bundestag."
Laufende Berichterstattung, Berlin, 2003.

Devine, Theresa, und Nicolas Kiefer. Empirical Labor Economics: The Search
Approach. Oxford: Oxford University Press, 1991.

Diebolt, Claude, Ralph Hippe, und Magali Jaoul-Grammare. Bildungsökono-
mie: Eine Einführung aus historischer Perspektive. Wiesbaden: Springer Verlag, 2017.

Dietz, Berthold, Bernhard Frevel, und Katrin Toens. Sozialpolitik kompakt.
Wiesbaden: Springer Verlag, 2015.

Dormann, Carsten. Parametrische Statistik: Verteilungen, Maximum Likelihood
und GLM in R. Wiesbaden: Springer Spektrum Verlag, 2017.

Eckle-Kohler, Judith, und Michael Kohler. Eine Einführung in die Statistik und
ihre Anwendungen. Wiesbaden: Springer Spektrum Verlag, 2017.

Eekhoff, Johann. Beschäftigung und soziale Sicherung. Bonn: Mohr-Siebeck
Verlag, 2008.

Egle, Christoph. Reformpolitik in Deutschland und Frankreich: Wirtschafts-
und Sozialpolitik bürgerlicher und sozialdemokratischer Regierungen. Wiesbaden: Springer VS Verlag für Sozialwissenschaften, 2009.

Eichberger, Jürgen. Grundzüge der Mikroökonomik. Tübingen: Mohr Siebeck
Verlag, 2004.

Eichhorst, Werner, Stefan Profit, und Eric Thode. „Benchmarking Deutschland: Arbeitsmarkt und Beschäftigung: Bericht der Arbeitsgruppe Benchmarking und der Bertelsmann Stiftung." Endbericht, Gütersloh, 2001.

Eichhorst, Werner, und Klaus Zimmermann. „Die Agenda 2010 als Teil der
rot-grünen Regierungspolitik." Vierteljahreshefte zur Wirtschaftsforschung,
2008: 8–19.

Elder, Glen. „Perspectives in the Life Course." In Life Course Dynamics: Tra-
jectories and Transitions, von Glen Elder, 23–49. Ithaca: Cornell University
Press, 1985.

Elder, Glen, Monica Kirkpatrick-Johnson, und Robert Crosnoe. „The Emergence
and Development of Life Course Theory." In Handbook of the Life Course,
von Jeylan Mortimer und Michael Shanahan, 3–19. New York: Springer Verlag, 2003.

Endreß, Martin. „Ethik (Gesinnungs- und Verantwortungsethik)." In Max
Weber-Handbuch: Leben – Werk – Wirkung, von Hans-Peter Müller und
Steffen Sigmund, 52–54. Stuttgart: J.B. Metzler Verlag, 2014.

Engelhardt, Henriette, und Alexia Prskawetz. „Arbeitsmarkt und Demographie." In Arbeitsmarktsoziologie: Probleme, Theorien, empirische Befunde,

von Martin Abraham und Thomas Hinz, 333–350. Wiesbaden: Springer VS Verlag für Sozialwissenschaften, 2005.

Engelkamp, Paul, und Friedrich Sell. Einführung in die Volkswirtschaftslehre. Berlin/Heidelberg: Springer Verlag, 1998.

Erikson, Robert, John Goldthorpe, und Lucienne Portocarero. „Integenerational Class Mobility in Three Western European Societies: England, France and Sweden." The British Journal of Sociology, 1979: 415–441.

Erlinghagen, Marcel. „Langfristige Trends der Arbeitsmarktmobilität, Beschäftigungsstabilität und Beschäftigungssicherheit in Deutschland." Duisburger Beiträge zur soziologischen Forschung, 2017.

—. „Mehr Angst vor Arbeitsplatzverlust seit Hartz? Langfristige Entwicklung der Beschäftigungsunsicherheit in Deutschland." SOEPpapers on Multidisciplinary Panel Data Research, 2010.

Fehr, Sonja, und Georg Vobruba. „Die Arbeitslosigkeitsfalle vor und nach der Hartz-IV-Reform." WSI Mitteilungen, 2011: 211–217.

Fischer, Johannes, Stefan Gruden, Esther Imhof, und Jean-Daniel Strub. Grundkurs Ethik: Grundbegriffe philosophischer und theologischer Ethik. Stuttgart: W. Kohlhammer Verlag, 2008.

Föhr, Silvia. Organisation und Gleichgewicht: Möglichkeiten und Grenzen einer strukturalistisch fundierten Organisationstheorie. Wiesbaden: Gabler Verlag, 1997.

Franz, Wolfgang. Arbeitsmarktökonomik. Berlin/Heidelberg: Springer Verlag, 2009.

Freiling, Gerhard, Gerhard Naegele, Reinhard Bispinck, Klaus Hofemann, und Jennifer Neubauer. Sozialpolitik und soziale Lage in Deutschland: Band 1: Grundlagen, Arbeit, Einkommen und Finanzierung. Wiesbaden: Springer VS Verlag für Sozialwissenschaften, 2008.

Führing, Mike. Risikomanagement und Personal. Wiesbaden: Gabler Verlag, 2006.

Gagne, Marylene. „Self-Determination Theory in the Work Domain: This is just the Beginning." In The Oxford Handbook of Work Engagement, Motivation, and Self-Determination Theory, von Marylene Gagne, 414–432. Oxford: Oxford University Press, 2014.

Gehring, Uwe, und Cornelia Weins. Grundkurs Statistik für Politologen. Wiesbaden: Springer VS Verlag für Sozialwissenschaften, 2004.

Giannelli, Gianna, Ursula Jaenichen, und Thomas Rothe. „Doing Well in Reforming the Labour Market? Recent Trends in Job Stability and Wages in Germany." IZA Discussion Paper Series, 2013.

Giesecke, Johannes. Arbeitsmarktflexibilisierung und Soziale Ungleichheit: Sozio-ökonomische Konsequenzen befristeter Beschäftigungsverhältnisse in Deutschland und Großbritannien. Wiesbaden: Springer VS Verlag für Sozialwissenschaften, 2006.

—. „Veränderte Muster: die Entwicklung der beruflichen Mobilität seit 1984." WZB Mitteilungen, 2010: 28–30.

Giesselmann, Marco, und Michael Windzio. Regressionsmodelle zur Analyse von Paneldaten. Heidelberg: Springer VS Verlag für Sozialwissenschaften, 2012.

Grandinger, Erwin. Deutschland ist inzwischen der kranke Mann Europas. 2003. . https://www.welt.de/print-welt/article326383/Deutschland-ist-inzwischen-der-kranke-Mann-Europas.html. (Zugriff am 18. November 2017).

Granovetter, Mark. Getting a Job: A Study of Contacts and Careers. Chicago: The University of Chicago Press, 1995.

Hacket, Anne. Lohnt sich Mobilität?: Einkommensperspektiven in internen und externen Arbeitsmärkten in den ersten Berufsjahren. Wiesbaden: Springer VS Verlag für Sozialwissenschaften, 2009.

Hackl, Peter. Einführung in die Ökonometrie. München: Pearson Studium Verlag, 2005.

Hans, Jan Philipp, Sandra Hofmann, Werner Sesselmeier, und Aysel Yollu-Tok. „Umsetzung, Kosten und Wirkungen einer Arbeitsversicherung." gute gesellschaft – soziale demokratie #2017plus, 2017.

Hansen, Gunnar. Probleme der Reformkommunikation: Die Grenzen des Politischen Marketings am Beispiel der Agenda 2010. Marburg: Tectum Verlag, 2015.

Hartung, Joachim, Bärbel Elpelt, und Karl-Heinz Klösener. Statistik: Lehr- und Handbuch der angewandten Statistik. München: Oldenbourg Verlag, 2009.

Heisig, Jan Paul, und Johannes Giesecke. „Höheres Risiko für Geringqualifizierte: Wie sich die berufliche Mobilität in Deutschland verändert hat." WZBrief Arbeit, 2010.

Hellmuth, Leonie, und Dieter Urban. „Das Working-Poor-Problem in Deutschland – Empirische Analysen zu den Ursachen von Armut trotz Erwerbstätigkeit." Schriftenreihe des Instituts für Sozialwissenschaften der Universität Stuttgart, 2010.

Henze, Norbert. Stochastik für Einsteiger: Eine Einführung in die faszinierende Welt des Zufalls. Wiesbaden: Springer Spektrum Verlag, 2017.

Herzog-Stein, Alexander, Fabian Lindner, und Simon Sturn. „The German Employment Miracle in the Great Recession: the Significane and Institutional

Foundations of Temporary Working." Oxford Economic Papers, im Erscheinen, 2017.

Hilbe, Joseph. Logistic Regression Modells. New York: CRC Press, 2009.

Höffe, Ottfried. John Rawls: Eine Theorie der Gerechtigkeit. Berlin: DeGruyter Verlag, 2013.

Hohendanner, Christian. „Befristete Arbeitsverträge zwischen Auf- und Abschwung: Unsichere Zeiten, unsichere Verträge?" IAB Kurzbericht, 2010.

Howard, Lee. „Using the Chow Test to analyze Regression Discontinuities." Tutorials in Quantitative Methods for Psychology, 2008: 46–50.

Huinink, Johannes, und Thorsten Schröder. „Skizzen zu einer Theorie des Lebenslaufs." In Rational choice: Theoretische Analysen und empirische Resultate, von Andreas Diekmann, Klaus Eichner, Peter Schmidt und Thomas Voss, 291–308. Wiesbaden: Springer VS Verlag für Sozialwissenschaften, 2008.

Institut für Arbeitsmarkt- und Berufsforschung. Chronik der Arbeitsmarktpolitik: Die wichtigsten gesetzlichen Änderungen im SGB III und in angrenzenden Gesetzen ab 2004. Nürnberg: Springer Verlag, 2004.

Institut für Wachstumsstudien. EU-Mitgliedstaaten (mit Schweiz und Norwegen): 20-Jahres-Überblick – Wirtschaftswachstum. 2017. http://www.economic-growth.eu/Seiten/20-Jahres-Ueberblick/Wachstum-20_Jahre.html. (Zugriff am 25. Oktober 2017).

Jacobebbinghaus, Peter. Steuer-Transfer-Mikrosimulation als Instrument zur Bestimmung des Einflusses von Steuern und Transfers auf Einkommen und Arbeitsangebot einzelner Haushalte. Bielefeld: Bielefeld University, 2006.

Jaenichen, Ursula, und Thomas Rothe. „Hartz sei Dank? Stabilität und Entlohnung neuer Jobs nach Arbeitslosigkeit." WSI Mitteilungen, 2014: 227–235.

Jantz, Bastian. „Notwendigkeit und Grundzüge einer lebenslauforientierten Arbeitsmarktpolitik." Theorie und Praxis der sozialen Arbeit, 2015: 212–223.

Kalina, Thorsten, und Claudia Weinkopf. „Konzentriert sich die steigende Niedriglohnbeschäftigung in Deutschland auf atypisch Beschäftigte?" Zeitschrift für Arbeitsmarkt Forschung, 2008: 447–469.

Kaltenborn, Bruno, Petra Knerr, und Sylvia Kurth-Laatsch. „Hartz-Evaluierung: Ausgangslage." Erster Zwischenbericht, Berlin, 2004.

Kant, Immanuel. Grundlegung zur Metaphysik der Sitten. Riga: Johann Friedrich Hartknoch Verlag, 1785.

Kaps, Petra. Arbeitsmarktintegration oder Haushaltskonsolidierung? Wiesbaden: Springer VS Verlag für Sozialwissenschaften, 2006.

Kaschube, Jürgen. Eigenverantwortung, eine neue berufliche Leistung: Chance oder Bedrohung für Organisationen. Göttingen: Vandenhoeck & Ruprecht Verlag, 2006.

Keane, Michael, Petra Todd, und Kenneth Wolpin. „The Structural Estimation of Behavioral Models: Discrete Choice Dynamic Programming Methods and Applications." In Handbook of Labor Economics, von Orley Ashenfelter und David Card, 331–462. Amsterdam: North Holland Verlag, 2011.

Kettner, Anja, und Martina Rebien. „Job Safety first? Zur Veränderung der Konzessionsbereitschaft von arbeitslosen Bewerbern und Beschäftigten aus betrieblicher Perspektive." Ordnungspolitische Diskurse, 2009.

Keuschnigg, Christian. Öffentliche Finanzen: Einnahmenpolitik. Tübingen: Mohr Siebeck Verlag, 2005.

Khandker, Shahidur, Gayatri Koolwal, und Hussain Samad. Handbook on Impact Evaluation: Quantitative Methods and Practices. Washington: The World Bank, 2010.

Kiefer, Nicholas, und George Neumann. Search Models and Applied Labor Economics. New York: Cambridge University Press, 1989.

Kirchgässner, Gebhard, und Jürgen Wolters. Einführung in die moderne Zeitreihenanalyse. München: Franz Vahlen Verlag, 2006.

Klammer, Ute. „Die Lebensverlaufsperspektive als Referenzrahmen und Gestaltungsaufgabe – Herasuforderungen an Politik und Betrieb." Soziale Welt, 2012: 45–66.

Klinger, Sabine, Thomas Rothe, und Enzo Weber. „Makroökonomische Perspektive auf die Hartz-Reformen: Die Vorteile überwiegen." IAB Kurzbericht, 2013.

Klump, Rainer. Wirtschaftspolitik: Instrumente, Ziele und Institutionen. München: Pearson Verlag, 2011.

Klute, Jürgen, und Sandra Kotlenga. „Sozial- und Arbeitsmarktpolitik nach Hartz: Fünf Jahre Hartzreformen: Bestandsaufnahme – Analysen – Perspektiven." Universitätsdrucke im Universitätsverlag Göttingen, 2008.

Knuth, Matthias. „Widersprüchliche Dynamiken im deutschen Arbeitsmarkt." WSI Mitteilungen, 2011: 580–587.

Knuth, Matthias, und Petra Kaps. „Arbeitsmarktreformen und „Beschäftigungswunder" in Deutschland." WSI Mitteilungen, 2014: 173–181.

Koch, Susanne, und Frank Wießner. „Ich-AG oder Überbrückungsgeld? Wer die Wahl hat, hat die Qual." IAB Kurzbericht, 2003.

Kohli, Martin. „Institutionalisierung und Individualisierung der Erwerbsbiographie." In Riskante Freiheiten, von Ulrich Beck und Elisabeth Heck-Gernsheim, 219–244. Berlin: Suhrkamp Verlag, 1994.

Kolb, Meinulf. Personalmanagement: Grundlagen und Praxis des Human Resources Managements. Wiesbaden: Gabler Verlag, 2010.

Kommission moderne Dienstleistungen am Arbeitsmarkt. „Moderne Dienstleistungen am Arbeitsmarkt." Endbericht, Berlin, 2002.

Kraut, Nicole. Unternehmensanalyse in mittelständischen Industrieunternehmen: Konzeption – Methoden – Instrumente. Wiesbaden: Deutscher Universitäts-Verlag, 2002.

Krück, Mirko, und Wolfgang Merkel. „Soziale Gerechtigkeit und Demokratie." In Wohlfahrtsstaatliche Politik in jungen Demokratien, von Aurel Croissant, Gero Erdmann und Friedbert Rüb, 85–110. Springer VS Verlag für Sozialwissenschaften, 2004.

Kruppe, Thomas. „Organisation und Finanzierung von Qualifizierung und Weiterbildung im Lebensverlauf." WISO Diskurs, 2012.

Kupka, Peter, und Christopher Osiander. „Activation Made in Germany: Welfare-to-Work Services under the Social Code 2." In Frontline Delivery of Welfare-to-Work Policies in Europe: Activating the Unemployment, von Rik van Berkel, Dorte Caswell, Peter Kupka und Larsen Flemming, 88–106. New York/London: Routledge Verlag, 2017.

Kutscha, Günter. „Übergangsforschung: Zu einem neuen Forschungsbereich." In Bilanz der Bildungsforschung, von Klaus Beck und Adolf Kell, 113–155. Weinheim: Deutscher Studien Verlag, 1991.

Lengfeld, Holger, und Jessica Ordemann. „Die Angst der Mittelschicht vor dem sozialen Abstieg revisited: Eine Längsschnittanalyse 1984–2014." SOEPpapers on Multidisciplinary Panel Data Research, 2016.

Lesch, Hagen. „Die Arbeitsmarktentwicklung im Spannungsfeld von Schocks und Demographie." ifo Schnelldienst, 2012: 6–9.

Leschke, Martin. „Die Beiträge von John Rawls und James M. Buchmann zur liberalen Gestaltung einer demokratischen Grundordnung." In John Rawls' politischer Liberalismus, von Ingo Pies und Martin Leschke, 63–91. Tübingen: J.C.B Mohr Paul Siebeck Verlag, 1995.

Lutz, Ronald. Das Mandat der Sozialen Arbeit. Wiesbaden: Springer VS Verlag für Sozialwissenschaften, 2011.

Menard, Scott. Logistic Regression: From Introductory to Advanced Concepts and Applications. Los Angeles: Sage Publications Verlag, 2010.

Merkel, Wolfgang. „Soziale Gerechtigkeit und die drei Welten des Wohlfahrtskapitalismus." Berliner Journal für Soziologie, 2001: 135–157.

—. „Soziale Gerechtigkeit: Theorie und Wirklichkeit." Friedrich-Ebert-Stiftung: Online Akademie, 2007.

Meyer, Thomas. Praxis der Sozialen Demokratie. Wiesbaden: Springer Verlag, 2006.

Möller, Joachim. „Die deutschen Arbeitsmarktreformen: Nicht perfekt, aber unter dem Strich positiv." WSI Mitteilungen, 2010: 324–327.

Morgan, Stephen, und Christopher Winship. Counterfactuals and Causal Inference. New York: Cambridge University Press, 2015.

Mortensen, Dale. „Unemployment Insurance and Job Search Decisions." Industrial and Labor Relations Review, 1977: 505–517.

Mortensen, Dale. „Job Search and Labor Market Analysis." In Handbook of Labor Economics, von Orley Ashenfelter, Richard Layard und David Card, 849–920. Amsterdam: Elsevier Verlag, 1986.

Mückenberger, Ulrich. „Krise des Normalarbeitsverhältnisses – ein Umbauprogramm." Zeitschrift für Sozialreform, 2010: 403–420.

Müller-Plantenberg, Urs. „Rawls weltweit." Zeitschrift für kritische Sozialwissenschaft, 2000: 611–626.

Narendranathan, Wiji, und Stephen Nickell. „Estimating the Parameters of Interest in a Job Search Model." In Unemployment, Search and Labour Supply, von Richard Blundell und Ian Walker, 1–14. New York: Cambridge University Press, 1986.

NEPS. Bildung im Erwachsenenalter und lebenslanges Lernen. 2018. https://www.neps-data.de/de-de/datenzentrum/datenunddokumentation/startkohorteerwachsene.aspx. (Zugriff am 30. Januar 2018).

NEPS. „Startkohorte 6: Erwachsene (SC6) SUF Version 8.0.0 Codebook (de)." Laufende Berichterstattung, Bamberg, 2017.

Neumann, Frieder. Soziale Mindestsicherung in Europa: Leistungsprofile im Vergleich. Berlin: LIT Verlag, 2015.

Neusser, Klaus. Zeitreihenanalyse in den Wirtschaftswissenschaften. Wiesbaden: Vieweg und Teubner Verlag, 2011.

Nullmeier, Frank. „Die Agenda 2010: ein Reformpaket und sein kommunikatives Versagen." In Politische Reformprozesse in der Analyse: Untersuchungssystematik und Fallbeispiele, von Thomas Fischer, Andreas Kiessling und Leonard Novy, 145–190. Gütersloh: Bertelsmann Verlag, 2008.

Organisation for Economic Co-operation and Development. „OECD Employment Outlook: How do Industry, Firm, and Worker Characteristics shape Jobs and Workers Flows?" Endbericht, 2009.

Osiander, Christopher, und Martin Dietz. „What could all the Money do? Ergebnisse eines faktoriellen Surveys zur Bedeutung von Opportunitätskosten bei Weiterbildungsentscheidungen." IAB Discussion Paper, 2015.

Pannenberg, Markus. „Individuelle Anspruchslöhne in Deutschland: Eine aktuelle Bestandsaufnahme." In Arbeitsmarkt- und Sozialpolitikforschung im Wandel – Festschrift für Christof Helberger zum 65. Geburtstag, von Johannes Schwarze, Jutta Räbiger und Rheinhold Thiede, 63–79. Berlin: Dr. Kovac Verlag, 2007.

Peichl, Andreas, Hilmar Schneider, und Sebastian Siegloch. „Dokumentation IZA-MOD: The IZA Policy Simulation MODel." IZA Discussion Paper, 2010.

Pepels, Werner, et al. Expert-Praxislexikon betriebswirtschaftliche Kennzahlen: Instrumente zur unternehmerischen Leistungsmessung. 2008: Expert Verlag, 2008.

Pindyck, Robert, und Daniel Rubinfeld. Mikroökonomie. München: Pearson Verlag, 2009.

Pissarides, Christopher. Equilibrium Unemployment Theory. Cambridge: MIT University Press, 2000.

Pogge, Thomas. John Rawls. München: C.H. Beck Verlag, 1971.

Pointner, Sonja, und Thomas Hinz. „Mobilität im Arbeitsmarkt." In Arbeitsmarktsoziologie: Probleme, Theorien, empirische Befunde, von Martin Abraham und Thomas Hinz, 99–132. Wiesbaden: Springer Verlag, 2008.

Pollert, Dirk, und Sven Spielert. Die Arbeitnehmerüberlassung in der betrieblichen Praxis. München: Hüthig Jehle Rehm Verlag, 2014.

Rahner, Sven. „Zukunftsaufgabe Weiterbildung Stand der Debatte und internationale Anknüpfungspunkte zur Entwicklung einer Arbeitsversicherung." WISO Diskurs, 2014.

Rawls, John. A Theory of Justice. Revised Edition. Cambridge: Belknap Verlag, 1999.

—. Political Liberalism. New York: Columbia University Press, 1993.

Rebien, Martina, und Anja Kettner. „Die Konzessionsbereitschaft von Bewerbern und Beschäftigten nach den Hartz-Reformen." WSI Mitteilungen, 2011: 218–225.

Rhein, Thomas. „Beschäftigungsdynamik im internationalen Vergleich: Ist Europa auf dem Weg zum „Turbo-Arbeitsmarkt"?" IAB Kurzbericht, 2010.

Rhein, Thomas, und Heiko Stüber. „Bei Jüngeren ist die Stabilität der Beschäftigung gesunken." IAB Kurzbericht, 2014.

Rommerskirchen, Jan. Das Gute und das Gerechte: Einführung in die praktische Philosophie. Köln: Springer VS Verlag für Sozialwissenschaften, 2015.

—. Soziologie & Kommunikation: Theorien und Paradigmen von der Antike bis zur Gegenwart. Köln: Springer VS Verlag für Sozialwissenschaften, 2013.

Rössel, Jörg. Plurale Sozialstrukturanalyse – Eine handlungstheoretische Rekonstruktion der Grundbegriffe der Sozialstrukturanalyse. Wiesbaden: Springer Verlag, 2005.

Rothe, Thomas. „Arbeitsmarktentwicklung im Konjunkturverlauf: Nicht zuletzt eine Frage der Einstellungen." IAB Kurzbericht, 2009.

Sachverständigenkommission Gleichstellung. „Neue Wege – Gleiche Chancen: Gleichstellung von Frauen und Männern im Lebensverlauf." Endbericht, Berlin, 2011.

Sachverständigenkommission zum Zweiten Gleichstellungsbericht der Bundesregierung. „Erwerbs- und Sorgearbeit gemeinsam neu gestalten." Gutachten für den Zweiten Gleichstellungsbericht der Bundesregierung, Berlin, 2017.

Sachverständigenrat zur Begutachtung der gesamtwirtschaftlichen Entwicklung. Zeitreihen für Deutschland. 2017. https://www.sachverstaendigenrat-wirtschaft.de/zr_deutschland.html#c173. (Zugriff am 4. November 2017).

Sahai, Hardeo, und Mohammed Ageel. The Analysis of Variance: Fixed, Random and Mixed Models. Boston: Birkhäuser Verlag, 2000.

Schiersmann, Christiane. Berufliche Weiterbildung. Wiesbaden: Springer VS Verlag für Sozialwissenschaften, 2007.

Schlutz, Erhard. „Auf dem langen Weg zu einer nutzenstiftenden wissenschaftlichen Didaktik." Zeitschrift für Weiterbildungsforschung, 2007: 21–32.

Schmid, Günther. „Von der Arbeitslosen- zur Arbeitsversicherung." Leviathan, 2012: 248–270.

—. Übergänge am Arbeitsmarkt: Arbeit, nicht nur Arbeitslosigkeit versichern. Berlin: Nomos Verlag, 2011.

—. „Von der Arbeitslosen- zur Beschäftigungsversicherung: Wege zu einer neuen Balance individueller Verantwortung und Solidarität durch eine lebenslauforientierte Arbeitsmarktpolitik." WISO Diskurs, 2008.

Schmid, Josef. Wohlfahrtsstaaten im Vergleich: Soziale Sicherung in Europa: Organisation, Finanzierung, Leistungen und Probleme. Wiesbaden: Springer Verlag, 2010.

Schneider, Hilmar. „Die Veränderung der Lohnersatz- leistungen und die Reform der Vermittlungsprozesse im SGB III." Vierteljahreshefte zur Wirtschaftsforschung, 2008: 20–37.

Schönduwe, Robert. Mobilitätsbiografien hochmobiler Menschen. Wiesbaden: Springer Verlag, 2017.

Schönherr-Mann, Hans-Martin. „Verantwortung und Vertrauen nach dem Ende der Kriegshoffnungen, oder: Fördert die Ethik das Vertrauen." In Friedensgesellschaften: Zwischen Verantwortung und Vertrauen, von Alfred Hirsch und Pascal Delhom. München: Karl Alber Verlag, 2015.

Schroeder, Douglas. Accounting and Causal Effects: Econometric Challenges. New York: Springer Verlag, 2010.

Schröer, Evelyn, und Katrin Huhn. Zeit- und Telearbeit: Flexible Beschäftigungsformen und ihre Bedeutung für den Mittelstand. Wiesbaden: Springer Verlag, 1998.

Schulz, Walter. Ich und Welt: Philosophie der Subjektivität. Pfullingen: Günther Neske Verlag, 1979.

Schütz, Holger. Reform der Arbeitsvermittlung: Uniformierungsdruck in der Bundesagentur für Arbeit. Opladen: Budrich UniPress Verlag, 2008.

Seeger, Stefan. Verantwortung: Tradition und Dekonstruktion. Würzburg: Königshausen & Neumann Verlag, 2010.

Sen, Amartya. Ökonomie für den Menschen. München: Hanser Verlag, 2000.

Siebert, Horst, und Oliver Lorz. Einführung in die Volkswirtschaftslehre. Stuttgart: Kohlhammer Verlag, 2007.

Siefken, Sven. Expertenkommissionen im politischen Prozess: Eine Bilanz zur rot-grünen Bundesregierung 1998–2005. Wiesbaden: Springer VS Verlag für Sozialwissenschaften, 2008.

Smith, Stephen. Labour Economics. New York: Routledge Verlag, 2003.

SOEP. Deutsche Institut für Wirtschaftsforschung – SOEP. 2017. http://www.diw.de/de/soep. (Zugriff am 1. Dezember 2017).

SOEP-Core. Hours Weekdays Training, Education. 2018. https://paneldata.org/iab-soep-mig/data/bdp/bdp1006. (Zugriff am 1. Mai 2018).

—. Look for New Position – Expected in next Two Years. 2018. https://paneldata.org/soep-core/data/pp/pp3901. (Zugriff am 9. Mai 2018).

—. Paneldata: SOEP-Core. 2018. https://paneldata.org/soep-core. (Zugriff am 8. Mai 2018).

—. Personal Willingness to take Risks. 2018. https://paneldata.org/soep-core/data/up/up119. (Zugriff am 8. Mai 2018).

—. Reasons for Occupational Change. 2018. https://paneldata.org/soep-core/data/vpgen/jobend05. (Zugriff am 23. Juli 2018).

—. Type of Job Change. 2018. https://paneldata.org/soep-core/data/tp/tp50. (Zugriff am 20. Juli 2018).

SOKA-Bau. Angaben zum Leistungsumfang und der Bilanzsumme. 2016. http://www.soka-bau.de/soka-bau_2011/desktop/de/SOKA-BAU/Aktuelles/news_2016_07_01.html. (Zugriff am 10. August 2016).

Spaemann, Robert. Grenzen: zur ethischen Dimension des Handelns. Stuttgart: Klett-Cotta Verlag, 2001.

Statistische Bundesamt. „Berufliche Weiterbildung in Unternehmen." Laufende Berichterstattung, Wiesbaden, 2013.

Statistisches Bundesamt. „Finanzen & Steuern: Rechnungsergebnisse der öffentlichen Haushalte 2011, Fachserie 14 Reihe 3.1." Laufende Berichterstattung, 2011.

Statistisches Bundesamt. „Inlandsproduktberechnung Lange Reihen ab 1970, Fachserie 18 Reihe 1.5." Laufende Berichterstattung, 2017.

—. Klassifikation der Wirtschaftszweige, Ausgabe 2008 (WZ 2008). 2018. https://www.destatis.de/DE/Methoden/Klassifikationen/GueterWirtschaftklassifikationen/Content75/KlassifikationWZ08.html. (Zugriff am 15. März 2018).

—. Öffentliche Finanzen & Steuern. 2017. https://www.destatis.de/DE/Zahlen-Fakten/GesellschaftStaat/OeffentlicheFinanzenSteuern/OeffentlicheFinanzen/OeffentlicheFinanzen.html. (Zugriff am 1. November 2017).

Stettes, Oliver. „Berufliche Mobilität – gesamtwirtschaftliche Evidenz und individuelle Einflussfaktoren." IW Trends, 2011.

Stier, Winfried. Methoden der Zeitreihenanalyse. Berlin/Heidelberg: Springer Verlag, 2001.

Stigler, George. „The Economics of Information." The Jornal of Political Economy, 1961: 213–225.

Stingl, Josef. „Berufliche Mobilität." In Grundfragen der betrieblichen Personalpolitik: Festschrift zum 65. Geburtstag von August Marx, von Walter Braun, Hugo Kossbiel und Gerhard Reber, 315–347. Wiesbaden: Springer Fachmedien Verlag, 2013.

Struch, Georg. „Entwicklung des integrierten Mikrosimulationsmodells EITDsim." BGPE Discussion Paper, 2012.

Struck, Olaf. Flexibilität und Sicherheit: Empirische Befunde, theoretische Konzepte und institutionelle Gestaltung von Beschäftigungsstabilität. Wiesbaden: Springer VS Verlag für Sozialwissenschaften, 2006.

Train, Kenneth. Discrete Choice Methods with Simulation. New York: Cambridge University Press, 2009.

Urban, Dieter. Logit-Analyse: statistische Verfahren zur Analyse von Modellen mit qualitativen Response Variablen. Stuttgart/Jena/New York: Gustav Fischer Verlag, 1993.

Walwei, Ulrich. „Die veränderte Struktur des Arbeitsmarktes: zukunftsfähig oder doch nicht nachhaltig?" WSI Mitteilungen, 2011: 563–570.

Weber, Max. „Der Sinn der Wertfreiheit der soziologischen und ökonomischen Wissenschaften." In Gesammelte Aufsätze zur Wissenschaftslehre, von Max Weber, 451–502. Paderborn: HWA Verlag, 1922.

—. Politik als Beruf. Berlin: eClassica Verlag, 1919.

Wilke, Ralf. „Eine empirische Analyse von Sanktionen für Arbeitslose in Westdeutschland während der 1980er und 1990er Jahre." Journal for Labour Market Research, 2004: 45–52.

Wolter, Felix, und Jürgen Schiener. „Einkommenseffekte beruflicher Weiterbildung: Empirische Analysen auf Basis des Mikrozensus-Panels." Kölner Zeitschrift für Soziologie und Sozialpsychologie, 2009: 90–117.

Zimmermann, Klaus. „Die Agenda 2010: Ein geschichtsträchtiger gesellschaftspolitischer Reformaufbruch." Wirtschaftsdienst, 2008: 170–174.

SOZIALÖKONOMISCHE SCHRIFTEN

Herausgegeben von Professor Dr. Dr. h.c. Bert Rürup und
Professor Dr. Werner Sesselmeier

Band 1 Marietta Jass: Erfolgskontrolle des Abwasserabgabengesetzes. Ein Konzept zur Erfassung der Gesetzeswirkungen verbunden mit einer empirischen Untersuchung in der Papierindustrie. 1990.

Band 2 Frank Schulz-Nieswandt: Stationäre Altenpflege und "Pflegenotstand" in der Bundesrepublik Deutschland. 1990.

Band 3 Helmut Böhme, Alois Peressin (Hrsg.): Sozialraum Europa. Die soziale Dimension des Europäischen Binnenmarktes. 1990.

Band 4 Stephan Ruß: Telekommunikation als Standortfaktor für Klein- und Mittelbetriebe. Telekommunikative Entwicklungstendenzen und regionale Wirtschaftspolitik am Beispiel Hessen. 1991.

Band 5 Reinhard Grünewald: Tertiärisierungsdefizite im Industrieland Bundesrepublik Deutschland. Nachweis und politische Konsequenzen. 1992.

Band 6 Bert Rürup, Uwe H. Schneider (Hrsg.): Umwelt und Technik in den Europäischen Gemeinschaften. Teil I: Die grenzüberschreitende Entsorgung von Abfällen. Bearbeitet von: Thomas Kemmler, Thomas Steinbacher. 1993.

Band 7 Mihai Nedelea: Erfordernisse und Möglichkeiten einer wachstumsorientierten Steuerpolitik in Rumänien. Dargestellt am Beispiel der Textil- und Bekleidungsindustrie. 1995.

Band 8 Andreas Schade: Ganzjährige Beschäftigung in der Bauwirtschaft – Eine Wirkungsanalyse. Analyse und Ansätze für eine Reform der Winterbauförderung. 1995.

Band 9 Frank Schulz-Nieswandt: Ökonomik der Transformation als wirtschafts- und gesellschaftspolitisches Problem. Eine Einführung aus wirtschaftsanthropologischer Sicht. 1996.

Band 10 Werner Sesselmeier, Roland Klopfleisch, Martin Setzer: Mehr Beschäftigung durch eine Negative Einkommensteuer. Zur beschäftigungspolitischen Effektivität und Effizienz eines integrierten Steuer- und Transfersystems. 1996.

Band 11 Sylvia Liebler: Der Einfluß der Unabhängigkeit von Notenbanken auf die Stabilität des Geldwertes. 1996.

Band 12 Werner Sesselmeier: Einkommenstransfers als Instrumente der Beschäftigungspolitik. Negative Einkommensteuer und Lohnsubventionen im Lichte moderner Arbeitsmarkttheorien und der Neuen Institutionenökonomik. 1997.

Band 13 Stefan Lorenz: Der Zusammenhang von Arbeitsgestaltung und Erwerbsleben unter besonderer Berücksichtigung der Erwerbstätigkeiten von Frauen und Älteren. 1997.

Band 14 Volker Ehrlich: Arbeitslosigkeit und zweiter Arbeitsmarkt. Theoretische Grundlagen, Probleme und Erfahrungen. 1997.

Band 15 Philipp Hartmann: Grenzen der Versicherbarkeit. Private Arbeitslosenversicherung. 1998.

Band 16 Martin Setzer, Roland Klopfleisch, Werner Sesselmeier: Langzeitarbeitslose und Erster Arbeitsmarkt. Eine kombinierte Strategie zur Erhöhung der Wiederbeschäftigungschancen. 1999.

Band 17 Dorothea Wenzel: Finanzierung des Gesundheitswesens und Interpersonelle Umverteilung. Mikrosimulationsuntersuchung der Einkommenswirkung von Reformvorschlägen zur GKV-Finanzierung. 1999.

Band 41 Nicolas Gatzke: Public Private Partnerships und öffentliche Verschuldung. PPP-Modelle im Licht deutscher und europäischer Verschuldungsregeln und ihre Transparenz in den öffentlichen Haushalten. 2010.

Band 42 Olaf Weddige: Measuring Public Pension Liabilities in the European Union. 2011.

Band 43 Christina Boll: Lohneinbußen von Frauen durch geburtsbedingte Erwerbsunterbrechungen. Der Schattenpreis von Kindern und dessen mögliche Auswirkungen auf weibliche Spezialisierungsentscheidungen im Haushaltszusammenhang. Eine quantitative Analyse auf Basis von SOEP-Daten. 2011.

Band 44 Jörg Schoder: Theorie und Empirie der Alterssicherung in Deutschland. Eine Bestandsaufnahme zu den Versorgungswegen des Drei-Schichten-Modells unter Berücksichtigung regionaler Aspekte. 2011.

Band 45 Robert Arnold / Angelika Oclschläger / Jeanine Staber: Sozialversicherungsbeiträge und Steuern von Selbständigen und Arbeitnehmern im Vergleich. Bestandsaufnahme und Reformvorschläge. 2012.

Band 46 Sebastian Hesse: Input und Output der Gesundheitswirtschaft. Eine Stabilitätsanalyse der Gesundheitswirtschaft in Bezug auf die gesamtwirtschaftliche Bedeutung in den Jahren der Finanz- und Wirtschaftskrise. 2013.

Band 47 Dirk Heeger: Quantitative Analyse der ökonomischen Bedeutung eines Unternehmens. Vor dem Hintergrund neuer Herausforderungen der Industriepolitik. 2013.

Band 48 Tobias Ehrhard: Personalbedarfsprognose im Gesundheits- und Pflegewesen. Eine berufs-, einrichtungs- und regionalspezifische Betrachtung für Deutschland. 2014.

Band 49 Tobias Benz: Ausgabenprojektion, Reformszenarien und Rücklagenbildung der Beamtenversorgung in der Bundesrepublik Deutschland. 2015.

Band 50 Sandra Hofmann: Einfluss nicht-marktlicher Tätigkeiten auf den materiellen Wohlstand und die Einkommensverteilung in Deutschland. 2015.

Band 51 Tanja Leicht: Veränderung und Innovativität in der deutschen Kreditwirtschaft. Eine institutionenökonomische Analyse im Kontext der Vereinbarkeit von Beruf und Familie. 2016.

Band 52 Susanne Schneider: HR Policies and Maternal Labor Supply. The Example of Employer-Supported Childcare. 2017.

Band 53 Daniel Christoph Stohr: Die beruflichen Anforderungen der Digitalisierung hinsichtlich formaler, physischer und kompetenzspezifischer Aspekte. Eine Analyse von Stellenanzeigen mittels Methoden des Text Minings und Machine Learnings. 2019.

Band 54 Marco Weber: Mehrfachbeschäftigung in Deutschland - Ein Phänomen relativer Armut? Eine empirische Untersuchung der Determinanten zur Aufnahme einer Zweitbeschäftigung. 2019.

Band 55 Jan Philipp Hans: Berufliche Mobilitätsentscheidungen von Erwerbspersonen im sozial- und arbeitsmarktpolitischen Spannungsfeld. Eine suchtheoretische Modellierung. 2020.

www.peterlang.com